Le guide de l'EFQM version 2013

Réussir son passage vers l'excellence
et la performance durables

NOUVELLE ÉDITION REVUE ET AUGMENTÉE
SELON LE NOUVEAU MODÈLE EFQM 2013.

La collection Les Pratiques de la performance

Les Pratiques de la performance est une collection de Lexitis Éditions, éditeur indépendant spécialisé dans la publication d'ouvrages dédiés aux outils de management pour les entreprises et les organisations. Les Pratiques de la performance ont vocation à partager, avec le plus grand nombre, les connaissances, les méthodes et les outils de management qui rendront nos entreprises et organisations plus performantes. Notre philosophie, c'est qu'*in fine*, c'est bien l'homme, son intelligence et sa liberté d'esprit qui sont au centre de toute réussite.

Nos ouvrages sont simples, faciles à comprendre et avant tout orientés clients, c'est-à-dire conçus pour nos lecteurs qui cherchent des solutions pratiques à leurs questions. Notre objectif est de publier des livres qui seront vos références.

Des auteurs reconnus

La collection Les Pratiques de la performance rassemble des auteurs reconnus pour la qualité de leurs analyses et leurs capacités à transmettre simplement leur savoir. Auteurs de nombreuses publications, ils sont chacun considérés comme des références dans leurs spécialités.

Découvrez l'ensemble des titres de la collection sur :

www.lesPratiquesdelaPerformance.fr

**LES PRATIQUES
DE LA PERFORMANCE**

Florent A. MEYER

Le guide de l'EFQM version 2013

Réussir son passage vers l'excellence
et la performance durables

Préface par Robert LELOUP

NOUVELLE ÉDITION REVUE ET AUGMENTÉE
SELON LE NOUVEAU MODÈLE EFQM 2013.

LEXITIS
éditions

Shares what works.

Nos lecteurs peuvent se procurer *Le Modèle d'excellence de l'EFQM*, dans sa version française 2013 auprès de :

EFQM
Avenue des Olympiades 2 – B-1140 Bruxelles – Belgique
Tel : + 32 2 775 35 11 – Fax : + 32 2 775 35 35
Email: info@efqm.org – Site Internet : www.efqm.org

Cet ouvrage a été récompensé
par le Prix spécial "Référence" du Livre
Qualité & Performance 2011.

Lexitis Éditions
76, rue Gay-Lussac, 75005 Paris

Toute reproduction ou représentation intégrale ou partielle, faite par quelque procédé que ce soit, sans l'autorisation de l'éditeur est illicite et constitue une contrefaçon sanctionnée par les articles L 335-2 et suivants du *Code de la propriété intellectuelle*. Seules sont autorisées les copies ou les reproductions strictement réservées à l'usage privé du copiste et non destinées à une utilisation collective, ainsi que les analyses et courtes citations justifiées par le caractère critique, scientifique ou d'information de l'oeuvre dans laquelle elles sont incorporées sous réserve du respect des dispositions légales prévues (L 122-4 et L 122-5, L 122-10 à L 122 -12). Première édition © Lexitis Éditions 2011.
Nouvelle édition revue et augmentée selon le nouveau modèle EFQM 2013.
© Lexitis Éditions 2013.   ISBN : 978-2-36233-098-8.   Dépôt légal, janvier 2013

L'auteur

 Consultant en système de management pour des entreprises, Florent A. Meyer est l'un des rares en France à avoir conduit une entreprise jusqu'au Prix européen de la qualité (EFQM), en passant par les certifications ISO 9001, OHSAS 18001, ISO 14001, SA 8000, le prix régional de la qualité et le prix français de la qualité.

Aujourd'hui, il met cette expérience au service de nombreux groupes nationaux et internationaux en tant que conseiller de directions générales en matière d'alignement stratégique, d'alignement opérationnel et d'alignement de maturité. Il est également consultant intégrateur de systèmes de management (ISO 9001, ISO 14001/EMAS, ISO 27001, OHSAS 18001/ILO-OHS, SA 8000, COSO, BS 25999...), Kaizen Master et Master Black Belt Lean-Six Sigma.

Son expérience de quinze ans de la qualité et sa passion du domaine l'ont aussi amené à être enseignant en excellence et performance durables, maîtrise des risques et innovation, dans des masters universitaires et des écoles d'ingénieurs (Marne-la-Vallée, Hubert-Curien, EFREI...). Il est également conférencier et auteur d'ouvrages et d'articles pour des publications tant en France qu'à l'étranger *(Qualité références, Quality World)*.

Florent A. Meyer est assesseur EFQM et CAF, membre du jury EQA, auditeur certifié ICA (ISO 9001, ISO 14001, OHSAS 18001) et IRCA (ISO 27001).

florent.meyer@wanadoo.fr
www.inforgon.fr

Du même auteur

Le Management de l'informatique d'entreprise,
MASSON, 1991.

Radarise your Business for Success,
EFQM, 1ʳᵉ édition 2005, 2ᵉ édition 2010.

*ISO 9001 : 2008 : Consolider l'esprit
de son système de management de la qualité,*
QUALITÉ RÉFÉRENCES, 2009.

*ISO 9004:2009 : Orienter son système de management
de la qualité vers la durabilité des performances,*
QUALITÉ RÉFÉRENCES, 2009.

Dans la collection Les Pratiques de la performance

*Pratiques de benchmarking : Créer collectivement du sens
à partir du succès d'autres organisations,*
LEXITIS ÉDITIONS, 2010.

*Le Challenge partenarial : Réussir ses partenariats,
l'art de la création et de la maîtrise des synergies gagnantes,*
LEXITIS EDITIONS, LES PRATIQUES DE LA PERFORMANCE, 2011.

*La révolution ToC Lean Six Sigma dans les services :
Comprendre, analyser et améliorer la performance
de sa relation de service*
LEXITIS EDITIONS, LES PRATIQUES DE LA PERFORMANCE, 2012.

Sommaire

Préface par Robert LELOUP   **13**

Introduction   **17**

CHAPITRE 1
Comprendre le modèle EFQM   19

Qu'est-ce que le modèle EFQM ?   21
Un univers d'apprentissage entrepreneurial   26
Diverses utilisations du modèle EFQM   28
L'EFQM en France   30

CHAPITRE 2
Mener un projet EFQM   33

Suivre une formation EFQM   **35**
Les formations à l'EFQM   35
Les autres formations   37

Convaincre sa direction générale   **38**
Comment « faire entendre » pour convaincre   39
Comment « faire voir et toucher du doigt » pour convaincre   40

Planifier son projet   **41**
L'enchaînement des étapes   42
L'ancrage du projet dans votre organisation   46
La constitution des groupes de travail   48
L'allocation de ressources   50
L'évaluation des risques du projet   51

Organiser les travaux de collecte   **52**
Première contribution des groupes   58
Le point intermédiaire   58
Seconde contribution et mise en forme   59

Réaliser son atelier d'autoévaluation — 60
Un espace-temps propice à la réflexion — 60
Une animation flexible — 62
Un retour d'expérience à chaud — 67

Tenter le C2E — 68
Formalités administratives pour le C2E — 68
Autoévaluation et document de soumission — 68
La conduite et l'évaluation des actions — 69
La visite de l'évaluateur — 69
Les bénéfices du C2E — 70

Faire une revue de projet — 71

CHAPITRE 3
Comprendre les fondamentaux — 72

L'alignement de maturité — 75
Les différents types d'alignement de maturité — 76
L'ingénierie de l'excellence — 78
Les chemins de l'excellence — 82

Les concepts fondamentaux de l'excellence — 85
Produire durablement des résultats remarquables — 86
Apporter de la valeur aux clients — 87
Diriger avec vision, inspiration et intégrité — 87
Manager avec agilité — 88
Réussir par le talent des personnels — 88
Exploiter la créativité et l'innovation — 88
Développer la capabilité organisationnelle — 89
Créer un futur durable — 90

L'autoévaluation — 90
Ce qu'autoévaluer veut dire — 91
Les différentes formes d'évaluation — 92

Sommaire

Collecte par questionnaire	**94**
Collecte par matrice	**97**
Collecte par *pro forma*	**100**
Collecte par grille	**104**
Collecte par questions orales directes en séance	**105**
L'accès direct en séance à toute l'information disponible sous Intranet	**106**
Recherche du consensus en atelier/séminaire	**108**
L'évaluation externe d'une simulation de prix ou d'un prix	**109**
Les livrables de l'auto- et alloévaluation	**111**
Le déploiement de l'autoévaluation	**112**
Ça va finir par rapporter gros	**113**
Spéculateurs de très court terme, s'abstenir	**114**
Bâtisseurs d'avenir, engagez-vous !	**115**
La preuve par les gagnants	**118**

CHAPITRE 4
Comprendre le référentiel EFQM en détail — **123**

Vue d'ensemble — **124**

Les facteurs — **126**

Le leadership	**128**
La stratégie	**139**
Le personnel	**148**
Les partenariats et les ressources	**159**
Les processus, produits et services	**170**
Les x de l'équation de la performance	**181**

Les résultats — **181**

Les résultats pour les clients	**184**
Les résultats pour le personnel	**188**
Les résultats pour la collectivité	**191**

Les résultats Business	**195**
Les *y* de l'équation de la performance	**199**
Notations et pondérations	**200**
Les logiques	201
Les pratiques	207
L'utilité de la notation	208

CHAPITRE 5
Vers l'excellence durable de son organisation avec le référentiel EFQM — **209**

Parfaire l'alignement stratégique	**212**
Expliciter mission, vision et valeurs	213
Expliciter sa logique de performance	214
Décliner sa stratégique	218
Articuler les alignements	222
Déployer la logique RADAR	**222**
Rechercher les bonnes comparaisons	**232**
Segmenter vos porteurs d'enjeux	**237**

CHAPITRE 6
Consolider ses acquis EFQM — **239**

Impliquer tout le monde	**241**
Formez-les tous au modèle	242
Expliquez-leur le niveau de maturité	242
Impulsez partout la logique RADAR	243
Adapter son système d'information	**245**
Repensez votre système documentaire	246
Intégrez le système d'information décisionnel	247

Sommaire

Réduire la variation du management	**249**
La standardisation du leadership	249
L'audit de leadership	251
Tenter le diplôme de R4E	**255**
Formalités administratives pour le R4E	256
Approche classique	256
Approche flexible	257
Le rapport (feedback report)	258
Les bénéfices du R4E	258

CHAPITRE 7
Se mesurer avec les meilleurs européens 261

Concourir au prix européen d'excellence	**263**
Pourquoi concourir	264
Comment concourir	264
Approche classique	266
Approche flexible	269
Aligner son leadership	**272**
Un processus leadership Six Sigma	273
Un leadership expert en maturation	277
Tirer pleinement parti de la visite sur site	**277**
Préparer la visite sur site	278
Participer activement à la visite sur site	279
En route pour le Prize !	**286**
En route pour l'Award	**288**

CHAPITRE 8
Partager son retour d'expérience EFQM — 289

Devenir assesseur EFQM — 291
Siéger comme membre du jury EFQM — 293
Enseigner le modèle EFQM — 294
Animer des groupes de benchmarking — 295
Intervenir dans les conférences de vainqueurs — 296
Devenir auteur sur le référentiel EFQM — 297
Participer aux groupes de révision du modèle — 297
Alimenter la base documentaire de l'EFQM — 297
Faire du journalisme occasionnel sur le sujet — 298
Contribuer au modèle EFQM comme auteur — 298

Gagner le prix individuel EFQM — 298

Conclusion — 301

Annexes — 309
Annexe 1 : Petite histoire de l'EFQM et de son référentiel — 311
Annexe 2 : Structure des autres grands référentiels d'excellence — 316

Bibliographie — 327
Livres sur l'EFQM — 328
Autres ouvrages — 329

Table des figures — 331

Préface

par Robert LELOUP

Écrire une préface pour un livre sur l'EFQM pour parler de performance, bien sûr globale et dans la durée, c'est comme écrire la préface d'un livre sur le maniement du pinceau pour parler de peinture : une évidence, comment peut-on faire sans ?

Parler de la performance des organisations laisse souvent à penser que c'est l'énergie que mettent les leaders pour faire avancer leurs idées qui fait la différence. C'est, me semble-t-il, une erreur. Je préfère penser d'abord à la robustesse du système qui est mis en place et qui permet de se concentrer sur ce qui est important. Quand un chef d'orchestre dirige une œuvre, il choisit ses musiciens. Il le fait sans pour autant remettre en cause la structure de l'orchestre symphonique. Il ne change ni la place des violons, ni celle des cuivres. Il n'essaie pas d'inventer une nouvelle manière d'écrire la musique, il utilise celle qui existe, qui a déjà été revue et améliorée au cours des âges.

Le modèle EFQM, c'est l'orchestre symphonique du dirigeant. Cela ne l'entrave pas, cela ne l'empêche de rien. Il lui sert à déployer sa stratégie, comme un chef d'orchestre interprète une œuvre du répertoire. Le dirigeant donne le tempo, la cadence, met en avant certains sujets comme le chef d'orchestre fait ressortir le premier violon ou tel autre instrument.

Voilà ce qu'est le modèle EFQM, l'orchestre managérial qui permet aux dirigeants d'interpréter la stratégie qu'ils désirent, de l'interpréter de manière cohérente, sans oublier un seul des instruments qui peut l'aider à atteindre le succès.

Il arrive très souvent que des dirigeants me posent la question : « Que penses-tu de telle ou telle méthode pour progresser dans la performance ? ». Méthodes souvent à la mode du moment. Invariablement, je leur réponds : « Quels sont tes enjeux, tes besoins réels et par voie de conséquence, tes vrais problèmes ? ».

Si votre problème est d'obtenir une performance équilibrée entre tous les porteurs d'enjeux de votre organisation et une performance qui soit globale et dans la durée, le modèle EFQM est pour vous. Il vous permettra de vous poser toutes les bonnes questions et ensuite de mesurer vos progrès.

Un dirigeant est notamment payé pour gérer des priorités. Dès que nous nous attaquons à un problème de performance, des dizaines d'actions peuvent émerger. Ce qui compte, c'est effectivement de lancer les quelques actions, en petit nombre, véritablement prioritaires. Le modèle EFQM vous y aidera.

Les entreprises l'ayant adopté comme principe de management ont enregistré des améliorations notables en matière de performance, tant sur le chiffre d'affaires que sur la réduction des coûts, la réduction de leur empreinte environnementale, et ceci, dans la durée. Des bénéfices managériaux ont également été constatés notamment sur la mobilisation des managers et la motivation des salariés.

Lors d'une interview donnée à un journaliste, il y a quelques années, celui-ci m'avait demandé comment nous avions mis le développement durable dans le modèle. En fait, nous ne l'y avons pas mis, il y était. Et il y est de plus en plus.

Retenons que le modèle EFQM sert aux organisations, aux entreprises qui en ont l'ambition à avancer sur un chemin, où la véritable performance, globale et dans la durée, repose sur la prise en compte équilibrée des attentes des porteurs d'enjeux de l'organisation, de tous les porteurs d'enjeux.

Florent A. Meyer pratique de longue date ce modèle avec succès. D'abord pour sa propre entreprise, puis pour ses clients en France et à l'étranger. Outre sa maîtrise du modèle, vous découvrirez dans cet ouvrage un témoignage exceptionnellement pragmatique de sa mise en œuvre. Alors, ne vous privez pas du plaisir de le lire et de le faire lire autour de vous.

Robert LELOUP est directeur à la DRH du Groupe EDF, membre du Comité stratégique de l'EFQM à Bruxelles. Il était précédemment directeur de la direction Management et Organisation du Groupe EDF. Il occupait auparavant le poste de directeur de la division Particuliers et Professionnels à la direction Commerce d'EDF, où il a eu notamment à gérer le projet d'ouverture aux professionnels du marché de l'électricité en 2004.

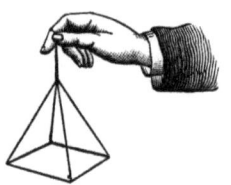

Introduction

Si le titre et le sous-titre qui m'ont été suggérés par mon éditeur vous ont incité à acheter et lire cet ouvrage, c'est que vous êtes quelque part en chemin vers la « *business excellence* » (excellence des affaires, du métier, de l'activité) qui est une approche pour assurer à votre organisation une performance durable par l'excellence.

• Soit vous venez d'obtenir la certification qualité ISO 9001 et vous vous apercevez que ce qui était un but durant tout votre projet n'est en fait qu'un « dé-but ». Mais un début de quoi ? Comment continuer, dans cette période post-euphorique du label ISO 9001, à faire mûrir votre organisation, à consolider ce récent acquis organisationnel et à éviter le piège du repos sur ses lauriers qui serait le début de la régression ?

• Soit depuis votre certification qualité ISO 9001 – qui date à présent de quelques mois, voire quelques années –, vous avez l'impression que plus rien ne se passe dans votre organisation. Tout le monde est reparti « comme en 14 » à gérer les urgences quotidiennes, à effacer les effets des irritants organisationnels qui, comme les diablotins, réapparaissent sans cesse à des endroits différents voire aux mêmes. Mais que faire quand le projet ISO 9001 est passé sur les managers comme les gouttes d'eau sur les plumes des canards ?

• Ou encore, vous avez mis en place un système de management plus ou moins intégré QSE, QSERS, QSERSSI... (qualité ISO 9001, sécurité et santé au travail OHSAS 18001, environnement ISO 14001, responsabilité sociale SA 8000, sécurité de l'information ISO 27001...) et votre hiérarchie commence à demander des comptes : « Qu'est-ce que tout cela rapporte ? Est-ce qu'on ne se fait pas quelque part plaisir ? ».

Quelle que soit votre situation, une des trois caricaturées précédemment ou une autre qui vous soit spécifique, un cheminement avec le modèle EFQM peut apporter un nouveau souffle pour votre organisation pour plusieurs raisons :

- *primo*, parce que l'articulation entre les efforts déployés et les résultats obtenus s'impose de plus en plus ;
- *secundo*, parce que la durabilité passe par la prise en compte des attentes des différents porteurs d'enjeux et la définition d'objectifs équilibrés pour y répondre ;
- *tertio*, parce que le système de management qualité (ou intégré QSE...) doit contribuer fortement à la réalisation de la stratégie de votre organisation ;
- *quarto*, parce que le management va devoir s'approprier un certain nombre de pratiques d'excellence s'il veut faire performer durablement son organisation ;
- *quinto*, parce qu'une implication forte du personnel dans la définition, la maîtrise et l'adaptation continue du *business model* est nécessaire pour renouveler vos intangibles, gages de la future performance.

CHAPITRE 1

Comprendre le modèle EFQM

Qu'est-ce que le modèle EFQM ?	**21**
Un univers d'apprentissage entrepreneurial	**26**
Diverses utilisations du modèle EFQM	**28**
L'EFQM en France	**30**

Comprendre le modèle EFQM

Qu'est-ce que le modèle EFQM ?

Le modèle EFQM n'est pas une norme relative à un système de management comme l'ISO 9001 qui appelle à la conformité, mais un référentiel qui permet d'évaluer l'alignement de maturité de son organisation tant au niveau des facteurs (approches et pratiques) mis en œuvre que des résultats (de performance et de perception) obtenus, à l'aune des 32 points (appelés sous-critères) regroupés en 9 thèmes (appelés critères) de son modèle d'excellence.

Si certains le présentent comme un prolongement de l'ISO 9001 pour des raisons pédagogiques et commerciales, ils ont tort, parce qu'on ne se situe pas dans le même registre.

Dans les systèmes de management intégrés, on distingue trois registres :
- celui des approches, méthodes, outils et référentiels techniques que j'appelle « mes AMORs ». On en trouve des centaines dans l'hypermarché mondial sous Internet (AMDEC, diagramme causes-effets, Brainstorming, Kaizen, Business process reengineering, Lean, Six-Sigma, Balanced scorecard, Hoshin planning…) ;
- celui de l'ingénierie des systèmes de management. ISO 9001, 14001, 27001, OHSAS 18001, SA 8000 en sont les représentants les plus répandus ;
- celui de l'ambition entrepreneuriale, ou dirigeante si vous préférez. Le modèle EFQM tient une position de choix dans ce registre.

Je reconnais que c'est un peu schématique et que les frontières ne sont pas nettes entre ces registres, comme le montre la figure suivante (cas du Lean-Six Sigma par exemple) ; il n'en reste pas moins que chacun d'entre eux est un « idéal-type » au sens webero-troeltschien[1], transgression disciplinaire assumée. En effet, le noyau dur de chacun de ces registres joue comme un attracteur étrange dans l'univers de la complexité organisationnelle.

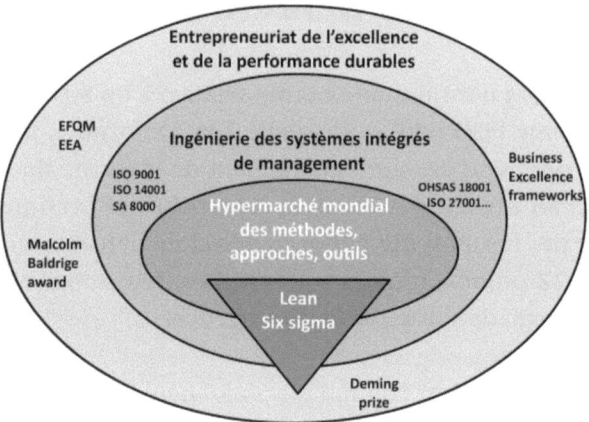

Figure 1 : Positionnement du modèle EFQM

Au niveau du registre de la boîte à outils, au centre de la figure, le mot d'ordre est de choisir ceux qui répondent à un besoin réel, de les utiliser avec bon sens en évitant les deux extrêmes que sont l'amateurisme et le dogmatisme sur des sujets et préoccupations pour lesquels ils ont été conçus. L'efficacité est la préoccupation majeure.

---

1. La typologie webero-troeltschienne est une classification sociologique des mouvements religieux (religions/sectes) développée par Max Weber et Ernst Troeltsch. Les auteurs établissent quatre points qui vont distinguer l'idéal-type « secte » de l'idéal-type « église » (le caractère universaliste ou élitiste, l'existence d'un clergé, l'attitude de rejet ou de compromis vis-à-vis de la société et la « routinisation »).

Comprendre le modèle EFQM

Au niveau du registre des systèmes de management intégrés, on se situe dans une ingénierie d'un premier niveau de complexité systémique où il faut mettre en place des ressources et processus reliés entre eux, subordonner les localités techniques à une globalité managériale, éviter les redondances, rechercher des cohérences… La conformité et l'efficience devraient y être les préoccupations majeures.

Enfin, au niveau du registre de l'entrepreneuriat de l'excellence et de la performance durables, on gagne un niveau supplémentaire de complexité systémique intégrant tant les aspects tangibles qu'intangibles, une culture de la comparaison avec les meilleurs et un niveau accru de maîtrise des interactions avec le contexte qui, en théorie systémique, s'appelle « l'environnement du système ». La préoccupation majeure à ce niveau est de choisir en permanence les meilleures choses à faire pour une satisfaction équilibrée et durable des attentes des porteurs d'enjeux.

Le modèle EFQM, un guide, un cadre d'évaluation et un référentiel…

Le modèle EFQM constitue à la fois un guide, un cadre d'évaluation et un référentiel de comparaison pour les organisations. Son cœur de cible, ce sont les leaders et managers, pas les « sachants » de l'ingénierie des systèmes de management, même si ces derniers viennent juste derrière.

Le modèle EFQM intègre trois composants :
- **des principes de base**, appelés « Concepts fondamentaux de l'Excellence » qui soutiennent les efforts pour obtenir l'excellence et la performance durables (voir page 85) ;
- **un référentiel de maturité**, appelé « Modèle d'Excellence de l'EFQM », qui définit les dimensions systémiques et les pistes de mise en œuvre des leviers et métriques de l'excellence et de la performance durables (voir page 124 et suivantes) ;

> « Les organisations "excellentes" obtiennent et maintiennent des niveaux supérieurs de performance qui satisfont ou dépassent les attentes de toutes les parties prenantes. »
> EFQM 2010

- **une boucle vertueuse**, appelée « Logique RADAR », qui définit une grille d'évaluation et fournit à l'organisation un vrai paradigme collectif, c'est-à-dire une image mentale opératoire partagée qui permet à l'organisation d'atteindre l'excellence et la performance durables.

Son contenu est le fruit de la mise en commun de multiples années d'expérience des meilleures organisations européennes. Ce condensé d'expérience collective des meilleurs praticiens de l'excellence et de la performance durables lui donne ses qualités :
- de ne pas être prescriptif, dans le sens où il n'impose pas de méthode, ni d'outil ;
- d'offrir une vue holistique de l'organisation plongée dans l'océan de la globalisation ;
- d'articuler les termes pour le pilotage de l'organisation (immédiat, court, moyen, long) ;
- d'être orienté sur l'essentiel, à savoir les résultats, tout en poussant à l'apprentissage, à la créativité et à l'innovation collectives en matière d'approches pour les atteindre.

Le modèle EFQM 2013 au service de la responsabilité sociétale

Si la finalité reste constante – à savoir promouvoir à travers l'Europe des entreprises et organisation excellentes et performantes, dans son introduction, le modèle 2013 positionne d'entrée de jeu ce qu'est la caractéristique distinctive d'une excellence entreprésale ou organisationnelle européenne : elle doit être sociétalement responsable en se conformant à la convention européenne des droits de l'homme (1953), à la Charte sociale européenne révisée en 1996 et à l'initiative des Nations Unies (Global compact 2000).

Comprendre le modèle EFQM

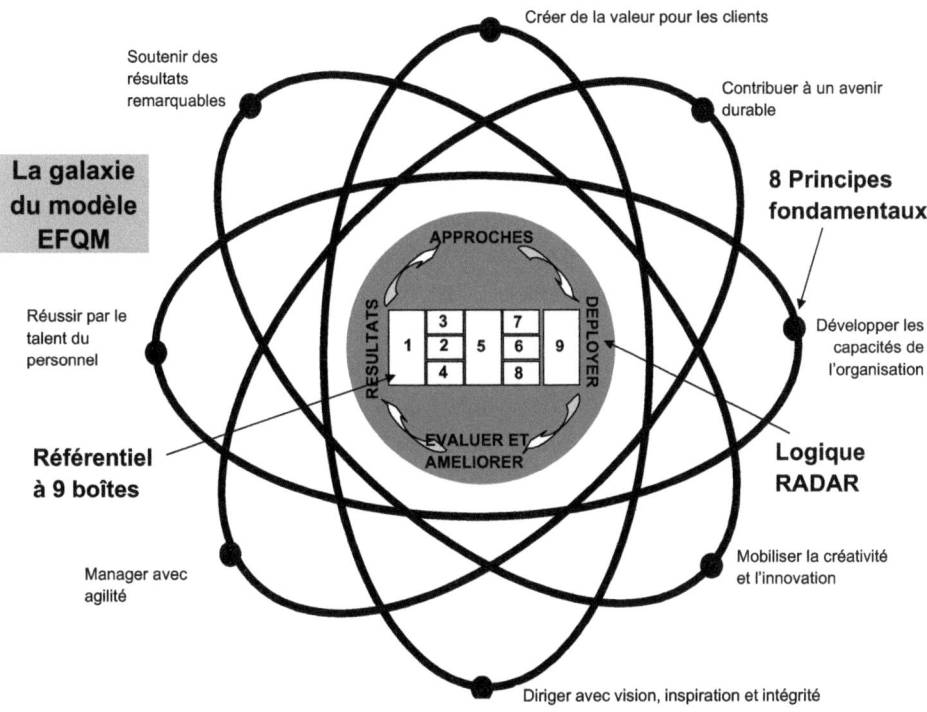

Figure 2 : Les trois composantes du modèle EFQM 2013

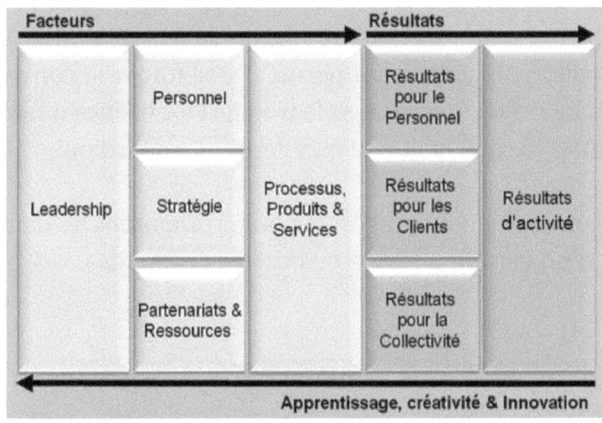

Figure 3 :
Le modèle EFQM à neuf critères
*Vous reporter à la page 124
et suivantes pour lire la description détaillée du modèle.*

Un univers d'apprentissage entrepreneurial

Le modèle EFQM est un univers d'apprentissage de la complexité systémique articulant les approches et les résultats en matière d'excellence et de performance durables. La logique entrepreneuriale que l'on acquiert en le pratiquant peut se résumer simplement par la réflexion suivante : « En ayant fait telle chose, articulée avec telles autres, nous avons obtenu tels résultats au bout de tant de temps. Ces résultats ont telle tendance sur plusieurs années, sont meilleurs ou moins bons que ceux des meilleurs dans ce domaine parce nous avons fait telle ou telle chose en plus ou en moins qu'eux. Cette logique que nous continuons à améliorer nous permet de prévoir sereinement de bons résultats sur les années à venir parce que nos premiers indicateurs sont tout à fait positifs… ».

Différencier la performance de l'excellence

Certains différencient excellence et performance en affectant le premier aux approches et méthodes et le second aux résultats. Pourquoi pas ! « En étant durablement excellents sur nos approches, nous finirons par être durablement performants au niveau de nos résultats ». Je préfère une distinction plus subtile qui permet de se forger la conviction que la performance d'aujourd'hui est le fruit de l'excellence d'hier, et que celle de demain sera le fruit de l'excellence d'aujourd'hui.

Pour comprendre cette conviction qui est la nôtre, comparons les deux termes sur la base d'un certain nombre de critères distinctifs :

Comprendre le modèle EFQM

Critères	Performance	Excellence
Satisfaction des porteurs d'enjeux	Clients et actionnaires ou souverains	Personnel, partenaires et fournisseurs, collectivité
Capitaux	Tangibles	Intangibles
Horizon temporel	Immédiat et court terme	Moyen terme et long terme
Résultats	Quantitatifs	Qualitatifs
Orientation 3 P	Profit	Planète, peuples
Standard de reporting	Rapport financier : IAS/IFRS	Rapport développement durable : GRI

Figure 4 : Distinction entre performance et excellence

La performance

Pour une organisation, être performant, c'est savoir mobiliser toutes ses énergies et ressources pour satisfaire au mieux ses clients et propriétaires, lesquels sont soit les actionnaires (entreprise capitaliste, organisation à but lucratif...), soit les souverains (service public, association sans but lucratif...).

L'excellence

Être excellent, c'est reconstituer en permanence son énergie et ses ressources (c'est-à-dire ses ressorts ou leviers de la performance) en restant à l'écoute permanente de son contexte, en satisfaisant les autres porteurs d'enjeux et en investissant dans le capital immatériel.

C'est donc l'excellence organisationnelle qui est le moteur de la durabilité. Elle comprend entre autres éléments :
- la veille métier *(business intelligence)* ;
- l'écoute des porteurs d'enjeux (parties prenantes, parties intéressées, parties concernées... si vous préférez) ;

- l'amélioration permanente ;
- l'innovation continue ;
- la maîtrise des risques ;
- la responsabilité sociétale ;
- l'apprentissage collectif permanent.

Quand vous pratiquez le modèle EFQM collectivement pendant plusieurs années, non seulement votre comité de direction, mais encore votre encadrement intermédiaire voire une partie de votre personnel acquièrent cette agilité à :
- se poser les bonnes questions ;
- penser « en dehors de la boîte » et se remettre en cause ;
- intégrer l'obtention des résultats dans la recherche des approches ;
- anticiper les inerties systémiques entre efforts et résultats ;
comprendre pourquoi la performance émerge et est au rendez-vous à certains endroits et pas aux autres.

Cette agilité collective ne peut pas être achetée. Elle ne peut être acquise que par la persévérance de la pratique quotidienne. C'est pour cela que personne ne pourra vous la copier. Elle fera partie de votre capital immatériel et sera le meilleur gage de la durabilité de votre organisation.

Diverses utilisations du modèle EFQM

Les applications du modèle EFQM par les organisations sont multiples. La plupart des organisations utilisent le modèle EFQM comme outil d'autoévaluation, ce qui fut sa destination première. Les deux tiers en retirent des éléments pour alimenter et formaliser leur stratégie et un peu moins de la moitié l'utilisent pour affûter leur vision entrepreneuriale. Pour ce faire, dans les deux cas, il faut avoir effectué une autoévaluation au préalable.

Comprendre le modèle EFQM

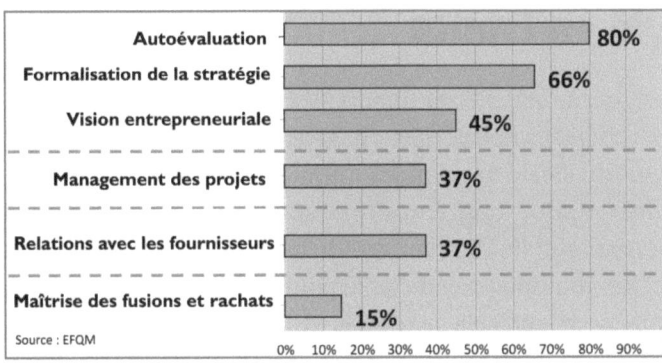

Figure 5 : Les différentes applications du modèle EFQM

Plus d'un tiers des organisations utilisatrices s'en servent pour mieux maîtriser leurs projets et la même proportion y recourt pour dynamiser les relations avec ses fournisseurs. Il est en effet possible de dérouler une autoévaluation dans un domaine précis comme un grand projet ou un partenariat important pour vérifier si, d'un côté, les facteurs de leur succès sont en place (leadership, stratégie, ressources humaines, partenariats et autres ressources, processus) et si, par ailleurs, des indicateurs pertinents de perception et de performance sont en place pour les différentes parties prenantes du projet ou de la relation partenariale (résultats pour les porteurs d'enjeux).

Enfin, une petite partie des utilisateurs l'ont appliqué à la préparation d'un chantier de fusion ou acquisition. Dans le secteur privé ou public, le regroupement d'organisations peut en effet être grandement aidé par une autoévaluation à la fois coopérative et contradictoire menée conjointement par les deux instances dirigeantes qui devront fusionner. Ce type d'exercice permet de faire apparaître les points forts et domaines d'amélioration de chaque structure ainsi que les points de convergence et de divergence. Il aurait, par exemple, pu être utilisé comme facilitateur pour la création de Pôle Emploi regroupant ANPE et ASSEDIC ou la fusion DGI/DGCP en DGFiP (Direction générale des finances publiques).

L'EFQM en France

Praticien du modèle EFQM depuis 1999, j'ai pu assister de près ou de loin aux différents épisodes sur le sujet.
- À la fin du siècle dernier, les initiateurs du PFQ (Prix français de la qualité) se sont longtemps opposés à ce que le référentiel EFQM devienne celui du Prix français de la qualité. Dès 2000, j'avais alerté sur cette situation préjudiciable pour la France. En vain ! Il aura fallu dix ans pour que cela se réalise.
- Fin 2003, après la liquidation du MFQ pour cessation de paiement malgré une refondation en 2001 avec le soutien des pouvoirs publics, AFAQ-AFNOR devient le partenaire national de l'EFQM. La barrière de la langue restant un handicap français, cette organisation détient aujourd'hui le monopole de fait dans ce domaine sur notre marché national. AFAQ-AFNOR anime la communauté EFQM française, délivre des formations sur le sujet et organise les deux premières étapes du parcours vers le Prix européen de l'excellence à savoir l'Engagement pour l'excellence et la Reconnaissance pour l'excellence.
- Depuis trois ans, les associations régionales FAR/MFQ (Fédération des associations régionales du Mouvement français de la qualité) ont adopté progressivement le référentiel EFQM et ont même mis en place un parcours mixte permettant, avec un même dossier, de concourir au prix régional de la qualité et au diplôme de reconnaissance pour l'Excellence R4E. Aujourd'hui, grâce à ces associations régionales, le PFQ peut enfin rivaliser avec le prix Esprix en Suisse et le Ludwig Erhard Preis en Allemagne pour ne citer que ces deux-là, et être un vrai tremplin vers le Prix européen de l'excellence.

Sur toute cette période, si bon an mal an, il doit se pratiquer à peu près 100 à 150 autoévaluations et évaluations par an sur le modèle EFQM en France, seules se présentent au Prix européen de l'excellence une ou deux organisations françaises, tous les deux ans en moyenne. Voici leurs succès.

Comprendre le modèle EFQM

Année	Organisation	Niveau
2009	EDF DCECL EST	Prize Winner
2009	Robert Bosch – Rodez	Prize Winner
2007	Philips Lighting Distribution	Finalist
2005	CCI Nice Côte d'Azur	Finalist
2002	Dexia Sofaxis	Prize Winner
2002	Renault Engine Plant	Finalist
2002	Delifruits SA	Finalist
2001	Dexia Sofaxis	Finalist
2000	Dexia Sofaxis	Finalist
1999	Servitique Network Services	Award Winner
1999	Sollac	Prize Winner
1998	Sollac	Prize Winner
1998	Daramic SA	Finalist
1998	Vallourec Composants Automobiles	Finalist
1997	Sollac	Finalist
1995	Texas Instruments Europe	Award Winner
1994	SCEMM	Finalist

Figure 6 : Les lauréats français de l'EEA depuis l'origine

Ce palmarès (dans lequel j'ai eu la chance de contribuer personnellement au succès de quatre organisations) nous place, nous Français, dans le peloton intermédiaire ; ni de quoi avoir honte, ni de quoi être fiers. On pourrait cependant souhaiter pour notre pays que plus d'entreprises utilisent ce modèle d'excellence comme une arme face à la mondialisation et que davantage de services publics l'utilisent pour avancer plus efficacement dans leur modernisation. Patrons et hommes politiques, à vous de jouer !

CHAPITRE 2
Mener un projet EFQM

Suivre une formation EFQM	35
Les formations à l'EFQM	35
Les autres formations	37
Convaincre sa direction générale	38
Comment « faire entendre » pour convaincre	39
Comment « faire voir et toucher du doigt » pour convaincre	40
Planifier son projet	41
L'enchaînement des étapes	42
L'ancrage du projet dans votre organisation	46
La constitution des groupes de travail	48
L'allocation de ressources	50
L'évaluation des risques du projet	51
Organiser les travaux de collecte	52
Première contribution des groupes	58
Le point intermédiaire	58
Seconde contribution et mise en forme	59
Réaliser son atelier d'autoévaluation	60
Un espace-temps propice à la réflexion	60
Une animation flexible	62
Un retour d'expérience à chaud	67
Tenter le C2E	68
Formalités administratives pour le C2E	68
Autoévaluation et document de soumission	68
La conduite et l'évaluation des actions	69
La visite de l'évaluateur	69
Les bénéfices du C2E	70
Faire une revue de projet	71

Mener un projet EFQM

Se lancer dans une démarche d'excellence demande un management rigoureux du projet si l'on veut en retirer les pleins bénéfices et en maîtriser les risques.

Tous les bons principes d'une conduite de projet au niveau de l'état de l'art s'appliquent, notamment :
- un niveau suffisant de connaissance de départ ;
- une préparation sérieuse ;
- une direction générale engagée ;
- une planification ambitieuse mais réaliste ;
- des jalons pour acter la progression et maintenir la motivation.

Suivre une formation EFQM

Le pilote d'un projet EFQM doit tout d'abord maîtriser le référentiel ainsi que les parcours possibles de progression grâce à ce référentiel.

Les formations à l'EFQM

Il est toujours plus intéressant et bénéfique de s'abreuver à la source même. Si l'anglais ne pose pas de problème pour vous, n'hésitez pas à aller en formation à Bruxelles au siège de l'EFQM. D'abord la qualité des formations dispensées par l'EFQM sur le sujet reste inégalée parce que dispensée par les meilleurs experts européens dont des coauteurs du modèle.

> **CONTACT**

EFQM
Avenue des Olympiades, 2
1140 Bruxelles, Belgique

Tél :
+32 2 775 35 11

E-mail :
info@efqm.org

Internet :
www.efqm.org

Ensuite, vous prendrez directement conscience des enjeux sous-jacents dans la mesure où vous serez plongé d'entrée de jeu en milieu international, interculturel, multilingue. Les formations EFQM favorisent les échanges actifs entre participants de divers pays, divers métiers, diverses cultures, diverses maturités organisationnelles... La formation EFQM est en outre bien plus que de la théorie, c'est une collaboration avec des experts et des organisations de pointe pour faire avancer votre organisation et lui faire accomplir plus que ce qui n'était possible jusque-là.

L'EFQM propose quatre parcours de formation
- Un pour ceux qui veulent implémenter et utiliser le modèle :
    - le parcours vers l'Excellence, 3 jours ;
    - le leader junior pour l'Excellence, 3 jours ;
    - le leader senior pour l'Excellence, 3 jours et un exercice d'évaluation à réaliser.
- Un pour ceux qui veulent améliorer leurs compétences managériales appelé *« Pegasus Executive Program »* :
    - destinée aux dirigeants et hauts potentiels, cette formation se déroule dans une organisation membre de l'EFQM et favorise l'échange en profondeur, 1,5 jour.
- Un pour ceux qui veulent devenir des assesseurs :
    - Éléments de base pour l'assesseur : initiation à l'évaluation, 3 jours ;
    - Métier d'assesseur : perfectionnement de l'évaluation, 3 jours ;
    - Maître assesseur : conduite d'une équipe d'assesseurs, 3 jours.
- Un pour ceux qui veulent devenir des référents et former d'autres au modèle :
    - formateur agréé, 3 jours ;
    - évaluateur agréé : 1,5 jour.

Les formations EFQM sont à articuler avec les autres étapes de votre projet EFQM selon le cheminement que vous aurez choisi. Voici un exemple de cheminement possible.

Mener un projet EFQM

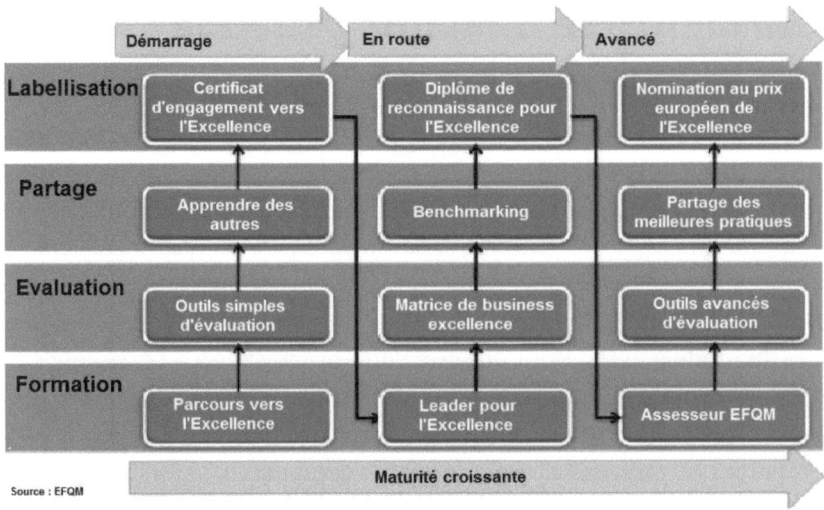

Figure 7 : Un exemple de parcours avec l'EFQM

Les autres formations

AFAQ-AFNOR propose trois formations interentreprises :
- De l'ISO 9001 vers l'EFQM : préparez votre entreprise à l'excellence, 2 jours ;
- Évaluation EFQM : devenez évaluateur EFQM, 3 jours ;
- L'autoévaluation : évaluez votre organisation selon le modèle d'excellence EFQM, 1 jour.

Divers cabinets de conseil dispensent des formations-actions intra-entreprises personnalisées selon les attentes des clients avec l'application pratique directe. Mon cabinet, Inforgon, entre autres, vous propose des cursus sur mesure (Initiation au modèle EFQM, Approfondissement du modèle EFQM...).

Convaincre sa direction générale

> **> CONSEIL**
>
> **Ne lancez pas la démarche sans avoir votre direction à vos côtés.**
>
> « Pour que ça avance derrière, il faut que ça suive devant ! »...

Si les dirigeants de votre organisation ne sont pas moteurs dans le projet, il vaut mieux ne pas vous y lancer. En effet, si la direction générale ne montre pas l'exemple en matière d'implication au reste de la ligne de commandement, managers et leaders ne s'y impliqueront pas suffisamment.

Vous aurez donc la lourde tâche de convaincre vos dirigeants de l'utilité du modèle EFQM pour amener votre organisation à l'excellence et à la performance durables. La persuasion ne suffira pas. En effet, persuader veut dire amener quelqu'un à croire, à penser, à vouloir, à agir, en jouant sur sa sensibilité et ses péchés capitaux (!), par voie de séduction au sens commercial du terme. Si vous n'arrivez qu'à cela, dès les premières difficultés sur le projet ou dès l'irruption de nouvelles priorités, vos dirigeants vous lâcheront en cours de route. Il vous faudra donc les convaincre au préalable. C'est-à-dire les amener à admettre une façon de penser, de décider ou d'agir en leur exposant les raisons qu'ils peuvent avoir de le faire.

S'il s'agit, dans l'un et l'autre cas, d'emporter l'adhésion de vos dirigeants, la méthode qui y conduit n'est pas la même. Persuader est avant tout une démarche émotionnelle, alors que convaincre est une démarche rationnelle, qui fait appel à la démonstration et avance des preuves de ce que l'on veut faire admettre.

Vous avez à votre disposition deux approches pour convaincre vos dirigeants :
- **Faites entendre** quels sont les gains avérés de ce type de cheminement à moyen et long termes à l'aide des études qui ont été faites sur le sujet et de témoignages d'organisations qui ont obtenu des résultats probants grâce à cette démarche.
- **Faites voir et toucher du doigt** des systèmes managériaux qui fonctionnent selon les principes de l'EFQM. Faire plonger vos dirigeants

dans le bain pour qu'ils puissent se convaincre eux-mêmes de la température de l'eau et la vitesse du courant est plus efficace que cent prêches sur le sujet.

Comment « faire entendre » pour convaincre

Pour que le discours produise de l'effet, il faut veiller à coordonner les différents acteurs qui peuvent traiter de ce sujet avec vos dirigeants.

Le discours interne est tenu par deux groupes de populations :
- des experts du domaine comme le directeur de la qualité, le responsable de *business excellence*, le pilote de la performance...
- des cadres qui ont fait du benchmarking et qui ont été convaincus des bénéfices liés à ce type de démarche.

Faire converger ces deux points de vue est déjà un premier pas vers la réceptivité du discours.

Les discours externes sont tenus par des commerciaux d'organismes divers agissant dans l'univers de la qualité et de la performance durable, des consultants experts du sujet et des dirigeants engagés dans cette voie qui sont amenés à en témoigner à différentes occasions.

Mon expérience est que l'argument clé reste celui de l'apport financier et organisationnel à moyen et long termes (traité en § 2.4). Si un dirigeant adhère à cette vision managériale, il s'impliquera complètement et le projet portera ses fruits.

Mais quelle que soit la force de persuasion et de conviction des uns et des autres, le discours a ses limites. Il faudra donc trouver d'autres leviers.

Comment « faire voir et toucher du doigt » pour convaincre

Un dirigeant préfère se convaincre lui-même plutôt que d'être convaincu par quelqu'un d'autre. Il faut donc lui procurer des occasions pour qu'il puisse le faire. Emmenez-le donc faire un benchmarking sur la démarche dans une organisation qui est depuis plusieurs années en cheminement vers l'excellence et qui est reconnue comme un modèle sur le sujet.

Préparez bien ce benchmarking[1] avec un questionnaire à deux volets :
- un volet « investissement » comprenant des questions sur les efforts fournis, les ressources allouées, les risques rencontrés, les effets de seuil en matière de maturation organisationnelle...
- un volet « retour sur investissement » avec des questions sur les bénéfices tangibles et intangibles retirés de la démarche, sur les délais d'inertie systémique écoulés avant émergence des résultats positifs.

Planifiez soigneusement les entretiens entre les dirigeants de votre organisation et non seulement les dirigeants, mais aussi des représentants des différents niveaux hiérarchiques et des membres du personnel du partenaire de benchmarking. Veillez à donner à vos dirigeants la plus grande profondeur possible du tableau pour, d'une part, leur faire sentir le chemin parcouru, les efforts fournis et la panoplie de leviers mis en œuvre pour arriver à l'excellence et, d'autre part, les effets bénéfiques sur l'organisation.

---

1. À lire du même auteur, dans la collection Les Pratiques de la performance : *Pratiques de benchmarking, créer collectivement du sens à partir du succès d'autres organisations.*

Planifier son projet

La planification de votre projet va dépendre de trois éléments :
- l'existence ou non d'un scénario type de cheminement défini par l'EFQM, que vous voulez emprunter ;
- l'ambition affichée par les dirigeants ;
- la situation actuelle et des capacités de votre organisation.

Un bon plan qualité projet (PQP) vous permettra d'en maîtriser le lancement, le déroulement et la clôture.

1. Caractéristiques et objet du Plan Qualité Projet :
    1. Champ d'application,
    2. Objectifs attendus,
    3. Documents de référence,
    4. Evolution du Plan Qualité projet,
    5. Identification et maîtrise des risques potentiels.
2. Plan de production :
    1. Le cycle de vie utilisé pour le projet,
    2. L'enchaînement des tâches (PERT),
    3. Les références, normes et standards utilisés,
    4. Les outils, méthodes et techniques employés,
    5. La gestion de la documentation du projet.
3. Plan de management :
    1. Charges estimées,
    2. Acteurs et structures intervenant,
    3. Coûts estimés,
    4. Planning (GANTT),
4. Plan de contrôle qualité :
    1. Points de contrôle des livrables,
    2. Responsabilités de vérification et de validation
    3. Réunions d'avancement,
    4. Traitement des événements imprévus,
    5. Revues.

Figure 8 : Structure d'un plan qualité projet EFQM

L'enchaînement des étapes

L'enchaînement des étapes peut être différent selon le stade où en est votre organisation et le type de méthode choisie.

Pour un premier pas en interne, le séquencement pourrait être de ce type :
- sensibilisation de l'encadrement ;
- diffusion du questionnaire ou du *pro forma* ;
- réponse au questionnaire ou au *pro forma* ;
- exploitation des résultats et décision d'actions d'amélioration ;
- diffusion des résultats et des actions d'amélioration décidées ;
- suivi des actions d'amélioration ;
- mesure de l'efficacité des actions d'amélioration ;
- bilan et retour d'expérience de l'opération.

Ce type de projet se déroule en général sur un délai de trois à cinq mois.

Pour un engagement vers l'excellence *(C2E : Committed to excellence)*, le séquencement pourrait être le suivant :
- formation du chef de projet ;
- commande et prise de connaissance du *Pack C2E* ;
- sensibilisation de l'encadrement ;
- réalisation d'une autoévaluation en atelier avec le comité de direction ;
- « priorisation » des actions d'amélioration et sélection de celles qui vont être prises en compte pour l'obtention du C2E ;
- rédaction et envoi du dossier de candidature ;
- mise en œuvre du plan de progrès ;
- rédaction du document relatif aux actions menées ;
- visite sur site de l'évaluateur ;
- célébration de l'obtention du C2E.

Ce type de projet se déroule en général sur un délai de cinq à sept mois.

Mener un projet EFQM

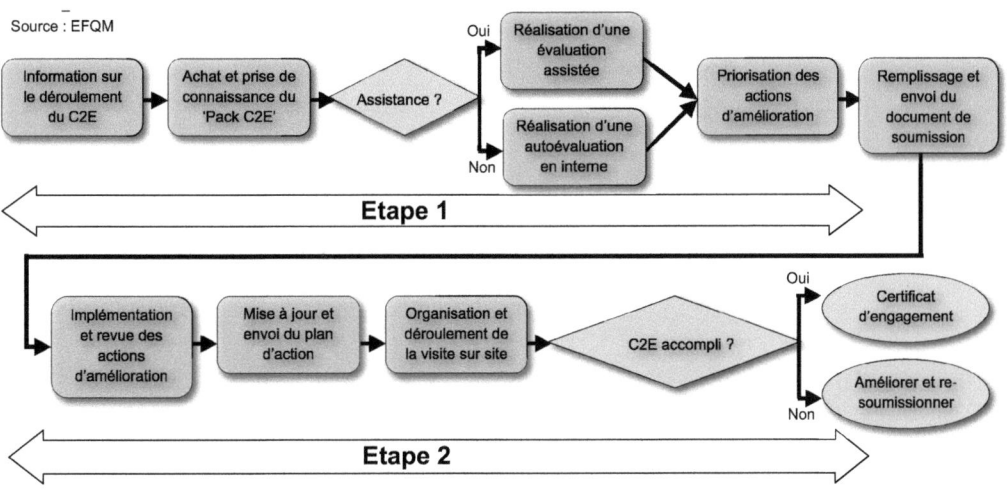

Figure 9 : Étapes de l'engagement vers l'excellence

Pour une reconnaissance pour l'excellence (R4E : *Recognised for excellence*), le séquencement pourrait être le suivant :
- formation approfondie du chef de projet ;
- commande et prise de connaissance du *Pack R4E* ;
- sensibilisation de l'encadrement ;
- collecte des faits et rédaction des *pro forma* demandés par le *Pack R4E* ;
- rédaction du dossier R4E ;
- réalisation d'une autoévaluation à partir du dossier R4E ;
- préparation à la visite sur site ;
- organisation et réalisation de la visite sur site ;
- prise en compte du rapport des assesseurs et décision d'actions d'amélioration.

Ce type de projet se déroule en général sur un délai de six à dix mois.

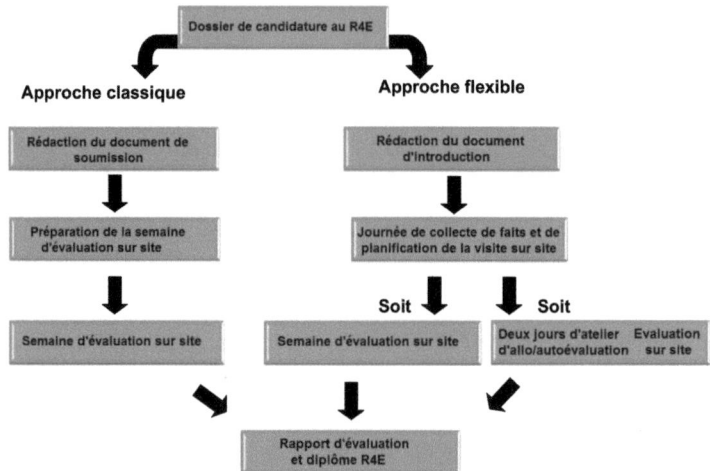

Figure 10 : Étapes de la reconnaissance pour l'excellence

Pour une participation au prix européen de l'excellence *(EEA : European excellence award)*, le séquencement est le suivant :
- décision de concourir et allocation de ressources ;
- formation de l'ensemble de l'encadrement ;
- commande et prise de connaissance du *Pack EEA* ;
- rédaction du dossier de candidature ;
- implication de l'encadrement et création des équipes en charge des critères du modèle ;
- collecte des faits et rédaction d'une première version du dossier EEA ;
- diffusion interne de la première version du dossier pour lecture et réactions ;
- réalisation d'une autoévaluation à partir du dossier
- comité de direction ;
- cadres intermédiaires ;
- personnel (si on va au bout des choses) ;
- rédaction du dossier définitif selon les prescriptions du Pack EEA ;
- traduction du dossier en langue anglaise ;
- mise en forme du document définitif ;

Mener un projet EFQM

- envoi du document définitif dans les délais exigés par le *Pack EEA* ;
- préparation de l'encadrement et du personnel à la visite sur site ;
- organisation et réalisation de la visite sur site ;
- prise en compte du rapport des assesseurs et décision d'actions d'amélioration.

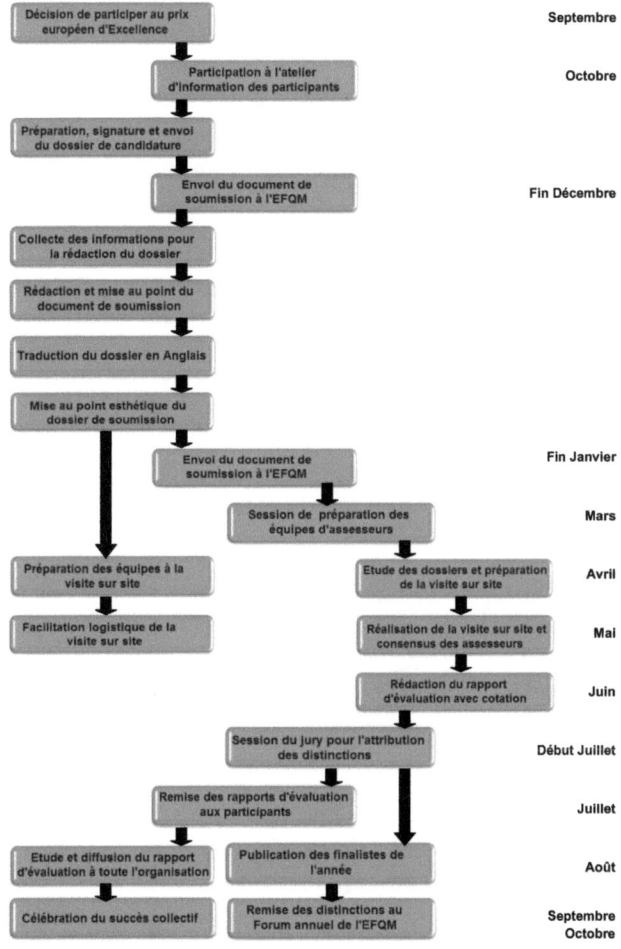

Figure 11 : Étapes pour le prix européen de l'excellence

Ce type de projet se déroule en général sur un délai de neuf mois, d'octobre à juin. Le jury se réunit dans la première quinzaine de juillet. La liste des finalistes est publiée au courant de l'été et les gagnants d'un *prize* ou d'un *award* sont annoncés fin septembre ou début octobre, lors du forum annuel de l'EFQM à la soirée de remise des trophées.

L'ancrage du projet dans votre organisation

Un projet EFQM n'est pas un élément indépendant de son contexte et ne peut pas réussir si on ne l'ancre pas dans les rites et rythmes managériaux courants de l'organisation. Veillez notamment à articuler votre projet avec :
- le processus « Définition et déploiement de la stratégie » puisque les données de sortie de l'auto-évaluation peuvent constituer des données d'entrée de la revue de stratégie et/ou de la revue de direction (au sens des normes QSE) ;
- le processus « Communication interne » pour expliquer le projet, informer de son avancement et valoriser les contributions ;
- le processus « Amélioration permanente » pour conduire et suivre l'avancement des actions d'amélioration issues des autoévaluations et évaluations ;
- les cycles de fonctionnement de vos instances de gouvernance (comité de direction et autres espaces/temps décisionnels).

Voici un exemple concret d'ancrage d'un projet EFQM dans les cycles managériaux d'une organisation.

Mener un projet EFQM

Figure 12 : Ancrage d'un projet EFQM

Le travail des équipes EFQM	Constitution des équipes	Réunion des équipes EFQM	Actualisation des faits observables	Recherche des résultats	Recherche des actions réalisées depuis janvier 2009	Mise en forme des sous-critères	Écriture du dossier / Validation du dossier / Envoi du dossier	Mise à disposition du dossier dans l'Intranet	Message sur Internet sur les résultats de l'évaluation (après le CA)
	Remise d'un bloc-notes orange			Coaching des groupes de collecte F. A. Meyer	17 mars / 17 mars / 18 mars / 18 mars	Distribution d'une orange	Un message hebdo	Un message quotidien	
	JANVIER	FEVRIER		MARS		AVRIL		MAI	JUIN
CODIR	10' EFQM	CODIR	10' EFQM	CODIR	10' EFQM	CODIR	10' EFQM	CODIR	10' EFQM
VŒUX du directeur 12 JANVIER	Un message sur l'engagement EFQM / Les résultats de performance 2009 / Un quizz aux participants			Revue de Direction 2 mars	Point sur le déploiement / Point sur le travail des équipes EFQM	Mosaïque	L'engagement de l'organisation / les point forts du prédossier / l'évaluation de mai / Le rôle de chaque salarié.		Revue de Direction 1er JUIN / Résultats de l'évaluation et plan d'action pour 2011-2015
réunion des animateurs, Qualité	Leur rôle vers les équipes et les pilotes de processus	Formation EFQM 4 février	Le calendrier / La contribution de l'encadrement	Réunion d'encadrement 25 mars	L'engagement de l'organisation / L'ambition / Le calendrier / La contribution de l'encadrement		Validation du dossier		Réunion d'encadrement 10 JUIN / Les résultats de l'évaluation / le plan de marche pour 2011-2015
Intranet	Le calendrier de l'avant	Réunion de lancement équipe complète après la formation 4 février		Séminaire CA - Stratégie 29 mars	L'engagement de l'organisation	Séminaire CODIR 28 et 29 avril		Evaluation EFQM 19-21 mai	CA 16 JUIN / Les résultats de l'évaluation / le plan de marche pour 2011-2015
		Réunions QSE	La démarche, le calendrier	Réunions QSE	La démarche, le calendrier	Réunions QSE	La démarche, le calendrier	Intranet	Réunions thématiques / Les résultats de l'évaluation / le plan de marche pour 2011-2015
		Revue de processus	Les résultats	Revue de processus	Les résultats	Revue de processus	Les résultats	Réunions QSE	
								Revue de processus	Les résultats

La constitution des groupes de travail

Pour collecter les faits (approches et résultats), il est préférable de constituer des groupes de travail plutôt que de faire ce travail en investigateur solitaire pour la simple raison que la démarche doit être un cheminement de maturation et de création collective de sens si l'organisation veut en tirer un maximum de bénéfices.

Les groupes de travail sont constitués selon les critères du modèle.

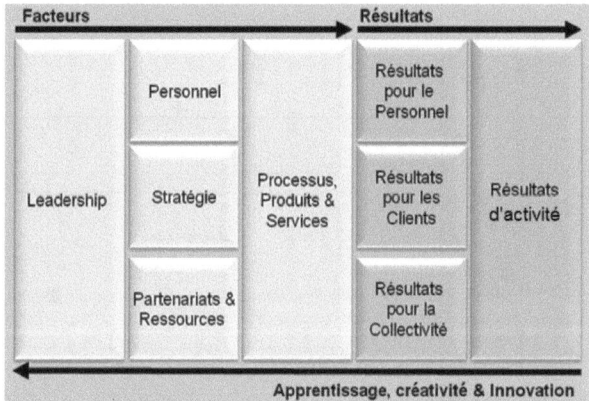

Figure 13 : Le modèle EFQM à neuf critères
Lire page 124 et suivantes la description détaillée du modèle.

Une répartition cohérente en cinq groupes de collecte peut être la suivante :
- groupe 1 : *Leadership* (facteurs : 1a-b-c-d-e) et la partie mesure du *leadership* des résultats pour le personnel (7a-b) ;
- groupe 2 : Stratégie (facteurs : 2a-b-c-d) et résultats clés (9a) ;
- groupe 3 : Personnel (facteurs : 3a-b-c-d-e) et résultats pour le personnel (facteurs : 7a-b) ;
- groupe 4 : Partenariats et ressources (facteurs : 4a-b-c-d-e) et résultats collectivité (facteurs : 8a-b), partie relative aux partenariats et ressources dans les résultats opérationnels (facteurs : 9b) ;

- groupe 5 : Processus (facteurs : 5a-b-c-d-e), résultats clients (facteurs : 6a-b) et résultats opérationnels (facteurs : 9b).

NOTE : pour la description détaillée des facteurs, lire en page 126.

D'autres modalités sont possibles. Voici, par exemple, l'organisation des groupes de collecte de l'un de mes clients :
- équipe verte : Leadership et performances clés ;
- équipe bleue : Stratégie et résultats clients ;
- équipe jaune : Personnel et résultats pour le personnel et pour la collectivité ;
- équipe orange : Partenariats et ressources et processus.

Chaque équipe est composée de deux ou trois membres du comité de direction et de cinq ou six cadres intermédiaires.

Ce dispositif a bien fonctionné. Le rattachement des résultats pour la collectivité à l'équipe jaune, qui peut paraître incohérent, n'a pas posé de problème du fait du faible nombre de mesures disponibles cette année-là sur les résultats pour la collectivité.

Certaines organisations désignent un binôme de cadres par critère et le chargent de collecter les faits et de rédiger le chapitre associé dans le document à produire. Un de mes clients a pris la formule suivante :
- binôme « Leadership » : directeur général et cadre intermédiaire à fort potentiel ;
- binôme « Stratégie » : premier directeur général adjoint et directeur du contrôle interne ;
- binôme « Personnel » : directeur des ressources humaines et directeur opérationnel ayant le plus de collaborateurs ;
- binôme « Partenariats et ressources » : directeur des systèmes d'information et directeur financier ;
- binôme « Processus, produits et services » : directeur de production et directeur commercial ;

- binôme « Résultats pour les clients » : directeur du marketing et directeur commercial adjoint ;
- binôme « Résultats pour le personnel » : directeur adjoint des ressources humaines ;
- binôme « Résultats pour la collectivité » : directeur de l'intendance et de la logistique et directeur de l'environnement ;
- binôme « Résultats clés » : deuxième directeur général adjoint et directeur du contrôle de gestion.

Un autre scénario jouable, quand le temps presse et que les équipes et/ou cadres sont peu disponibles, est de leur préparer le travail par une collecte préalable des faits les plus apparents par un cadre plus disponible et enthousiaste que les autres. Si l'on vous propose ce genre de travail, n'hésitez surtout pas ; c'est une occasion exceptionnelle de vous donner une vision transversale approfondie de votre organisation. Mais n'oubliez jamais de déboucher sur du travail collectif complémentaire.

Le fait d'impliquer un maximum de personnes de votre organisation vous permettra :
- d'avoir une photographie la plus détaillée possible des facteurs mis en œuvre et des résultats mesurés ;
- de bénéficier d'un engagement réel des cadres et des personnels ;
- de mieux détecter où sont les domaines sur lesquels il n'y a pas consensus ;
- de créer un seuil de concentration qui permettra l'émergence collective de sens sur le niveau de maturité de votre organisation.

L'allocation de ressources

Un projet EFQM a besoin de ressources tant internes qu'externes. Lors de l'élaboration du plan qualité projet, il est important de s'assurer que les ressources allouées sont cohérentes avec les objectifs à atteindre. Listons les types de ressources nécessaires pour un tel projet.

Mener un projet EFQM

Les ressources externes ont une traduction financière directe. Elles peuvent comporter :
- les coûts de formation ;
- les honoraires de consultants ;
- les frais d'inscription aux évaluations par l'EFQM ou sa NPO *(national partner organisation)* : (C2E, R4E, EEA) ;
- les frais de traduction des dossiers pour le prix européen ;
- les frais de mise en forme des dossiers pour le prix européen...

Les ressources internes se traduisent surtout en temps disponible :
- temps passé en formation ;
- temps de collecte des faits ;
- temps d'autoévaluation ;
- temps de conduite des actions décidées ;
- temps de rédaction des documents ;
- temps de lecture et de relecture des documents ;
- temps de contrôle et de validation des livrables ;
- temps de communication interne et externe sur le projet...

L'évaluation des risques du projet

Parmi les risques dans un projet EFQM, nombreux sont ceux qui font partie des risques génériques de tout projet ; certains cependant sont spécifiques.

Parmi les risques génériques dans un projet, on compte :
- l'absence d'engagement de la direction générale ;
- l'incohérence entre objectifs et ressources allouées ;
- la faible disponibilité des acteurs ;
- des incidents externes au projet qui peuvent le ralentir ou le faire stopper ;
- la non-qualité des livrables...

Il peut y avoir des risques spécifiques, comme :
- le manque de professionnalisme du consultant EFQM ;
- la mauvaise compréhension d'exigences spécifiées dans les Packs C2E, R4E, EEA ;
- l'hétérogénéité de collecte des faits d'un critère à un autre ;
- l'excès d'optimisme ou de pessimisme dans les cotations des sous-critères...

Comme pour tout autre projet, il est important de bien identifier ces risques et de mener une rapide AMDEC (analyse des modes de défaillance, de leurs effets et de leur criticité) sur le sujet en évaluant la probabilité, la gravité et la détectabilité du risque et en les multipliant pour obtenir le niveau de criticité du risque. Une échelle de 1 à 9 sur les trois indices permettra d'obtenir une bonne hiérarchisation.

Organiser les travaux de collecte

Une autoévaluation efficace se base sur les faits et les mesures, ainsi, il faut les collecter à travers l'ensemble du périmètre de l'organisation.

Le travail de collecte peut se faire individu par individu ou en groupe. Les deux formules ne s'excluent pas et sont la plupart du temps couplées. Dans un premier temps, on demande aux membres des groupes de collecte de lister, chacun de son côté, les faits et mesures qu'il connaît, puis on organise une séance de mise en commun.

Pour les sous-critères de facteurs, la collecte doit porter sur des faits réels constatables, pas sur des souhaits ou projections. On retrouve trop souvent soit de la « paraphrase » du modèle, soit des bonnes intentions. Récupérez les descriptifs des approches et projets déployés et des exemples concrets d'application.

Mener un projet EFQM

Pour les sous-critères de résultats, la collecte doit porter directement sur les mesures effectuées et ne pas être un commentaire de ces mesures. On retrouve trop souvent les approches de mesure expliquées dans ces sous-critères, notamment quels types d'enquêtes de satisfaction sont menés, etc. Par exemple, pour le sous-critère 7a « mesures de perception du personnel », il faut récupérer les résultats des enquêtes de satisfaction du personnel sur trois à cinq ans, si on en dispose, et pour le sous-critère 7b « mesures de performance du personnel », il faut récupérer les indicateurs du bilan social des trois à cinq dernières années.

Ce travail de recueil des informations peut être facilité par des questionnaires, des *pro forma* ou des grilles de collecte.

QUESTIONNAIRE : STRATEGIE 2	Pas encore démarré	Quelques progrès	Des progrès importants	Totalement réalisé
	D	C	B	A
2a : Est-ce que nous prenons en compte d'une part les attentes des clients et des autres parties prenantes et d'autre part les évolutions du contexte pour définir notre stratégie ?				
Donnez quelques exemples positifs				
Donnez quelques exemples négatifs				
2b : Est-ce que nous tenons compte de nos capacités et de nos performances passées ainsi que de notre apprentissage pour définir notre stratégie ?				
Donnez quelques exemples positifs				
Donnez quelques exemples négatifs				
2c : Est-ce que notre stratégie est clairement développée et mise à jour régulièrement ?				
Donnez quelques exemples positifs				
Donnez quelques exemples négatifs				
2d : Est-ce que la direction communique la stratégie et les politiques qui la soutiennent, la met en œuvre sur les processus et en contrôle l'application ?				
Donnez quelques exemples positifs				
Donnez quelques exemples négatifs				
Total des croix (a)				
Facteur de pondération (b)	0	33	67	100
Valeur (a x b)				
SCORE TOTAL	Somme =		÷ 4 =	% niveau

Figure 14 : Questionnaire d'autoévaluation Critère 2

Mener un projet EFQM

QUESTIONNAIRE : RESULTATS POUR LA COLLECTIVITE 8	Pas encore démarré D	Quelques progrès C	Des progrès importants B	Totalement réalisé A
8a : Est-ce que la collectivité a une bonne opinion de notre organisation en matière de contribution économique ?				
Donnez quelques exemples positifs				
Donnez quelques exemples négatifs				
Est-ce que la collectivité a une bonne opinion de notre organisation en matière environnementale ?				
Donnez quelques exemples positifs				
Donnez quelques exemples négatifs				
Est-ce que la collectivité a une bonne opinion de notre organisation en matière sociale et sociétale ?				
Donnez quelques exemples positifs				
Donnez quelques exemples négatifs				
8b : Mesurons-nous et avons-nous de bonnes performances en matière de conformité légale et réglementaire et de gouvernance ?				
Donnez quelques exemples positifs				
Donnez quelques exemples négatifs				
Mesurons-nous et avons-nous de bonnes performances en matière d'impact environnemental ?				
Donnez quelques exemples positifs				
Donnez quelques exemples négatifs				
Mesurons-nous et avons-nous de bonnes performances en matière d'impact sociale et sociétale ?				
Donnez quelques exemples positifs				
Donnez quelques exemples négatifs				
Mesurons-nous et avons-nous de bonnes performances en matière d'hygiène et de sécurité ?				
Donnez quelques exemples positifs				
Donnez quelques exemples négatifs				
Mesurons-nous et avons-nous de bonnes performances en matière d'achats responsables et d'approvisionnement de matières premières ?				
Donnez quelques exemples positifs				
Donnez quelques exemples négatifs				
Total des croix (a)				
Facteur de pondération (b)	0	33	67	100
Valeur (a x b)				
SCORE TOTAL	Somme =		÷ 8 =	% niveau

Figure 15 : Questionnaire d'autoévaluation Critère 8

Quels sont les faits les plus importants à nos yeux qui montrent que ce sous-critère s'applique à notre organisation ?	Quels sont les contre exemples qui montrent que ce sous-critère n'est pas encore tout à fait mis en œuvre dans notre organisation ?	Quelles actions de progrès jugeons-nous nécessaires pour mieux correspondre aux exigences de ce sous-critère ?

Collecte des indicateurs et mesures sur les résultats

Quelles sont nos indicateurs et mesures sur ce sous-critère ?	Est-ce que l'indicateur associé évolue favorablement, est-ce que sa tendance est positive ?	Est-ce que l'indicateur associé a atteint le niveau cible convenu (s'il existe) ?	Quel est le niveau de segmentation ou de détail que nous avons sur cet indicateur ?	Est-ce que nous avons des comparaisons internes / externes avec d'autres ? Avec qui ? Évoluons-nous plus ou moins favorablement qu'eux ? (qui ?)	Pouvons-nous je établir un lien de cause à effet entre des actions récentes et l'évolution de cet indicateur ?	Le cas échéant, est-ce que l'indicateur associé est bien représentatif de l'objectif que nous étions donné (finalité) ?

Figure 16 :
Fiches de collecte
des faits et mesures

Mener un projet EFQM

RADAR \ Termes	Résultats Que veut dire ce sous-critère chez nous ? Jusqu'où voulons-nous aller sur ce point ? Que visons-nous ?	Approches Quels sont les projets, les bonnes pratiques, les méthodes mises en œuvre sur ce sous-critère ?	Déploiement Jusqu'à quel point ces projets, les bonnes pratiques, les méthodes sont ils déployés ? Qui est impliqué ?	Appréciation Comment mesurons-nous les efforts fournis et les résultats obtenus ainsi que la perception des parties concernées ?	Raffinement A quelles occasions et comment est-ce que nous nous remettons en question, apprenons, améliorons et innovons ?
Immédiat				Perception	Revues
				Performance	Audits et Evaluations
				Benchmarks	Benchmarking
Court terme				Perception	Revues
				Performance	Audits et Evaluations
				Benchmarks	Benchmarking
Moyen terme				Perception	Revues
				Performance	Audits et Evaluations
				Benchmarks	Benchmarking
Long terme				Perception	Revues
				Performance	Audits et Evaluations
				Benchmarks	Benchmarking

Figure 17 :
Grille de collecte des informations avec termes

Première contribution des groupes

Le premier retour de collecte est souvent inégal, fait apparaître des incompréhensions de certains sous-critères, comporte des redondances, du jargon, des erreurs, des oublis, des listes à la Prévert, des états d'âme, des règlements de compte et j'en passe...

Un piège dans lequel il ne faut pas tomber à ce moment-là est la dramatisation de cette situation qui risquerait d'entraîner la démotivation des équipes.

L'analyse que vous ferez de ce premier matériau vous permettra :
- d'une part, de préparer des messages et compléments de formation à délivrer aux équipes lors du point intermédiaire ;
- d'autre part, de trouver des exemples phares qui valoriseront leurs auteurs et permettront de faire comprendre aux autres ce qui est concrètement attendu.

À ce stade, on a aussi souvent des retardataires à relancer pour être sûr d'avoir de la matière pour tous les sous-critères lors du point intermédiaire. Cela évitera des décrochages ultérieurs.

Malgré ces lacunes et faiblesses, cette collecte initiale permet souvent de se faire une première idée des grandes forces et des domaines d'amélioration de l'organisation.

Le point intermédiaire

Le point intermédiaire est mené équipe par équipe sur la base de sa production initiale et éventuellement de documents que vous leur aurez demandé d'apporter en complément lors de cette session de travail.

Mener un projet EFQM

Pour en tirer un maximum, il faut bien le préparer et le structurer de telle sorte que :
- tous les points d'incompréhension du modèle soient levés,
- le groupe sache, pour chaque sous-critère, quels compléments ou corrections il faudra apporter ;
- le risque de mauvaise collecte soit maîtrisé.

Seconde contribution et mise en forme

Le second retour de collecte sera en général bien plus homogène et complet si vous avez bien mené votre point intermédiaire.

En revanche, vous pouvez rencontrer des persistances dans certaines convictions erronées. Cela vous obligera alors de traiter ces cas de manière ciblée avec des méthodes appropriées dont :
- la production de preuves tangibles. Ces preuves peuvent être, par exemple, des extraits de dossiers d'autres organisations ou des exemples concrets obtenus en formation ou par votre consultant ;
- la collecte assistée *(coaching)* pour montrer explicitement ce qu'il faut faire.

Pour garantir une homogénéité et un style utilisable lors de la session de consensus de l'autoévaluation, il vaut mieux qu'un individu ou un binôme prenne en charge la rédaction et la mise en forme du document de collecte.

Diffusez ce document à l'ensemble des participants invités à la journée de consensus pour qu'ils puissent en prendre connaissance et y noter leurs étonnements, interrogations, remarques et suggestions.

Réaliser son atelier d'autoévaluation

Quitte à passer pour un extrémiste sur le sujet, pour moi, il n'y a pas de réelle autoévaluation sans un moment de création collective de sens. *« La "création collective" de sens est l'opération collective au cours de laquelle sont créés de la connaissance et du "sens ajouté", à partir de certaines informations qui jouent le rôle de stimuli inducteurs, et au moyen d'interactions entre les participants à la séance de travail collectif, ainsi que entre les participants et les diverses mémoires (tacites et formelles) de l'entreprise. Le résultat de la création collective de sens est la formulation de conclusions provisoires plausibles (hypothèses) devant déboucher sur des actions effectives. C'est aussi la création de connaissances. »* Humbert Lesca.

Quelle que soit votre méthode de collecte de données (questionnaire, *pro forma*, grilles de collecte...), s'il n'y a pas ce temps fort du consensus, vous passez à côté de l'esprit de la démarche et de ses principaux bénéfices.

À l'inverse, si vous faites un atelier d'autoévaluation sans avoir collecté auparavant les faits et mesures, ce sera peut-être un bon moment passé ensemble, mais totalement improductif. Ce genre de dérive a été favorisé il y a quelques années par des vendeurs de logiciels d'autoévaluation qui vous promettaient monts et merveilles derrière une journée d'animation sans aucune préparation préalable.

Un espace-temps propice à la réflexion

Un atelier d'autoévaluation se pratique sur deux jours dans le cas idéal. Il peut à la rigueur tenir en une journée avec une forte préparation et une discipline d'enfer (!) parce que le programme est très chargé : trente-deux sous-critères à passer en revue.

Mener un projet EFQM

Si vous l'organisez sur une journée, vous ne pourrez passer qu'un quart d'heure par sous-critère comme vous pouvez le constater sur les plannings proposés en pages 63 à 66.

Nous avons de plus en plus de demandes de réduire l'atelier d'autoévaluation à une demi-journée. Je l'ai pratiqué avec deux clients qui sont des habitués de l'autoévaluation depuis plusieurs années et qui ne débattent que des évolutions d'une année sur l'autre et sur les points sur lesquels il n'y a pas de consensus d'entrée de jeu. Je l'ai refusé pour des clients qui ne sont pas matures sur l'exercice.

Il faut se donner un espace-temps suffisant pour faire du bon travail. Il doit permettre aux différents points de vue de se confronter en profondeur, aux idées de rebondir et de s'enrichir progressivement et au consensus d'émerger.

L'exercice permet de produire les livrables suivants par sous-critère du modèle :
- une liste de points forts ;
- une liste de domaines d'amélioration ;
- une cotation RADAR.

Les listes de points forts et de domaines d'amélioration doivent être clairement exprimées et non ambiguës. Utilisez des phrases auto-signifiantes qui expriment des faits précis. Quantifiez le plus possible les appréciations relatives au déploiement et évitez les « peu, beaucoup, énormément, souvent, fréquemment... ». Utilisez les proportions en pourcentages ou en fractions, les fréquences et délais réels et des indicateurs précis.

La cotation RADAR doit être cohérente avec les deux listes précédentes. Par exemple, si vous avez 2 points forts et 8 domaines d'amélioration, il est plus cohérent d'avoir 20 à 25 % du score nominal du sous-critère que d'avoir 70 % à 85 %. Si vos deux listes s'équilibrent, votre cotation devrait se situer autour de 50 %. Mais, attention, cela veut dire que le poids de vos items dans chaque liste et d'une liste à l'autre sont à peu près de même poids.

Un algorithme permet de calculer les scores intermédiaires par critère ainsi que le score global.

Le groupe débouche enfin sur l'identification et une « priorisation » pertinente des actions dégagées de l'analyse des domaines d'amélioration.

Une animation flexible

Lors de la collecte des faits et mesures, vous vous êtes rendu compte des critères qui sont apparus les plus faciles pour votre organisation. Souvent, ce sont les critères 3 et 7 relatifs au personnel et les critères 5 et 6 relatifs aux processus, produits et services et aux clients. Commencer par ce type de critères est plus simple pour les participants et permet un déroulement progressif de votre atelier.

D'autres critères peuvent intervenir pour choisir la logique de déroulement de votre séance : les horaires, les disponibilités des participants, éventuellement le souhait de changer par rapport à des autoévaluations précédentes...

Voici quelques modalités de planification possibles qui devraient vous permettre d'établir la vôtre en fonction de vos conditions singulières.

Mener un projet EFQM

PROGRAMME DE LA JOURNEE DE CONSENSUS DU JJ/MM/AAAA

	Introduction, méthode	08h00- 08h30
5	**PROCESSUS, PRODUITS ET SERVICES**	
5A	Processus: conçus et gérés de manière méthodique	08h30- 08h45
5B	Produits et services : conçus et gérés pour la valeur client	08h45- 09h00
5C	Produits et services : promus et commercialisés	09h00- 09h15
5D	Produits et services : élaboration, livraison et suivi	09h15- 09h30
5E	Gestion et mises en valeur des relations clients	09h30- 09h45
4	**PARTENARIATS ET RESSOURCES**	
4A	Partenaires et fournisseurs gérés	09h45- 10h00
4B	Ressources financières gérées	10h00- 10h15
	PAUSE	**10h15- 10h30**
4C	Installations, équipements, matériels gérés	10h30- 10h45
4D	Technologie gérée	10h45- 11h00
4E	Information et connaissances gérées	11h00- 11h15
3	**PERSONNEL**	
3A	Personnel: politique concernant le personnel	11h15- 11h30
3B	Personnel: compétences et connaissances développées	11h30- 11h45
3C	Personnel: implication, délégation, responsabilisation	11h45- 12h00
3D	Personnel: communication efficace à tous les niveaux	12h00- 12h15
3E	Personnel: récompense, reconnaissance	12h15- 12h30
	DEJEUNER	**12h30- 13h30**
2	**STRATEGIE**	
2A	Stratégie: fondation sur attentes parties intéressées et contexte	13h30- 13h45
2B	Stratégie: fondation sur mesures internes recherche apprentissage	13h45- 14h00
2C	Stratégie: développement, revue, actualisation	14h00- 14h15
2D	Stratégie: communication et mise en œuvre	14h15- 14h30
1	**LEADERSHIP**	
1A	Leadership: définition mission, vision, valeur, éthique	14h30- 14h45
1B	Leadership: implication personnelle dans l'amélioration du SM	14h45- 15h00
1C	Leadership: contacts avec les parties intéressées	15h00- 15h15
1D	Leadership: déploiement culture d'excellence	15h15- 15h30
1E	Leadership: flexibilité et changement	15h30- 15h45
	PAUSE	**15h45- 16h**
6	**RESULTATS POUR LES CLIENTS**	
6A	Clients: mesures du perçu	16h00- 16h10
6B	Clients: indicateurs de performance interne	16h10- 16h20
7	**RESULTATS POUR LE PERSONNEL**	
7A	Personnel: mesures du perçu	16h20- 16h30
7B	Personnel: indicateurs de performance interne	16h30- 16h40
8	**RESULTATS POUR LA COLLECTIVITE**	
8A	Collectivité: mesures du perçu	16h40- 16h50
8B	Collectivité: indicateurs de performance interne	16h50- 17h00
9	**RESULTATS D'ACTIVITE**	
9A	Résultats stratégiques	17h00- 17h10
9B	Indicateurs de performance clés	17h10- 17h20
	Choix des actions prioritaires	17h20- 18h00
	Conclusion et suite	18h- 18h15

Figure 18 : Programme atelier 1 jour : variante 1

PROGRAMME DE LA JOURNEE DE CONSENSUS DU JJ/MM/AAAA

	Introduction, méthode	08h00- 08h30

2	**STRATEGIE**	
2A	Stratégie: fondation sur attentes parties intéressées et contexte	08h30- 08h45
2B	Stratégie: fondation sur mesures internes recherche apprentissage	08h45- 09h00
2C	Stratégie: développement, revue, actualisation	09h00- 09h15
2D	Stratégie: communication et mise en œuvre	09h15- 09h30
3	**PERSONNEL**	
3A	Personnel: politique concernant le personnel	09h30- 09h45
3B	Personnel: compétences et connaissances développées	09h45- 10h00
3C	Personnel: implication, délégation, responsabilisation	10h00- 10h15

	PAUSE	10h15- 10h30

3D	Personnel: communication efficace à tous les niveaux	10h30- 10h45
3E	Personnel: récompense, reconnaissance	10h45- 11h00
4	**PARTENARIATS ET RESSOURCES**	
4A	Partenaires et fournisseurs gérés	11h00- 11h15
4B	Ressources financières gérées	11h15- 11h30
4C	Installations, équipements, matériels gérés	11h30- 11h45
4D	Technologie gérée	11h45- 12h00
4E	Information et connaissances gérées	12h00- 12h15

	DEJEUNER	12h15- 13h30

5	**PROCESSUS, PRODUITS ET SERVICES**	
5A	Processus: conçus et gérés de manière méthodique	13h30- 13h45
5B	Produits et services : conçus et gérés pour la valeur client	13h45- 14h00
5C	Produits et services : promus et commercialisés	14h00- 14h15
5D	Produits et services : élaboration, livraison et suivi	14h15- 14h30
5E	Gestion et mises en valeur des relations clients	14h30- 14h45
1	**LEADERSHIP**	
1A	Leadership: définition culture d'excellence	14h45- 15h00
1B	Leadership: implication personnelle	15h00- 15h15
1C	Leadership: contacts parties intéressées	15h15- 15h30
1D	Leadership: déploiement culture d'excellence	15h30- 15h45
1E	Leadership: promotion changement	15h45- 16h00

	PAUSE	16h00- 16h10

6	**RESULTATS POUR LES CLIENTS**	
6A	Clients: mesures du perçu	16h10- 16h20
6B	Clients: indicateurs de performance interne	16h20- 16h30
7	**RESULTATS POUR LE PERSONNEL**	
7A	Personnel: mesures du perçu	16h30- 16h40
7B	Personnel: indicateurs de performance interne	16h40- 16h50
8	**RESULTATS POUR LA COLLECTIVITE**	
8A	Collectivité: mesures du perçu	16h50- 17h00
8B	Collectivité: indicateurs de performance interne	17h00- 17h10
9	**RESULTATS D'ACTIVITE**	
9A	Résultats stratégiques	17h10- 17h20
9B	Indicateurs de performance clés	17h20- 17h30

	Choix des actions prioritaires	17h30- 18h00
	Conclusion et suite	18h- 18h15

Figure 19 : Programme atelier 1 jour : variante 2

Mener un projet EFQM

PROGRAMME DE LA JOURNEE DE CONSENSUS DU JJ/MM/AAAA

	Introduction, méthode	08h00- 08h30
1	**LEADERSHIP**	
1A	Leadership: définition culture d'excellence	08h30- 08h45
1B	Leadership: implication personnelle	08h45- 09h00
1C	Leadership: contacts parties intéressées	09h00- 09h15
1D	Leadership: déploiement culture d'excellence	09h15- 09h30
1E	Leadership: promotion changement	09h30- 09h45
2	**STRATEGIE**	
2A	Stratégie: fondation sur attentes parties intéressées et contexte	09h45- 10h00
2B	Stratégie: fondation sur mesures internes recherche apprentissage	10h00- 10h15
	PAUSE	**10h15- 10h30**
2C	Stratégie: développement, revue, actualisation	10h30- 10h45
2D	Stratégie: communication et mise en œuvre	10h45- 11h00
3	**PERSONNEL**	
3A	Personnel: politique concernant le personnel	11h00- 11h15
3B	Personnel: compétences et connaissances développées	11h15- 11h30
3C	Personnel: implication, délégation, responsabilisation	11h30- 11h45
3D	Personnel: communication efficace à tous les niveaux	11h45- 12h00
3E	Personnel: récompense, reconnaissance	12h00- 12h15
	DEJEUNER	**12h15- 13h30**
4	**PARTENARIATS ET RESSOURCES**	
4A	Partenaires et fournisseurs gérés	13h30- 13h45
4B	Ressources financières gérées	13h45- 14h00
4C	Installations, équipements, matériels gérés	14h00- 14h15
4D	Technologie gérée	14h15- 14h30
4E	Information et connaissances gérées	14h30- 14h45
5	**PROCESSUS, PRODUITS ET SERVICES**	
5A	Processus: conçus et gérés de manière méthodique	14h45- 15h00
5B	Produits et services : conçus et gérés pour la valeur client	15h00- 15h15
5C	Produits et services : promus et commercialisés	15h15- 15h30
5D	Produits et services : élaboration, livraison et suivi	15h30- 15h45
5E	Gestion et mises en valeur des relations clients	15h45- 16h00
	PAUSE	**16h00- 16h10**
6	**RESULTATS POUR LES CLIENTS**	
6A	Clients: mesures du perçu	16h10- 16h20
6B	Clients: indicateurs de performance interne	16h20- 16h30
7	**RESULTATS POUR LE PERSONNEL**	
7A	Personnel: mesures du perçu	16h30- 16h40
7B	Personnel: indicateurs de performance interne	16h40- 16h50
8	**RESULTATS POUR LA COLLECTIVITE**	
8A	Collectivité: mesures du perçu	16h50- 17h00
8B	Collectivité: indicateurs de performance interne	17h00- 17h10
9	**RESULTATS D'ACTIVITE**	
9A	Résultats stratégiques	17h10- 17h20
9B	Indicateurs de performance clés	17h20- 17h30
	Choix des actions prioritaires	17h30- 18h00
	Conclusion et suite	18h00- 18h15

Figure 20 : Programme atelier 1 jour : variante 3

PROGRAMME DE LA JOURNEE DE CONSENSUS DU JJ/MM/AAAA

	Introduction, méthode	08h00- 08h30

3	**PERSONNEL**	
3A	Personnel: mesures du perçu	08h30- 08h45
3B	Personnel: indicateurs de performance interne	08h45- 09h00
3C	Personnel: implication, délégation, responsabilisation	09h00- 09h15
3D	Personnel: communication efficace à tous les niveaux	09h15- 09h30
3E	Personnel: récompense, reconnaissance	09h30- 09h45
7	**RESULTATS POUR LE PERSONNEL**	
7A	Personnel: mesures du perçu	09h45- 09h55
7B	Personnel: indicateurs de performance interne	09h55- 10h05

	PAUSE	**10h05- 10h15**

5	**PROCESSUS, PRODUITS ET SERVICES**	
5A	Processus: conçus et gérés de manière méthodique	10h15- 10h30
5B	Produits et services : conçus et gérés pour la valeur client	10h30- 10h45
5C	Produits et services : promus et commercialisés	10h45- 11h00
5D	Produits et services : élaboration, livraison et suivi	11h00- 11h15
5E	Gestion et mises en valeur des relations clients	11h15- 11h30
6	**RESULTATS POUR LES CLIENTS**	
6A	Clients: mesures du perçu	11h30- 11h40
6B	Clients: indicateurs de performance interne	11h40- 11h50
4	**PARTENARIATS ET RESSOURCES**	
4A	Partenaires et fournisseurs gérés	11h50- 12h05
4B	Ressources financières gérées	12h05- 12h20

	DEJEUNER	**12h20- 13h35**

4C	Installations, équipements, matériels gérés	13h35- 13h50
4D	Technologie gérée	13h50- 14h05
4E	Information et connaissances gérées	14h05- 14h20
8	**RESULTATS POUR LA COLLECTIVITE**	
8A	Collectivité: mesures du perçu	14h20-14h30
8B	Collectivité: indicateurs de performance interne	14h30- 14h40
2	**STRATEGIE**	
2A	Stratégie: fondation sur attentes parties intéressées et contexte	14h40- 15h55
2B	Stratégie: fondation sur mesures internes recherche apprentissage	14h55- 15h10
2C	Stratégie: développement, revue, actualisation	15h10- 15h25
2D	Stratégie: communication et mise en œuvre	15h25- 15h40
9	**RESULTATS D'ACTIVITE**	
9A	Résultats stratégiques	15h40- 15h50
9B	Indicateurs de performance clés	15h50- 16h00

	PAUSE	**16h00- 16h15**

1	**LEADERSHIP**	
1A	Leadership: définition culture d'excellence	16h15- 16h30
1B	Leadership: implication personnelle	16h30- 16h45
1C	Leadership: contacts parties intéressées	16h45- 17h00
1D	Leadership: déploiement culture d'excellence	17h00- 17h15
1E	Leadership: promotion changement	17h15- 17h30

	Choix des actions prioritaires	17h30- 18h00
	Conclusion et suite	18h00- 18h15

Figure 21 : Programme atelier 1 jour : variante 4

Un retour d'expérience à chaud

N'oubliez pas de faire un retour d'expérience à chaud après votre atelier de consensus. Passez-y en revue :
- les leçons clés de l'exercice ;
- les points forts ;
- les points à améliorer.

Si vous voulez reproduire ce genre d'exercice avec l'adhésion des participants de la session qui se termine, montrez-leur qu'ils ont leur mot à dire sur les modalités elles-mêmes, tant de la collecte des informations que de l'atelier de consensus, et que leurs suggestions d'amélioration sont les bienvenues.

Les suggestions concernent souvent les points suivants :
- optimiser la présentation des sous-critères sans perdre du temps à paraphraser le document de collecte ;
- sélectionner les sous-critères qui ne font pas consensus d'entrée de jeu et leur accorder plus de temps ;
- mieux savoir couper les débats au bon moment et ne pas les laisser déborder sur de la palabre inutile.

Enfin, une des leçons qui émerge à cette occasion, quand c'est un membre du comité de direction qui a animé l'atelier d'auto-évaluation (ou un pair impliqué si l'exercice est fait à des échelons inférieurs), est le risque de conflit des genres. Il est très difficile d'être animateur-facilitateur de consensus quand on est en même temps partie prenante du débat. La neutralité se perd vite au détriment de la tentative d'influence.

Tenter le C2E

L'engagement vers l'excellence *(C2E : Committed to excellence)* a pour but de mettre le pied à l'étrier, de créer de la passion et de susciter l'adhésion à la démarche d'excellence pour créer l'élan. Cet élan va être soutenu par la fierté des équipes d'avoir une reconnaissance externe.

Formalités administratives pour le C2E

Le dossier peut être demandé à l'EFQM ou chez son représentant national AFNOR à n'importe quel moment de l'année.

Le dossier de l'EFQM en anglais comprend :
- un guide du candidat pour se repérer dans le processus ;
- un formulaire de plan d'action ;
- le modèle EFQM ;
- le livre *« Radarise your Business for Success »* dont je suis l'auteur ;
- un document d'instructions pour l'autoévaluation ;
- une série de brochures pour mettre en œuvre le modèle EFQM ;
- un accès au site extranet Excellence One qui est la base de connaissances en ligne de l'EFQM.

Autoévaluation et document de soumission

Le C2E demande qu'il y ait une autoévaluation basée sur les neuf critères du modèle au niveau direction et identifiant des domaines d'amélioration.
Le document de soumission comprend :
- les détails sur l'organisation ;
- l'information sur l'autoévaluation (méthode utilisée, recours à un intervenant extérieur, retour d'expérience pour améliorer la maîtrise de l'autoévaluation) ;
- une liste des deux points forts les plus pertinents par critère évalué ;

Mener un projet EFQM

- une liste des deux domaines d'amélioration les plus pertinents par critère évalué ;
- la méthode et les critères de « priorisation » des domaines d'amélioration ;
- la description des trois projets majeurs d'amélioration ;
- l'impact et la pertinence des trois projets ;
- le planning des projets ;
- un formulaire RADAR par projet.

La conduite et l'évaluation des actions

Pour pouvoir fournir une information consistante sur chaque projet mené dans une logique RADAR, il faut le mener selon l'état de l'art de la bonne conduite de projet à savoir :
- définir clairement les résultats visés ;
- choisir les approches les mieux adaptées ;
- déployer ces approches de manière systématique ;
- mesurer l'avancement et l'atteinte des objectifs ;
- faire un bilan de projet avec retour d'expérience.

Pour des raisons, d'une part, d'exigences administratives de l'exercice et, d'autre part, de maintien de l'élan, dans cette étape, il ne faut pas viser des projets trop lourds qui dépasseraient six mois.

La visite de l'évaluateur

La visite de l'évaluateur a lieu de six à neuf mois après l'autoévaluation, le temps de pouvoir observer les résultats des projets d'amélioration menés.

L'objectif de cette visite sur site est de vérifier la factualité de l'autoévaluation, la démarche d'établissement et de réalisation du plan d'action, l'appropriation de la logique RADAR et les résultats atteints.

Les bénéfices du C2E

La pratique du C2E va vous donner un premier aperçu très concret et pragmatique de l'ensemble des éléments de la communauté de l'excellence européenne animée par l'EFQM :
- une première expérience avec les documents, outils, règles administratives de l'univers EFQM ;
- une première pratique encadrée du modèle EFQM ;
- une appropriation de la logique RADAR ;
- un mode de pensée plus rigoureux axé sur les relations de causes à effets entre facteurs et résultats ;
- un retour d'information d'une source externe (tiers évaluateur expérimenté) ;
- une dynamique partenariale avec l'EFQM et/ou son représentant national ;
- une bonne base technique et émotionnelle pour la suite des étapes du chemin de l'excellence.

Faire une revue de projet

Utilisez la logique RADAR pour effectuer cette revue. Posez-vous un certain nombre de questions pour favoriser le retour d'apprentissage et trouver des opportunités d'amélioration pour le cycle suivant d'auto-évaluation. N'oubliez pas de formaliser cette revue et d'en diffuser le compte rendu.

Quelle était notre ambition ? Quels résultats avions-nous définis au départ ? Étaient-ils clairs, connus de tous les acteurs impliqués et compris par eux ?

Est-ce que l'approche sélectionnée a porté ses fruits ? Si la réponse est « non », pourquoi ? Les acteurs y ont-ils été formés ? Y a-t-il eu une assistance-conseil ?
Est-ce que notre déploiement a été le bon ? Est-ce tous les acteurs ont joué le jeu ? Aurions-nous dû impliquer d'autres acteurs ou élargir le groupe des autoévaluateurs ?

Qu'avons-nous accompli avec cet exercice ? En sommes-nous satisfaits ? Avons-nous atteint nos objectifs ? Est-ce que notre performance est comparable à celle des autres organisations qui déroulent bien ce type d'approche ?

Nos revues intermédiaires ont-elles bien fonctionné (revue de la collecte des faits et métriques, revue de l'exercice de consensus…) ? Que pouvons-nous améliorer pour la prochaine fois ?

CHAPITRE 3
Comprendre les fondamentaux

L'alignement de maturité	**75**
Les différents types d'alignement de maturité	76
L'ingénierie de l'excellence	78
Les chemins de l'excellence	82
Les concepts fondamentaux de l'excellence	**85**
Produire durablement des résultats remarquables	86
Apporter de la valeur aux clients	87
Diriger avec vision, inspiration et intégrité	87
Manager avec agilité	88
Réussir par le talent des personnels	88
Exploiter la créativité et l'innovation	88
Développer la capabilité organisationnelle	89
Créer un futur durable	90

L'autoévaluation	**90**
Ce qu'autoévaluer veut dire	91
Les différentes formes d'évaluation	92
Collecte par questionnaire	94
Collecte par matrice	97
Collecte par *pro forma*	100
Collecte par grille	104
Collecte par questions orales directes en séance	105
L'accès direct en séance à toute l'information disponible sous Intranet	106
Recherche du consensus en atelier/séminaire	108
L'évaluation externe d'une simulation de prix ou d'un prix	109
Les livrables de l'auto- et alloévaluation	111
Le déploiement de l'autoévaluation	112
Ça va finir par rapporter gros	**113**
Spéculateurs de très court terme, s'abstenir	114
Bâtisseurs d'avenir, engagez-vous !	115
La preuve par les gagnants	118

Comprendre les fondamentaux

Les fondamentaux du modèle EFQM sont :
- la conviction de pouvoir arriver à la performance par l'alignement de maturité ;
- la volonté de se laisser guider par huit concepts opératoires de l'Excellence ;
- la capacité de création collective de sens au moyen de l'autoévaluation et de la comparaison avec les meilleures organisations ;
- la preuve que les résultats sont au rendez-vous pour qui sait attendre.

L'alignement de maturité

Le *Total Quality Management* a développé le concept de maturité dans les années 80 et le professeur Kurt Verweire, de la Vlerick Leuven Gent management school en Belgique, a défini, avec des confrères, le concept d'alignement de maturité au début des années 2000 en le positionnant comme un complément indispensable à l'alignement stratégique dans un système de management intégré.

Le niveau de maturité d'une organisation est le niveau d'utilisation des bonnes pratiques et méthodes du management tout court, mais aussi du management de la qualité, de la sécurité, de l'environnement et de la responsabilité sociale... L'alignement de maturité est, d'une part, la mesure de ce niveau dans les différentes dimensions de l'organisation et, de l'autre, la démarche de progresser dans toutes ces dimensions à la fois. La spécificité d'un modèle à l'autre réside dans l'identification de ces composantes clés de la performance organisationnelle.

Les différents types d'alignement de maturité

Des grilles de maturité existent sur de nombreux sujets. Énumérons-en quatre types à titre d'exemples :
- La maturité des processus

Des grilles de maturité ont été définies pour les processus, dont le CMM *(capability maturity model)* est internationalement le plus connu.

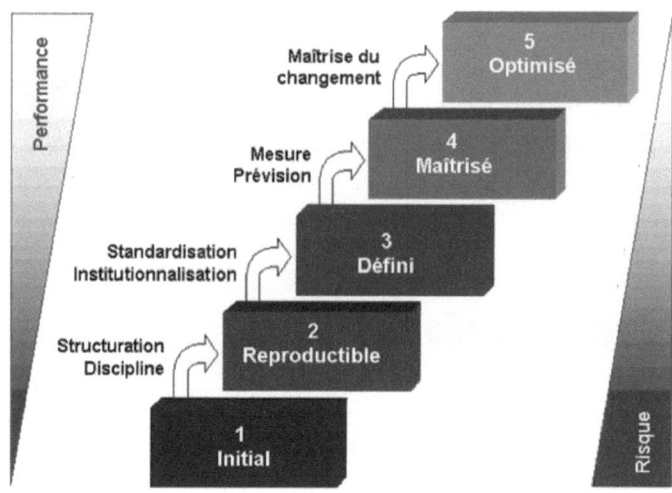

Figure 22 : Maturité des processus

- La maturité de l'écoute des porteurs d'enjeux

Comprendre les fondamentaux

Niveaux de maturité	Prise en compte des attentes	Mesure de la satisfaction
1 : Intuitives	Les attentes des clients sont prises en compte de manière naturelle sur le moment par les individus qui y sont confrontés	La mesure de satisfaction des clients est réalisée de manière informelle par certains individus de l'organisation en contact avec eux
2 : Formalisées	L'organisation a formalisé un certain nombre de pratiques de recueil des attentes des clients aux moments cruciaux de la relation avec ses clients	L'organisation a mis en place une enquête formelle de satisfaction de ses clients (par exemple pour répondre aux exigences de la norme ISO 9001)
3 : Structurées et managées	L'organisation a structuré la collecte des attentes de ses clients en cohérence avec ses processus et maîtrise cette collecte par des pratiques managériales régulières	Les mesures de satisfaction, leur critères, leur fréquence et leur support sont adaptés aux besoins des processus de l'organisation et les résultats sont analysés
4 : Diversifiées	L'organisation a diversifié les canaux de collecte des attentes de ses clients et mis en place des systèmes de reconnaissance pour les personnels les mettant en œuvre	L'organisation a développé des mesures internes et externes diversifiées et segmentées de satisfaction des clients et systématisé leur analyse
5 : Revues en permanence et améliorées	L'organisation effectue des revues régulières de ses canaux et améliore en permanence sa capacité de collecte des attentes de ses clients. Tout le personnel est pleinement impliqué et motivé dans l'amélioration permanente des canaux de collecte des attentes des clients et de leur efficacité	L'organisation effectue des revues régulières de ses mesures internes et externes de satisfaction des clients, des canaux et méthodes de mesure, de leur diversité, représentativité et segmentation et améliore en permanence sa capacité de mesure de la satisfaction de ses clients

Figure 23 :
Maturité de l'écoute client (F.A. MEYER 2009)

- La maturité de conformité normative

La norme ISO 9004 version 2009 donne une grille pour évaluer le niveau de maturité du système de management de la durabilité par rapport aux axes de la norme qui sont de :
- comprendre et satisfaire les besoins et les attentes des parties intéressées ;
- surveiller les évolutions contextuelles ;
- identifier les éventuels domaines d'amélioration et d'innovation ;
- définir et déployer des stratégies et des politiques ;
- fixer et déployer des objectifs pertinents ;
- gérer ses processus et ressources ;
- démontrer la confiance dans le personnel, le motiver et l'impliquer ;
- établir des relations mutuellement bénéfiques avec les fournisseurs et autres partenaires.

Élément clé	Niveau de maturité vers des performances durables				
	Niveau 1	Niveau 2	Niveau 3	Niveau 4	Niveau 5
Élément 1	Critère 1 Niveau de base				Critère 1 Meilleure pratique
Élément 2	Critère 2 Niveau de base				Critère 2 Meilleure pratique
Élément 3	Critère 3 Niveau de base				Critère 3 Meilleure pratique

Figure 24 : Niveau de maturité ISO 9004

- La maturité entrepreneuriale

Aujourd'hui, vous trouvez autour de la planète de nombreux référentiels de business excellence pour évaluer le niveau de maturité entrepreneuriale de votre organisation (cf. annexe 2).

L'ingénierie de l'excellence

Aligner la maturité, c'est faire progresser tous les domaines de l'organisation de manière synchronisée. Les différents domaines, dimensions, composantes, éléments... d'une organisation sont interdépendants et se soutiennent ou s'affaiblissent mutuellement selon leur niveau de

Comprendre les fondamentaux

performance « locale ». Amener tous ces domaines au même niveau de maturité permet d'obtenir l'effet « systémique » maximum à un niveau donné. Le principe de base de l'alignement de maturité est celui de la force d'une chaîne : comme la force d'une chaîne est égale à celle de son maillon le plus faible, ainsi le niveau de performance d'une organisation est déterminé par celui de sa composante (élément ou relation) la moins performante.

Le modèle EFQM est le cadre de référence en Europe pour permettre aux entreprises d'aligner leur maturité organisationnelle. Aligner la maturité de son organisation, c'est la faire progresser dans tous les domaines de manière synchronisée pour en optimiser la performance.

De nombreux pays ont compris que la victoire dans le combat concurrentiel global passe par la maturation de leurs entreprises. La démarche qualité promue par le *Deming Prize* a permis au Japon, à partir de la fin des années 1950, de se reconstruire et de passer du statut de copieur à celui de meilleur producteur industriel de la planète en moins de vingt ans. Canada, États-Unis et Australie ont réagi dans les années 80 pour se doter de cette arme concurrentielle. L'Europe (dont plusieurs pays avaient déjà en place des prix nationaux de la qualité depuis la fin des années 70 et le début des années 80) et les pays émergents ont rejoint ce groupe dans les années 90 pour jouer à armes égales dans le combat concurrentiel mondial.

La Turquie utilise le modèle EFQM comme outil de renforcement de son industrie, notamment celle de la sous-traitance automobile, et comme levier d'accélération de son adhésion à l'Union européenne. Le Pays basque espagnol utilise le modèle tous azimuts pour dynamiser son économie : entreprises, administrations, collectivités locales, organisations consulaires et bien d'autres s'y mettent sous l'animation de leur dynamique association régionale de la qualité.

Tous ces créateurs et animateurs de prix ont défini un référentiel de maturité pour donner à leurs entreprises et autres organisations de leur territoire un outil pour renforcer leur excellence et leur performance. Ces référentiels ont tous évolué ces dernières années vers la recherche de la durabilité en intégrant les apports des courants de l'innovation, du leadership, de la maîtrise des risques et du développement durable. Des échanges ont lieu entre ces organismes dans le cadre du GEM *(Global Excellence Model Council)* qui se veut le gardien des modèles d'excellence au niveau mondial. Les représentants des grands modèles se rencontrent régulièrement pour une interfertilisation de leurs référentiels.

Prix	Année de création	Pays, continent
Deming Prize	1951	Japon
NQI Business Excellence Award	1984	Canada
Malcolm Baldrige Award	1987	USA
SAIL Business Excellence Award	1987	Australie
European Excellence Award	1991	Europe
Prêmio nacional da Qualidade	1992	Brésil
Singapore Quality Award	1994	Malaisie
CII-EXIM Bank Award	1994	Inde
SAEF BE Award	1998	Afrique du Sud
Modelo iberoamericano de excelencia	1999	Amérique du Sud

Figure 25 : Prix et concours de maturité organisationnelle

Le meilleur modèle de maturité pour une organisation est celui qui est supporté par une communauté de pratiques de proximité. Deux raisons pour cela :
- pour porter tous ses fruits, un modèle de maturité doit se vivre collectivement dans l'organisation et dans les relations avec d'autres organisations qui l'ont adopté ;

Comprendre les fondamentaux

- il faut collectivement naître (connaître) au modèle par la pratique pour en percevoir pleinement l'esprit.

Dans une communauté de pratique de la *business excellence,* il faut :
- un référentiel à la pointe et qui évolue en permanence :
- des principes entrepreneuriaux efficaces ;
- un modèle d'excellence et de performance durables.
- un réseau d'experts qui le diffusent :
  - des organisations nationales ;
  - des assesseurs et évaluateurs ;
  - des consultants.
- une base de benchmarks permettant la comparaison :
  - des échanges des meilleures pratiques ;
  - des prix et des concours.
- des ressources pour en favoriser l'appropriation :
  - de la documentation ;
  - des formations…

Le modèle EFQM permet de mesurer le niveau de maturité d'une organisation qui est le degré d'utilisation des bonnes pratiques managériales au service de sa performance
L'alignement de maturité est, d'une part, la mesure de ce niveau dans les différentes dimensions et, de l'autre, la démarche pour progresser sur toutes les dimensions à la fois.

Apprentissage clé de plus de dix ans de pratique : la maturité organisationnelle ne se décrète pas, elle se vit collectivement au jour le jour à l'aide de référentiels comme le modèle EFQM. Ce dernier permet de mesurer le niveau et le progrès de maturité d'une organisation qui est le degré d'utilisation des bonnes pratiques managériales au service de sa performance ainsi que de découvrir les dimensions qu'il faudra renforcer pour gagner en performance.

Une organisation qui veut connaître son niveau d'excellence et de performance ne peut s'éviter de se comparer aux autres. En France, les prix régionaux de la qualité et le prix français permettent une première progression dans cette direction. Mais, c'est en se confrontant aux meilleures organisations européennes que l'apprentissage est le plus profond. Pour ce faire, il faut engager dans son organisation une démarche de moyen terme qui demande des efforts collectifs soutenus avant de produire tous ses effets. D'abord, il faut devenir membre de la communauté des quêteurs d'excellence. Cela signifie se donner les moyens d'apprendre des meilleurs Européens en adhérant à l'EFQM. Il faut, ensuite, de trois à cinq ans de démarche pour vraiment en tirer les pleins bénéfices. Entrer dans le prix signifie alors « se donner les moyens de se comparer aux meilleures entreprises européennes ».

Les chemins de l'excellence

Si vous voulez vous engager dans cette voie, vous disposez de plusieurs itinéraires :
- un itinéraire : Engagement vers l'excellence (C2E) → Reconnaissance pour l'excellence (R4E) → Prix européen d'excellence ;
- un itinéraire : Prix régional de la qualité → Prix français de la qualité → Prix européen d'excellence ;
- un itinéraire mixte : Engagement vers l'excellence (C2E) optionnel → Prix régional de la qualité couplé avec la Reconnaissance pour l'excellence (R4E) → Prix européen d'excellence.

L'itinéraire EFQM/AFNOR passe par cinq étapes :
- engagement vers l'excellence (AFNOR ou EFQM) ;
- reconnaissance pour l'excellence (AFNOR ou EFQM) ;
- finaliste (EFQM) ;
- gagnant d'un *Prize* (EFQM) ;
- gagnant de *l'Award* (EFQM).

Comprendre les fondamentaux

Figure 26 : La voie EFQM de l'excellence

Les deux premières étapes se font en français si vous passez par AFNOR, sinon en anglais pour les étapes faites avec l'EFQM. Si vous voulez perfectionner votre niveau de maîtrise de l'anglais des affaires en même temps que votre organisation, n'hésitez pas à passer directement par l'EFQM.

L'itinéraire EFQM/MFQ passe par quatre étapes :
- prix régional de la qualité (via FAR-MFQ) ;
- prix français de la qualité (via FAR-MFQ) ;
- finaliste (EFQM) ;
- gagnant d'un *Prize* (EFQM) ;
- gagnant de *l'Award* (EFQM).

Figure 27 : La voie MFQ de l'excellence

Les deux premières étapes du prix français de la qualité se font en langue nationale, puisque vous passez par une association du FAR-MFQ et, pour la suite du parcours, en anglais pour les étapes du prix européen d'excellence faites avec l'EFQM.

L'itinéraire mixte, enfin, vous permet d'articuler les avantages des deux itinéraires et de le diviser en six étapes :
- engagement vers l'excellence (AFNOR) ;
- prix régional de la qualité et Reconnaissance pour l'excellence (FAR-MFQ et AFNOR) ;
- Prix français de la Qualité et Reconnaissance pour l'excellence (FAR-MFQ et AFNOR) ;
- finaliste (EFQM) ;
- gagnant d'un *Prize* (EFQM) ;
- gagnant de l'*Award* (EFQM).

Comprendre les fondamentaux

Figure 28 : La voie mixte de l'excellence

Choisissez un itinéraire adapté et définissez votre objectif de temps de maturation pour établir votre planning de projet.

J'ai constaté durant ma décennie de pratique du modèle sur plus d'une centaine d'organisations qu'un déploiement correct permet de progresser d'à peu près cinquante points par an. Quand des écarts plus importants ont été constatés, il y avait souvent une raison de différence de rigueur de cotation entre équipes d'assesseurs.

Les concepts fondamentaux de l'excellence

Les concepts fondamentaux de l'excellence sont les soubassements indispensables pour l'excellence et la performance durables. Si, pour le modèle EFQM 2013, ils se représentent comme des électrons gravitant autour du noyau constitué par les sous-critères articulés par la logique RADAR, on peut aussi les représenter comme les lignes clés du halo du phare qui montre la voie vers le succès soutenable.

Produire durablement des résultats remarquables

Une organisation excellente fait converger sa mission et son progrès vers la réalisation de sa vision par la planification et l'atteinte d'un ensemble de résultats équilibrés qui répondent à la fois à des besoins à court terme et à long terme de ses porteurs d'enjeux et, quand c'est approprié, les dépassent.

Une organisation doit définir un ensemble de résultats clés à atteindre pour surveiller sa progression vers la réalisation de la vision, de la mission et de la stratégie et permettre aux décideurs de prendre des décisions efficaces et opportunes.

Dans le modèle 2013, l'entreprise/organisation excellente est capable de délivrer, en plus des résultats, un haut niveau de confiance à ses porteurs d'enjeux en adoptant des mécanismes efficaces pour comprendre les futurs scénarios et manager efficacement les risques stratégiques, opérationnels et financiers.

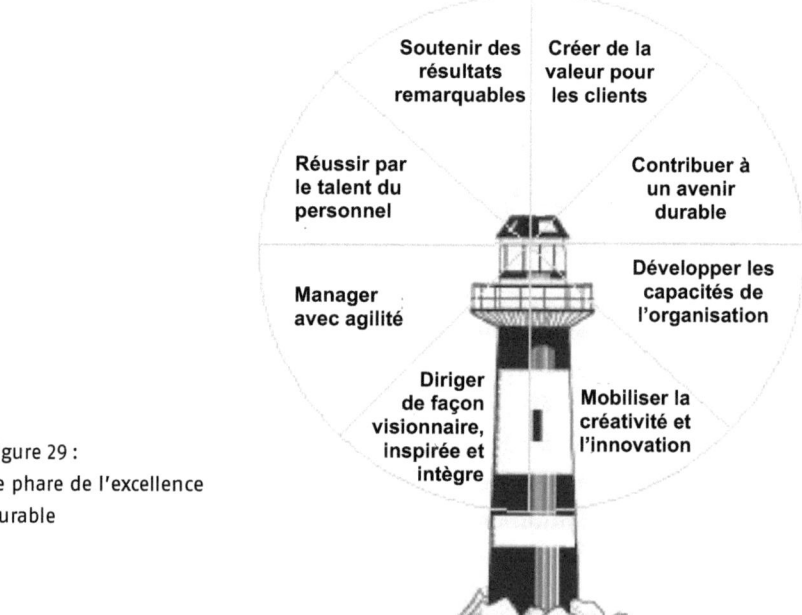

Figure 29 :
Le phare de l'excellence durable

Comprendre les fondamentaux

Apporter de la valeur aux clients

Une organisation excellente sait que ses clients sont sa première raison d'être et s'efforce d'innover et de créer de la valeur pour eux en comprenant et anticipant leurs attentes.

Une organisation doit définir et communiquer clairement sa proposition de valeur et impliquer activement les clients dans la conception de ses produits et de ses processus.

Dans le modèle 2013, l'entreprise/organisation excellente y est vue comme une machine efficace à transformer les besoins, attentes et exigences potentielles dans une proposition de valeur attractive, durable pour les clients existants et potentiels.

Diriger avec vision, inspiration et intégrité

Une organisation excellente a des décideurs qui « façonnent le futur et font qu'il se réalise, agissant de manière exemplaire tant dans la pratique de leurs valeurs que dans leur éthique ». J'aurais préféré que la version française traduise dans le titre de ce chapitre *« inspiration »* par « inspirante » ou « génératrice d'inspiration », plutôt que par « inspirée », c'est-à-dire privilégie le charisme actif au charisme passif. Tant pis !

> ### > VOCABULAIRE
>
> **L'empouvoirement** *(empowerment)* est la délégation effective du pouvoir d'agir au personnel. C'est aussi donner le pouvoir organisationnel aux individus pour qu'ils aient la conviction que leur travail leur appartient et qu'ils peuvent le contrôler.
> C'est enfin investir les gens du pouvoir d'influer sur les choses afin qu'ils puissent s'épanouir et donner le meilleur d'eux-mêmes.

Les décideurs doivent avoir une capacité d'adaptation, de réaction et d'obtention de l'adhésion des porteurs d'enjeux pour assurer le succès continu de leur organisation.

Dans le modèle 2013, les dirigeants d'une entreprise/organisation excellente sont d'une part transparents et enclins à rendre des comptes à leurs porteurs d'enjeux et à la société dans son ensemble pour leur performance et d'autre part capables d'assurer que leurs personnels agissent avec éthique, responsabilité et intégrité.

Manager avec agilité

Une organisation excellente est managée à travers des processus structurés et alignés sur la stratégie, utilisant des mécanismes de décision basés sur les faits pour générer des résultats équilibrés et durables.

Les processus d'une organisation doivent être conçus pour réaliser sa stratégie et être managés de part en part à travers toutes les « localités » organisationnelles.

Dans le modèle 2013, l'entreprise/organisation excellente a acquis une forte capacité d'adaptation de son fonctionnement aux nouvelles conditions imposées par les évolutions contextuelles. Des approches structurées de management de projet et d'amélioration continue des processus lui permettent de mettre rapidement et efficacement en œuvre les changements stratégiques. (Ce concept a absorbé celui qui s'intitulait en 2010 : « Manager par les processus »).

Réussir par le talent des personnels

Une organisation excellente valorise son personnel et crée une culture de « l'empouvoirement » pour un accomplissement équilibré des objectifs collectifs et individuels.

Comprendre les fondamentaux

Une organisation doit créer un équilibre entre ses attentes stratégiques et les attentes et les aspirations de son personnel pour obtenir son adhésion et son implication.

Dans le modèle 2013, l'entreprise/organisation excellente est capable d'attirer, de développer et de retenir les talents nécessaires à la réalisation de la vision, de sa mission et de ces buts stratégiques. Elle développe également les compétences en vue de garantir à ses personnels l'employabilité et l'aptitude à la mobilité. La recherche de la diversité s'élargit du personnel aux communautés et aux marchés dans lesquels l'entreprise/organisation est active.

Exploiter la créativité et l'innovation

Une organisation excellente génère des niveaux de valeur et de performance de plus en plus élevés grâce à une innovation continue et systématique en captant la créativité de ses porteurs d'enjeux. Il faut un soutien constant à cette créativité ; il faut la nourrir *(nurturing)* et pas seulement l'inciter.
Une organisation doit développer et s'engager avec des réseaux et inciter tous ses porteurs d'enjeux à être des sources de créativité et d'innovation.

Dans le modèle 2013, l'entreprise/organisation excellente met en place et développe des approches structurées pour capter la créativité de ses parties prenantes et transformer les idées créatives en actions pour son processus d'amélioration continue et celui de l'innovation.

Développer la capabilité organisationnelle

Une organisation excellente recherche, développe et maintient des relations avec des partenaires variés pour s'assurer un mutuel succès. Ces partenariats sont formés avec des clients, des fournisseurs clés, la collectivité, le monde de l'enseignement et des organisations non gouvernementales.

Une organisation doit non seulement établir des partenariats sur sa chaîne de la valeur, mais bien au-delà et s'assurer que tous ces partenariats soient basés sur des bénéfices mutuels durables.

Dans le modèle 2013, l'entreprise/organisation excellente généralise la coopération interne et externe pour articuler au mieux ses ressources et créer de nouvelles capacités. (Ce concept a avalé celui qui s'intitulait en 2010 : « Créer des partenariats »).

Créer un futur durable

Une organisation excellente intègre dans sa culture un état d'esprit éthique, des valeurs claires et des principes élevés de comportement organisationnel qui contribuent tous aux trois dimensions du développement durable : économique, social et environnemental.

Une organisation doit prendre ses responsabilités sociétales dans sa conduite et ses activités et manager leurs impacts sur la communauté au sens large.

Dans le modèle 2013, l'entreprise/organisation excellente intègre les 3 P dans toutes ces décisions (Peuples, Planète, Profits) et assume pleinement sa responsabilité sociétale.

L'autoévaluation

L'autoévaluation est un processus à deux cycles :
- Un cycle générique : processus permanent qui s'inscrit dans une architecture globale des processus de l'organisation ;
- Un cycle spécifique : processus ad hoc (projet ponctuel) pour une autoévaluation précise à un moment donné.

Les deux cycles sont imbriqués comme on peut le voir sur le schéma suivant.

Comprendre les fondamentaux

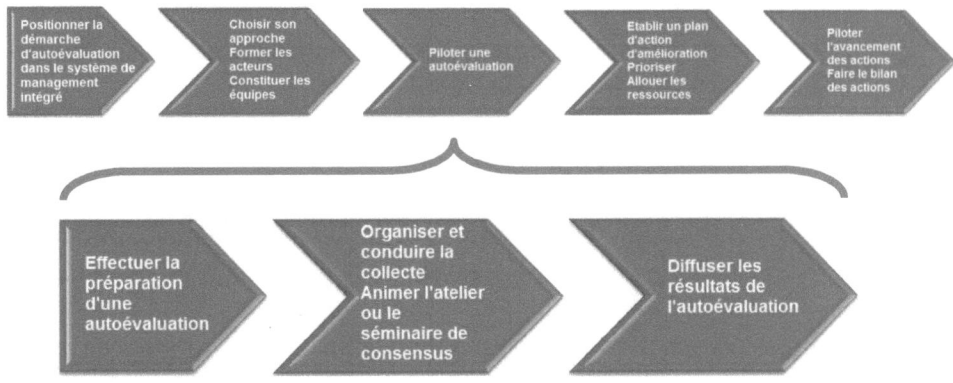

Figure 30 : Le processus d'autoévaluation

Ce qu'autoévaluer veut dire

Autoévaluer veut dire examiner, en interne avec des membres de son organisation (dirigeants, cadres et personnel), de manière systématique et régulière les activités et pratiques ainsi que les résultats de son organisation par rapport à un modèle ou référentiel d'autoévaluation : dans notre cas, celui de l'EFQM.

Pour moi, on ne peut parler d'autoévaluation EFQM que si trois éléments sont présents :
- l'utilisation du modèle ;
- l'apport de preuves (pratiques et métriques) ;
- une évaluation consensuelle générant au minimum une piste d'amélioration.

L'utilisation d'un simple questionnaire dont les résultats sont compilés en solitaire derrière un ordinateur, sans preuves apportées et sans espace-temps collectif de création de sens, si petit soit-il, n'est pas une autoévaluation, quoiqu'en disent certains. C'est de la simple mesure de perception. Sa seule valeur est de montrer ce que tout ou une partie de votre personnel estime qu'est le niveau de maturité de votre organisation au regard des items du référentiel.

L'autoévaluation EFQM permet :
- la collecte systématique des faits (pratiques et métriques),
- l'identification des points forts et des domaines d'amélioration ;
- l'évaluation des progrès réalisés et de la maturation de l'organisation ;
- la création d'un langage commun, d'un cadre conceptuel de management et de sens ;
- une perception cohérente et intégrée de l'organisation tant au niveau macro que micro ;
- l'identification et le partage des bonnes pratiques qui ont porté des fruits ;
- la mise en musique des diverses initiatives d'amélioration menées à travers toute l'organisation ;
- l'amélioration de la réflexion et de l'action stratégiques ;
- la préparation de l'encadrement et du personnel pour se présenter à l'Engagement vers l'excellence, à la Reconnaissance pour l'excellence ou au Prix européen de l'excellence.

Les différentes formes d'évaluation

Différentes techniques d'évaluation existent et une organisation peut choisir celle qui lui est la plus appropriée à un instant « t » par rapport aux résultats qu'elle en attend.

Plusieurs typologies d'autoévaluation ont été proposées. La plupart mélangent des choux et des carottes ; même celle de l'EFQM n'y échappe pas. Elles font en général figurer dans la liste des démarches d'autoévaluation la simulation de candidature au prix. Cette dernière n'est pas de l'autoévaluation, mais de l'alloévaluation. En effet, dans ce

Comprendre les fondamentaux

cas, ce sont des assesseurs externes qui effectuent l'évaluation. Ensuite, elles incluent le questionnaire sans aucune collecte de preuve dans la liste des démarches d'autoévaluation, alors que ce n'est ni plus ni moins qu'une enquête de perception. Enfin, elles mettent l'atelier *(workshop)* au même niveau que les autres, alors qu'on est sur des registres différents, sauf si ce type s'appelait « Questions orales directes en atelier ».

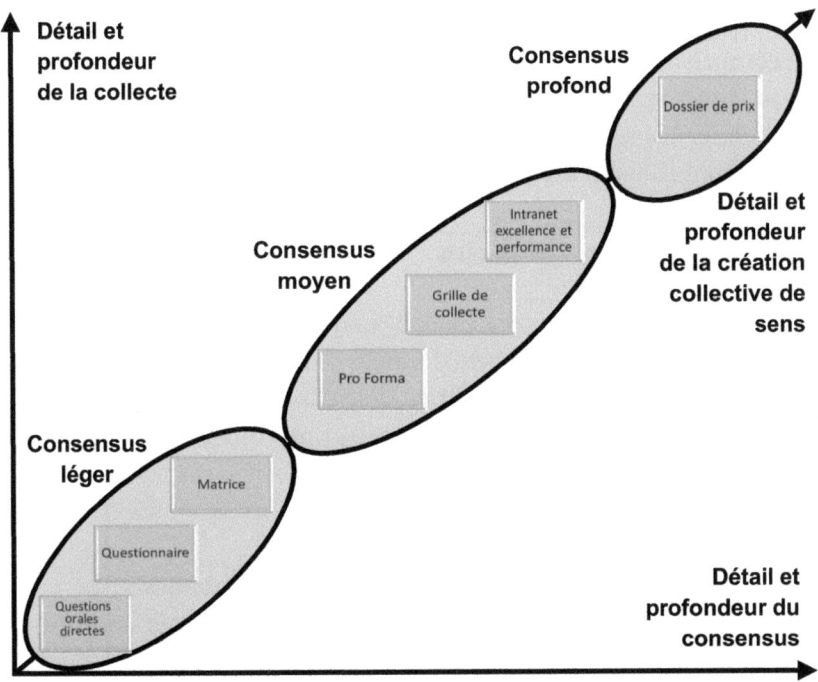

Figure 31 : Types d'auto- et alloévaluations

Le consensus léger ne peut être obtenu sans soit des questions formulées en groupe, soit un minimum de discussion sur les résultats du questionnaire ou de la matrice. Le consensus moyen s'obtient par un atelier d'une journée minimum qui produit les points forts, les domaines d'amélioration et une « priorisation » d'actions à mener.

Quant à la profondeur du consensus lors d'une simulation de prix, elle vient de plusieurs sources qui s'additionnent :
- des consensus légers et moyens réalisés antérieurement,
- une implication approfondie dans la rédaction et la mise au point du dossier de soumission notamment par l'exercice de choix des éléments essentiels ;
- la préparation des équipes à la visite sur site (qui elle-même peut comprendre des autoévaluations) ;
- les interrogations en profondeur des assesseurs chevronnés qui font prendre conscience de choses non perçues auparavant ;
- le débat collectif sur le rapport d'évaluation.

Collecte par questionnaire

Les caractéristiques de l'autoévaluation par questionnaire sont les suivantes :
- c'est un outil de collecte de données permettant une revue rapide de l'ensemble des critères du modèle choisi ;
- elle ne demande pas nécessairement une connaissance approfondie du modèle ;
- l'accompagnement par un animateur ou un évaluateur qualifié n'est pas indispensable ;
- elle peut être facilement associée à d'autres méthodes ;
- elle permet difficilement d'identifier les points forts et les pistes de progrès ;
- les conclusions que l'on peut en tirer sont limitées et les scores sont difficilement comparables avec ceux d'autres organisations.

Voici quelques exemples de questions réparties par critère :
1. Leadership
- Les dirigeants créent-ils un environnement propice au succès ?
- Les dirigeants encouragent-ils le personnel à faire part de ses idées ou suggestions ?

Comprendre les fondamentaux

2. Stratégie
- L'organisation utilise-t-elle des références de performance des concurrents pour formuler sa politique ou sa stratégie ?
- Vous assurez-vous que vos plans d'action et vos objectifs sont réalisables, acceptés et déployés ?

3. Personnel
- L'organisation possède-t-elle un processus d'évaluation régulière couvrant les besoins de formation ?
- Votre système de communication interne fonctionne-t-il aussi bien de haut en bas, de bas en haut et en transversal ?

4. Partenariats et ressources
- Avez-vous une approche proactive et structurée pour rechercher, sélectionner et évaluer vos partenaires ?
- L'organisation a-t-elle une démarche structurée qui permet de sélectionner et d'adopter les technologies nouvelles ?

5. Processus, produits et services
- Avez-vous une démarche efficace de promotion et de commercialisation de vos produits et services ?
- L'organisation a-t-elle mis en place un système de management des processus capable de s'assurer du bon fonctionnement de toutes ses activités ?

6. Résultats pour les clients
- Est-ce que la perception de vos clients est positive sur vos produits et services ?
- Est-ce que les tendances de vos performances vis-à-vis des clients sont positives ?

7. Résultats pour le personnel
- La comparaison des résultats de satisfaction du personnel avec ceux d'autres organisations est-elle en votre faveur ?
- Quelle est la tendance du niveau d'absentéisme ordinaire de votre personnel par catégorie ?

8. Résultats pour la collectivité
- L'organisation a-t-elle une bonne image dans le public ?

- Vos indicateurs de maîtrise des consommations énergétiques évoluent-ils favorablement ?
9. **Résultats d'activité (business)**
- Les résultats stratégiques financiers et non financiers sont-ils à la hauteur de vos objectifs ?
- Est-ce que les résultats de performance de vos processus sont à la hauteur des meilleurs du métier ?

Les réponses peuvent être typées de différentes manières pour en permettre une exploitation chiffrée, par exemple :
- binaires : oui/non ;
- à niveaux multiples : D = pas démarré, C = léger avancement, B = très bon avancement, A = totalement au point ;
- scalaires : de 1 (mauvais) à 9 (excellent).

Questionnaire	Points forts	Limites
Un questionnaire est adopté ou une liste de questions est établie par critère évalué et un cadre de notation est défini : oui/non, A-B-C-D, etc. Une synthèse des réponses est effectuée et débattue lors d'une séance de restitution et de consensus.	Effort limité, utilisation facile et rapide, nécessite peu de formation. Implication facile et peu coûteuse d'un grand nombre de personnes. Les questions posées peuvent être personnalisées pour l'organisation. Il permet de collecter les preuves majeures.	La précision est fonction de la qualité des questions. Un questionnaire ne peut révéler que ce que les personnes pensent, pas pourquoi elles le pensent. Ne permet pas d'avoir une liste de points forts et de domaines d'amélioration.

Figure 32 : Autoévaluation par questionnaire

N'oubliez pas de demander au moins une preuve factuelle par réponse si vous voulez avoir un minimum d'éléments pour débattre lors de la restitution des résultats de l'enquête par questionnaire et pouvoir qualifier l'exercice d'autoévaluation.

Comprendre les fondamentaux

J'utilise cette approche par questionnaire seulement quand aucune autre n'est envisagée dans un premier temps par la direction de l'organisation et que celle-ci s'implique dans la définition du questionnaire (cf. figures 14 page 54 et 15 page 55).

Collecte par matrice

L'autoévaluation par matrice implique la création d'une échelle de maturités (le plus souvent de 1 à 4 [si vous ne voulez pas de position intermédiaire de refuge], de 1 à 5 ou de 1 à 10). Cette matrice est ensuite remplie d'affirmations caractérisant le niveau de maturité sur un domaine donné dans un critère donné du modèle EFQM.

Cette démarche, comme celle du questionnaire, nécessite :
- une étape préliminaire pour présenter et expliquer la matrice aux acteurs, ainsi que ce qu'on attend d'eux ;
- une évaluation individuelle ;
- un atelier de consensus dans les quinze jours de l'évaluation, animé par quelqu'un qui est capable de susciter un consensus sur l'évaluation ainsi que sur les actions qui en découlent et leur « priorisation » ;
- une planification des actions d'amélioration subséquentes.

Les caractéristiques de cette approche sont les suivantes :
- c'est un outil de collecte de données un peu plus complexe que le questionnaire permettant une revue plus visuelle de l'ensemble des critères du modèle choisi (une matrice est un espace à deux dimensions) ;
- il nécessite l'implication de l'équipe de management dans sa mise au point ;
- il ne demande pas nécessairement une connaissance approfondie du modèle ;

- l'accompagnement par un animateur ou un évaluateur qualifié n'est pas indispensable ;
- il permet difficilement d'identifier les points forts et les pistes de progrès ;
- les conclusions que l'on peut en tirer sont limitées et les scores sont difficilement comparables avec ceux d'autres organisations.

Matrice des étapes de maturité	Points forts	Limites
Adoption ou création d'une matrice d'étapes de maturité par critère. Une journée de consensus permet de remplir une matrice consensuelle et de dégager des actions à mener.	Effort moyen, utilisation simple avec peu de formation. Implication facile d'un grand nombre de personnes. Facilite la constitution d'équipes et les échanges en leur sein. Donne un niveau de maturité par rapport à chaque critère.	Le contenu des cellules de la matrice est souvent trop générique pour permettre un positionnement facile et non ambigu. Ne permet pas d'avoir une liste de points forts et de domaines d'amélioration.

Figure 33 : Autoévaluation par matrice

J'utilise de manière préférentielle cette technique pour l'autoévaluation d'un domaine donné à l'aune du modèle EFQM. L'exemple en page suivante porte sur la sécurité et santé au travail. Il montre comment rendre cohérente la vision collective sur un sujet donné par rapport au modèle EFQM.

Comprendre les fondamentaux

PARTENARIATS ET RESSOURCES	Niveau de maturité 1 : Conforme	Niveau de maturité 2 : Managé	Niveau de maturité 3 : Proactif	Niveau de maturité 4 : Excellent
4A. Les partenaires et fournisseurs sont managés pour un bénéfice durable.	L'organisation d'assure du respect des obligations légales et réglementaires par les partenaires, fournisseurs et sous-traitants et elle-même dans ses interactions avec eux. L'organisation partage ou transfert ses risques majeurs de santé et sécurité sur des partenaires assureurs.	L'organisation évalue le niveau de santé et de sécurité des partenaires et fournisseurs potentiels avant de contacter avec eux. L'organisation établit des partenariats avec des fournisseurs pour améliorer et auditer son système de management de la santé et sécurité au travail. Santé et sécurité sont prises en compte dans l'évaluation périodique des fournisseurs.	La maturité en matière de santé et sécurité est un critère pour la sélection des fournisseurs. Des audits en matière de santé et sécurité sont organisés et conduits chez les fournisseurs et sous-contractants. L'organisation crée des partenariats en participation pour améliorer son management en matière de santé et sécurité.	Des approches intégrées de santé et sécurité sur les processus partagés sont implémentées. Du benchmarking en santé et sécurité des parties prenantes est organisé avec les partenaires et fournisseurs. Intégration des parties prenantes externes dans la définition et le déploiement des approches de santé et sécurité pour la population.
Preuves				
Score	5% 10% 15% 20% 25%	30% 35% 40% 45% 50%	55% 60% 65% 70% 75%	80% 85% 90% 95% 100%
4B. Les finances sont managées pour assurer un succès durable.	Les finances sont ajustées aux besoins de respecter les exigences légales et réglementaires.	Il y a un budget pour le système de management de la santé et sécurité des parties prenantes, pour les formations et tous les éléments « hard » du système de management.	Le financement du déploiement à grande échelle des approches de santé et de sécurité des parties prenantes est assuré, et intègre tous les éléments « soft » du système de management.	L'organisation finance des projets de benchmarking avec les meilleurs de la classe, des approches internes innovantes de reconnaissance et des projets de participation à des prix et concours nationaux et internationaux en matière de santé et sécurité des parties prenantes.
Preuves				
Score	5% 10% 15% 20% 25%	30% 35% 40% 45% 50%	55% 60% 65% 70% 75%	80% 85% 90% 95% 100%

Figure 34 :
Exemple de matrice d'autoévaluation

Collecte par pro forma

L'autoévaluation par formulaire *pro forma* consiste à créer par sous-critère du modèle EFQM (donc 32) une page structurée en sections correspondant :
- aux preuves (faits et métriques) existant pour ce sous-critère ;
- aux points forts détectés ;
- aux domaines d'amélioration identifiés ;
- à une cotation.

Les *pro forma* sont en général remplis soit individuellement, soit en équipe, puis évalués par des évaluateurs expérimentés internes ou externes.

Les caractéristiques de cette approche sont les suivantes :
- la collecte exhaustive des pratiques et résultats pour chaque critère du modèle ;
- la fourniture d'une liste des points forts et des domaines d'amélioration ;
- elle nécessite l'intervention d'évaluateurs qualifiés à la fois dans le modèle et dans les techniques de cotation, si l'on veut avoir un profil de notation voisin de l'approche de simulation de candidature ;
- c'est un bon flash de la situation actuelle, mais il n'est pas possible de récupérer la profondeur historique de l'organisation par cette approche ;
- elle nécessite un point intermédiaire pour s'assurer de l'homogénéité du niveau de collecte des informations.

Comprendre les fondamentaux

Pro forma	Points forts	Limites
Un formulaire (*pro forma*) est réalisé. Il est rempli par des individus ou des équipes. Ils sont compilés par des évaluateurs expérimentés.	Effort moyen. Permet le recueil de preuves fondées sur les faits. Fournit une liste de points forts et des domaines d'amélioration. Permet une notation plus fine.	Les documents *pro forma* remplis ne donnent pas un cheminement complet de l'organisation, mais un positionnement actuel. La collecte de données peut être limitée et discréditer la validité du résultat.

Figure 35 : Autoévaluation avec *pro forma*

Le dossier du R4E propose des *pro forma* d'une page pour chaque sous-critère pour deux raisons majeures :
- le pro forma est un guide structuré pour formaliser l'information sur un sous-critère ;
- le pro forma est un cadre de maîtrise du volume de pages du document de soumission au R4E (32 pages pour 32 sous-critères).

J'utilise habituellement le *pro forma* pour une première autoévaluation avec un comité de direction pour ces deux vertus qui ont trait toutes deux à la discipline. Et Dieu sait que les Gaulois ne brillent pas par leur discipline !

Figure 36 :
Pro forma Facteurs
Sous-critère 1a

PRO FORMA POUR LE SOUS-CRITÈRE : 1a	Auteurs :	Date : _ _ / _ _ / _ _ _ _
Les dirigeants développent la mission, la vision, les valeurs et l'éthique et ont un rôle exemplaire. Dans la pratique, les dirigeants des organisations excellentes :		
= fixent et communiquent une direction et une orientation stratégique claires; ils fédèrent le personnel en partageant et en atteignant le but et les objectifs fondamentaux de l'organisation,		
= assurent le futur de l'organisation en définissant et en communiquant le but essentiel, qui fournit la base de leur vision globale, de leurs valeurs, de leur éthique et du comportement collectif,		
= se font les ambassadeurs des valeurs de l'organisation et sont des modèles d'intégrité, de responsabilité sociale et de comportement éthique, tant en interne qu'en externe; ils développent et renforcent la réputation de leur organisation,		
= favorisent le développement de l'organisation grâce à des valeurs partagées, à la nécessité de rendre des comptes, à l'éthique et à une culture de confiance et d'ouverture,		
= font en sorte que le personnel agisse avec intégrité et adopte les normes les plus strictes en termes de comportement éthique,		
= développent une culture de leadership partagé par l'organisation, évaluent et améliorent l'efficacité des comportements de leadership individuel.		

Approche	Robuste	Intégrée		0%			25%				50%				75%				100%
Décrivez ci-dessous vos méthodes, pratiques, actions et projets				0	5	10	15	20	25	30	35	40	45	50	55	60	65	70	75	80	85	90	95	100
Preuves :																								
Domaines d'amélioration :																								

Déploiement	Mis en œuvre	Structuré		0%			25%				50%				75%				100%
Décrivez ci-dessous vos niveaux de mise en œuvre et de systématicité				0	5	10	15	20	25	30	35	40	45	50	55	60	65	70	75	80	85	90	95	100
Preuves :																								
Domaines d'amélioration :																								

Evaluation et amélioration	Mesure	Apprentissage et créativité	Amélioration et innovation	0%			25%				50%				75%				100%
Décrivez ci-dessous vos mesures , benchmarks et instances de surveillance et de revue				0	5	10	15	20	25	30	35	40	45	50	55	60	65	70	75	80	85	90	95	100
Preuves :																								
Domaines d'amélioration :																								

| Cotation de synthèse | | | | 0 | 5 | 10 | 15 | 20 | 25 | 30 | 35 | 40 | 45 | 50 | 55 | 60 | 65 | 70 | 75 | 80 | 85 | 90 | 95 | 100 |

Comprendre les fondamentaux

PRO FORMA POUR LE SOUS-CRITERE : 6a	Auteurs :	Date : __/__/____

Les organisations excellentes :
- développent et approuvent un ensemble de mesures de perception et de résultats associés pour évaluer la réussite du déploiement de leur stratégie et des politiques qui la soutiennent, sur la base des besoins et des attentes de leurs clients,
- fixent des objectifs clairs pour les résultats clés sur la base des besoins et des attentes de leurs clients, conformément à leur stratégie,
- démontrent l'obtention de résultats, positifs ou durablement satisfaisants pour les clients, pendant au moins 3 ans,
- comprennent les raisons et les caractéristiques des tendances observées et l'impact que ces résultats auront sur d'autres indicateurs de performance ou d'autres résultats associés,
- ont confiance dans leurs performances et résultats futurs sur la base de leur compréhension des relations de causes à effets,
- comprennent comment les résultats clés qu'ils obtiennent se comparent à ceux des organisations similaires et utilisent ces données, lorsque cela est pertinent, pour fixer des objectifs,
- segmentent les résultats, par groupes de clients spécifiques, afin de comprendre leurs besoins, leurs attentes et l'expérience client.

Il s'agit de la perception des clients vis-à-vis de l'organisation,

- elle peut être obtenue à partir d'un certain nombre de sources, y compris les enquêtes clients, des groupes de tests, des évaluations des vendeurs, des félicitations et réclamations reçues,
- cette perception vue du client donnera une compréhension claire de l'efficacité, du déploiement et de l'exécution de la stratégie clients de l'organisation et des politiques et processus qui la soutiennent,

En fonction des objectifs visés par l'organisation, ces mesures sont centrées sur la réputation et l'image, la valeur des produits et des services, la fourniture des produits et des services, le service client, les relations avec le client et le service après-vente, la fidélité et la loyauté des clients.

Pertinence et utilité	Etendue et pertinence	Intégrité	Segmentation	0%			25%				50%				75%				100%	
				0	5	10	15	20	25	30	35	40	45	50	55	60	65	70	75	80	85	90	95	100

Quels sont vos indicateurs et métriques, leurs qualités et leur raison d'être ?

Points forts :

Domaines d'amélioration :

Performance	Tendances Confiance	Cibles	Comparaisons	0%			25%				50%				75%				100%	
				0	5	10	15	20	25	30	35	40	45	50	55	60	65	70	75	80	85	90	95	100

Quelles sont vos performances dans le temps et comparées, leurs causes? Seront-elles au rendez-vous demain ?

Preuves :

Domaines d'amélioration :

Cotation de synthèse				0	5	10	15	20	25	30	35	40	45	50	55	60	65	70	75	80	85	90	95	100

Figure 37 :
Pro forma Résultats sous-critère 6a

Collecte par grille

L'autoévaluation par grille de collecte consiste à créer par sous-critère du modèle EFQM (donc 32) une grille à la fois pédagogique et opérationnelle de collecte des faits et métriques.

Les grilles de collecte sont en général remplies en équipe ou en binôme responsable d'un critère, puis transmises en données d'entrée à l'organisateur de l'atelier/séminaire de recherche de consensus.

Les caractéristiques de cette approche sont les suivantes :
- elle permet la collecte exhaustive des pratiques et résultats pour chaque critère du modèle ;
- elle permet d'intégrer des éléments pédagogiques dans la collecte des informations notamment par rapport aux termes : (cf. figure 17 page 57 Grille de collecte des informations avec termes) ;
- elle fournit une liste assez complète des points forts et des domaines d'amélioration ;
- en général, elle ne comporte pas de cotation ; cette dernière étant réalisée en atelier.
- elle permet de récupérer la profondeur historique de l'organisation sur chaque sous-critère ;
- elle nécessite, comme le *pro forma*, un point intermédiaire pour s'assurer de l'homogénéité du niveau de collecte des informations.

Comprendre les fondamentaux

Grille de collecte	Points forts	Limites
Les participants collectent des données sur les critères. Un atelier de notation est organisé. Des actions d'amélioration sont négociées.	Effort conséquent. Permet le recueil approfondi de preuves fondées sur les faits et métriques. Fournit une liste complète de points forts et des domaines d'amélioration. Permet une notation plus fine et avisée.	Approche qui demande un bon travail préparatoire en groupes et une animation rigoureuse de la collecte.

Figure 38: Autoévaluation par grille de collecte

Collecte par questions orales directes en séance

L'autoévaluation par questionnement et animation directe a les caractéristiques suivantes :
- elle ne demande aucun travail préalable de collecte des données parce qu'on part du principe que les cadres autour de la table connaissent leur organisation ;
- l'animateur friand de ce genre d'exercice est souvent un extraverti, virtuose de l'humour qui fait passer un bon moment et parcourt en un peu moins d'une journée l'ensemble du modèle ;
- l'animateur garant de la méthode et du niveau de participation à l'élaboration du consensus utilise souvent un logiciel qui éditera en fin de session un rapport d'autoévaluation avec une cotation consolidée ;
- souvent plus causerie de salon qu'analyse fine des faits et métriques, elle ne permet pas des échanges constructifs en profondeur sur les pratiques et les résultats ni un bon niveau d'appropriation par chacun des plans d'actions qui en découlent.

Questions orales directes en séance	Points forts	Limites
Les participants arrivent les mains dans les poches. Un atelier de discussion-notation est organisé sur la base des sous-critères du modèle EFQM. Des actions d'amélioration sont négociées.	Effort limité. Permet d'amener une équipe managériale peu convaincue à s'impliquer dans une discussion sur les points forts et domaines d'amélioration et de créer un consensus minimal sur des actions à mener.	Approche risquée qui demande une animation rigoureuse de l'équipe. Le consensus peut parfois être difficile à obtenir à chaud et sans preuves factuelles. Le score peut être totalement irréaliste (trop optimiste ou trop pessimiste).

Figure 39: Autoévaluation par questions orales en séance

Si ce genre d'approche est très séduisant pour les dirigeants parce que facile à mettre en œuvre et que quelques consultants en ont profité pour vendre moult logiciels d'autoévaluation, on a constaté que cela a fait pas mal de dégâts par la suite parce que les résultats promis n'étaient pas au rendez-vous.

L'accès direct en séance à toute l'information disponible sous Intranet

L'autoévaluation par accès direct en séance à toute l'information disponible sous Intranet est possible si votre organisation a en place une bonne gestion des mémoires collectives et maîtrise pleinement les nouvelles technologies de l'information.

Elle ne peut être réalisée que si deux conditions sont remplies :
- toute l'information factuelle et les mesures existent dans une base de connaissance collective structurée et facile d'accès ;
- il y a un accès direct avec un grand écran à cette base dans le lieu de déroulement de l'atelier/séminaire d'autoévaluation.

Cette démarche a les caractéristiques suivantes :
- elle ne demande aucun travail préalable de collecte des données

Comprendre les fondamentaux

parce qu'elles sont déjà regroupées dans un univers informatique ; elle est donc la plus efficiente ;
- l'animateur doit s'assurer que les membres de l'équipe d'autoévaluation connaissent complètement l'univers informationnel en question et que la personne manipulant le clavier et la souris en maîtrise totalement la navigation ;
- elle donne une vision très opérationnelle de l'utilisation de l'autoévaluation et de son articulation avec les autres réalités managériales et entrepreneuriales.

Accès direct à l'Intranet en séance	Points forts	Limites
Les participants arrivent avec leur univers informationnel managérial structuré. Un atelier de discussion-notation est organisé sur la base des sous-critères du modèle EFQM. Des actions d'amélioration sont négociées.	Effort limité. Permet d'amener une équipe managériale peu convaincue à s'impliquer dans une discussion sur les points forts et domaines d'amélioration et de créer un consensus minimal sur des actions à mener.	Approche qui demande une animation rigoureuse de l'équipe et une discipline d'accès rapide aux informations utiles. L'accès aux informations historiques archivées est souvent plus difficile et ralentit le processus.

Figure 40 : Autoévaluation par accès direct à l'Intranet

J'ai eu l'occasion de mettre en place ce type d'Intranet chez plusieurs clients et ai même poussé le vice jusqu'à le structurer selon la logique RADAR (cf. figure 65 page 224). Ma première utilisation de cet univers informationnel pour une autoévaluation n'a pas posé de problème particulier et a permis d'avoir une analyse approfondie et un consensus en profondeur sans avoir à faire un travail fastidieux de collecte et de mise en forme de l'information utile. À mon sens, l'avenir est plus dans cette voie que dans celle des logiciels d'autoévaluation que leurs vendeurs ont trop souvent tendance à présenter comme s'ils pouvaient vous économiser le fait de devoir être intelligent.

Recherche du consensus en atelier/séminaire

Quelle que soit la méthode de collecte des informations, une autoévaluation ne peut se passer d'une réflexion collective et d'un consensus. Celui-ci s'obtient par des ateliers ou séminaires dont la densité doit être cohérente avec l'effort de collecte.

Atelier vient de l'ancien français *astelle* (morceau de bois, puis tas de bois, puis endroit où l'on travaille le bois). Il désigne tant l'espace de travail que les travailleurs eux-mêmes avec leur maître. Quant à séminaire, ce mot vient du latin *seminarium*, la pépinière, issu de *semen*, la graine. On est bien dans un collectif au travail sur une matière résistante, qui va produire de la connaissance appliquée du modèle, de la graine de manager et de leader et le germe des améliorations futures.

La recherche de consensus par « séminaire » ou « atelier » est :
- un espace-temps de création collective de sens en matière d'excellence, de performance et d'alignement de maturité ;
- un outil d'appropriation des résultats de l'autoévaluation par l'équipe et d'adoption des actions qui en découlent ;
- un creuset de création de lien social fort entre membres de l'encadrement, voire du personnel, impliqués dans l'exercice ;
- un moment de formation-action et de coaching sur le déploiement du modèle EFQM.

Pour qu'il porte pleinement ses fruits, il faut :
- un travail préparatoire substantiel de collecte ;
- une formation des participants à la méthode de cotation des pratiques et des résultats ;
- la participation d'un animateur garant de la méthode, du niveau de participation et de l'élaboration du consensus ;
- la liberté d'exprimer des points de vue différents et de les confronter à l'aune, d'un côté, du modèle et, de l'autre, des faits et mesures.

Comprendre les fondamentaux

Le déroulement de ce type d'exercice peut être structuré de la manière suivante.
- L'animateur énonce le sous-critère du modèle.
- Un membre de l'équipe ou un binôme présente aux autres membres de l'atelier la synthèse des informations recueillies classées en points forts et en domaines d'amélioration.
- Le collectif vérifie qu'aucun élément concernant le sous-critère ne manque.
- La discussion se fait sur les points forts et les domaines à améliorer.
- À la fin du débat, chaque membre effectue sa notation individuelle, ou indique la notation qu'il a effectuée lors de la préparation.
- L'animateur effectue une synthèse des notations individuelles. Quand on n'a pas d'écart supérieur à vingt points, on prend la moyenne du groupe. Il ne faut pas rechercher une précision scientifique dans la cotation. Il faut privilégier la cohérence entre score et listes de points forts et de domaines d'amélioration.
- Les sous-critères où l'écart de notation est supérieur à 20 points sont remis en débat. On prend le temps d'écouter les extrêmes et on débat pour obtention d'un consensus.
- Une cotation post-consensus est effectuée sur ces sous-critères.
- À la fin de l'exercice, l'animateur organise un vote pondéré sur les domaines d'amélioration pour dégager des actions prioritaires.

L'évaluation externe d'une simulation de prix ou d'un prix

L'alloévaluation (évaluation effectuée par des assesseurs externes à l'organisation, lire pages 60 et 111) par candidature (réelle ou « à blanc ») à un prix ou diplôme va exiger de votre organisation qu'elle :
- pose sa candidature ;
- constitue un dossier de soumission répondant aux exigences spécifiées du règlement du concours ;
- organise en collaboration avec l'assesseur en chef *(lead assessor)* une

visite de terrain pour une équipe d'assesseurs qui aura préalablement évalué le dossier et préparé des questions à poser aux différents interlocuteurs ;
- et facilite le déroulement de la visite sur site, tel que planifié.

La collecte par/pour rédaction du dossier de soumission rajoute une difficulté supplémentaire aux approches précédentes : celle de bien identifier ce qui est significatif dans votre excellence et performance et d'expliciter les causalités multiples. Le format du document est en effet imposé et s'avère très vite trop étroit alors qu'au début on se demande comment on va pouvoir le remplir.

Simulation de prix	Points forts	Limites
Les membres de l'équipe de direction se répartissent la responsabilité sur les critères. Une équipe collecte les données et rédige un rapport présenté au comité de direction qui le valide avant de le donner à évaluer à des tiers.	Fournit un outil puissant pour évaluer et présenter la culture et les performances d'une organisation. La visite sur site d'assesseurs externes permet de « crédibiliser » l'évaluation et d'avoir des comparaisons sérieuses avec les autres candidats.	Coût non négligeable qui peut freiner certaines organisations. Effort conséquent qui peut rebuter certaines organisations. Approche qui peut apparaître trop ambitieuse pour une première tentative et décourager l'organisation.

Figure 41 : L'alloévaluation dans le cadre des prix

L'évaluation par des assesseurs externes confirmés (que ce soit d'autres unités ou de filiales d'un grand groupe ou des assesseurs de l'AFNOR, du MFQ ou de l'EFQM) permet de bénéficier d'un benchmarking sans pareil sur son système de management de l'excellence et de la performance durables.

Les livrables de l'auto- et alloévaluation

L'évaluation EFQM produit une liste argumentée de points forts et de zones d'amélioration pour chaque critère (ou sous-critère) et éventuellement une liste de thèmes clés relatifs aux huit concepts fondamentaux. Éventuellement, et accessoirement, elle fournit aussi une cotation chiffrée.

Points forts : quand on prend collectivement conscience des forces de son organisation, on dirige toutes les attentions sur la nécessité de les maintenir, voire de les développer encore plus.

Domaines d'amélioration : quand on reconnaît collectivement les faiblesses de son organisation, on génère un esprit de challenge pour les réduire, voire les supprimer.

Cotation : quand on mesure à intervalles réguliers le niveau de maturité de son organisation, on permet à tous les acteurs d'être fiers des progrès accomplis et de se comparer à d'autres.

Actions « priorisées » : à partir des domaines d'amélioration, après avoir bien explicité la méthode de « priorisation », puis repéré les actions d'amélioration propres à traiter l'ensemble des zones d'amélioration identifiées, il vaut mieux retenir peu d'actions et les conduire comme des projets pour lesquels l'allocation de ressources a été optimisée. Et surtout, veillez à clarifier les mesures d'efficacité de chaque action avant de les démarrer. Si c'est difficile, c'est qu'il y a eu un problème dans l'une des étapes précédentes. Faites une revue explicite du plan d'ensemble (et pas seulement de chaque action) et du processus d'alloévaluation.

Chaque méthode d'évaluation a ses avantages et ses inconvénients, en termes de temps, de coûts, de nature des résultats. La méthode choisie doit tenir compte des objectifs que vous poursuivez et de la culture de votre organisation. Toutes ces méthodes, par exemple, sont valables dans le cadre d'une candidature au C2E. Toutes les combinaisons ou hybridations sont également valables, pourvu qu'on s'aligne sur les 8 concepts, qu'on respecte les 9 critères (ou 32 sous-critères si on va à ce niveau de détail) et qu'on respecte la grille d'analyse RADAR.

L'autoévaluation, rappelons-le, est un outil :
- de cohésion du management grâce à la vision partagée qu'il fait émerger ;
- d'aide à la « priorisation » et planification des actions ;
- de développement de la culture d'excellence et de performance durables ;
- de communication et de motivation des équipes.

Le déploiement de l'autoévaluation

Lorsqu'un grand groupe se lance dans l'autoévaluation, c'est souvent par une unité innovatrice prête à servir de pilote, avant déploiement plus important voire systématique dans toute la structure. Certains de mes clients, grandes entreprises, laissent l'exercice à la bonne volonté des unités, sans stratégie volontariste d'ensemble. Il n'y a pas à ma connaissance un groupe français qui ait jusqu'à présent utilisé cet exercice de manière systématique.

D'autres, souvent entreprises moyennes, ont structuré une approche plus volontariste avec une autoévaluation à différents niveaux, par exemple :
- direction générale : dossier de prix avec un séminaire de consensus de deux jours ;
- cadres intermédiaires : *pro forma* et ateliers de consensus sur une journée ;
- personnel : questionnaire et réunions de consensus sur une demi-journée.

Celles qui en tirent le plus de bénéfices s'attachent à constituer des

Comprendre les fondamentaux

groupes de consensus les plus diversifiés possibles aux niveaux inférieurs. Mettez ensemble des commerciaux, des gens de la production, des informaticiens, des logisticiens, des comptables... et vous verrez la richesse des débats pour arriver à un consensus qui fasse collectivement du sens.

Pour avoir été un des rares à généraliser, trois ans de suite, l'autoévaluation dans une organisation, impliquant 100% du personnel, de la femme de ménage au président, j'ai pu constater la puissance de cette démarche comme outil d'apprentissage collectif, comme stimulateur de l'amélioration permanente et comme créateur de visibilité pour tout un chacun dans l'organisation.

Ça va finir par rapporter gros

Quand on invite une organisation à engager une démarche EFQM, une question récurrente dans la bouche des dirigeants est : *« Qu'est-ce que ça va nous rapporter ? »*. Ma réponse est invariablement la même : *« Pour que ça rapporte à terme, il faut d'abord savoir investir dedans ! »*.

En effet, l'excellence d'aujourd'hui va créer les conditions de la performance de demain. Les intangibles d'aujourd'hui produiront les tangibles de demain et la recherche de l'équilibre de la satisfaction des porteurs d'enjeux permettra :
- la maximisation du profit sur la durée pour les organisations à but lucratif ;
- l'optimisation de l'efficience budgétaire sur la durée pour les organisations sans but lucratif.

Dans tous les cas, vous constaterez une création conséquente de capital immatériel qui aura tôt ou tard un impact fort sur la valeur de votre organisation.

Spéculateurs de très court terme, s'abstenir

La mise en place d'une démarche EFQM, encore plus qu'une démarche qualité de type ISO 9001, n'a pas d'incidence positive immédiate sur la classe comptable 7 : Produits. Au contraire, on ne voit de lignes comptables qu'en classe 6 : Charges. Si votre direction veut un retour financier immédiat, ne vous aventurez pas à lui proposer une démarche EFQM. Faites du Kaizen Blitz à la place ; vous aurez plus de chance de la satisfaire.

Coûts	Gains	Bilan
Charges du projet 100 K€	Produits immédiats 0 K€ (exceptionnellement des gains rapides : *quick wins*)	Négatif

Figure 42 : L'équation financière immédiate

Dans ce très court terme, non seulement il va y avoir surcroît de charges financières, mais aussi surcroît de charges de travail augmentant la pression sur les équipes et dégradant leur niveau de satisfaction.

Sur le court terme à horizon d'un an, ce type de démarche génère-t-il une réduction sensible des coûts ? Certainement pas de manière significative ! En effet, l'équation va consister à un transfert de charges à effet financier quasi nul.

Coûts	Gains	Bilan
Migration de la non-qualité vers la prévention	Quelques gains de performance de processus (plus ou moins modestes)	0 K€ à faible, mais réduction de l'insatisfaction des parties prenantes : fidélisation

Figure 43 : L'équation financière à court terme

Comprendre les fondamentaux

Mais, si financièrement il y a peu de gains à court terme, l'organisation gagne rapidement en réduction de l'insatisfaction des clients et porteurs d'enjeux par réduction significative des irritants organisationnels. Même des dirigeants qui tournent tous les trois ans peuvent y trouver un début d'intérêt.

Bâtisseurs d'avenir, engagez-vous !

Sur deux à trois ans, si votre système de management intégré a mis en place des cales de la durabilité *(sustainability wedges)*, vous allez commencer à gagner en niveau de satisfaction des clients et autres porteurs d'enjeux. Certains succès commerciaux amenés par la satisfaction des clients, des réussites en matière de recrutements amenés par la satisfaction du personnel, de nouveaux partenariats prometteurs amenés par la satisfaction des fournisseurs et partenaires pourront commencer à générer des gains financiers.

Au fur et à mesure que les succès, petits et grands, seront au rendez-vous, l'effet de « volant d'inertie » *(flywheel)* va se produire et propulser votre organisation vers des niveaux de performance insoupçonnés. L'application du modèle EFQM va vous permettre de multiplier les impulsions sur ce volant qui va tourner de plus en plus vite, à condition de ne pas s'arrêter de l'alimenter.

Augmenter le niveau d'excellence d'une organisation ne génère de la performance qu'après un certain temps. Connaître cette « inertie » systémique est fondamental dans une démarche d'excellence et performance durables.

Coûts	Gains	Bilan
Coûts de prévention qualité et excellence durable	Accumulation de capital immatériel non visible dans les comptes financiers	Clairement positif. Augmentation sensible des performances financières et de la valeur financière de l'entreprise (*goodwill*).

Figure 44 : L'équation financière à moyen et long termes

Pour une entreprise à but lucratif, la démarche consolide ses profits à moyen et long termes. Les bénéfices financiers résident dans :
- le prix des actions ;
- l'augmentation du chiffre d'affaires ;
- la réduction des coûts ;
- l'augmentation du bénéfice après impôts...

Pour une organisation à but non lucratif, les gains financiers viennent avant tout de l'utilisation optimale du budget alloué. Les bénéfices financiers résident dans :
- la maîtrise budgétaire ;
- l'augmentation de l'efficience ;
- la réduction des coûts,
- la migration des coûts de non-qualité vers des coûts de prévention réduisant au passage l'exacerbation des porteurs d'enjeux et améliorant leur satisfaction...

Pour tout type d'organisation, il en résulte une réelle amélioration des résultats de satisfaction des porteurs d'enjeux :
- clients ;
- partenaires et fournisseurs ;
- personnel ;
- collectivité, société environnante ;
- actionnaires ou souverains.

Comprendre les fondamentaux

Pour tout type d'organisation, on constate aussi un accroissement de la maîtrise des risques :
- stratégiques :
  - Contexte ;
  - Marchés ;
  - Produits…
- opérationnels :
  - processus ;
  - sécurité, santé, hygiène, bien-être au travail ;
  - environnementaux ;
  - systèmes d'information…
- de conformité :
  - légale et réglementaire ;
  - éthique…
- de reporting :
  - légal et réglementaire
  - contractuel…

Pour tout type d'organisation, il y a des bénéfices plus impalpables :
- la mobilisation efficace de l'intelligence collective en vue de la faire performer et progresser pour le bien de tous ses porteurs d'enjeux ;
- la consolidation et le renforcement de l'encadrement en vue d'optimiser toutes les logiques internes de l'organisation et de mettre en place ainsi que de faire vivre les boucles vertueuses ;
- la capacité de revue permanente de l'organisation sous tous ses aspects pour faciliter l'apprentissage collectif ;
- l'amélioration de la communication interne et externe enfin capable de générer la confiance de tous les porteurs d'enjeux de l'organisation.

Bref, en plus des avancées financières à moyen terme qui permettent de reconstituer son réservoir de liquidités (capital financier), une organisation utilisant efficacement le modèle EFQM va faire une percée en matière d'intangibles qui constituent son réservoir de capital immatériel. Et les sciences systémiques ont montré ces dernières années l'importance des réservoirs dans la survie et le développement des systèmes, tant naturels que sociaux et techniques.

La structure de ce capital immatériel est la suivante :

Capital humain	Individuel	Talents, expertises, savoir-faire individuels
		Compétences et expérience des individus
	Collectif	Culture d'apprentissage collectif
		Expérience d'apprentissage collectif
Capital structurel	Relationnel	Relations avec les clients
		Relations avec les partenaires et fournisseurs
		Relations avec le personnel
		Relations avec la société et la communauté
		Relations avec les actionnaires et souverains
	Organisationnel	Maîtrise des processus
		Bases de connaissances collectives
		Maîtrise des risques et contrôle interne
		Qualité de la marque, du brand et du design
		Capacité d'amélioration
		Capacité d'innovation

Figure 45 : Le capital immatériel

La preuve par les gagnants

Deux chercheurs américains Kevin Hendricks, de la University of Western Ontario, et Vinod Singhal, du Georgia Institute of Technology, ont mené, à la fin des années 90, une étude approfondie sur les résultats financiers des gagnants de prix de la qualité et de *business excellence*.

Leurs principales conclusions ont été que :
- il n'y a pas de différence notoire de performance entre les gagnants de prix et des entreprises « benchmarks » pendant la période d'implémentation ;

Comprendre les fondamentaux

- les résultats post-implémentation du système TQM sont nettement meilleurs que ceux des organisations de référence et l'écart se creuse fortement au bout de cinq ans.

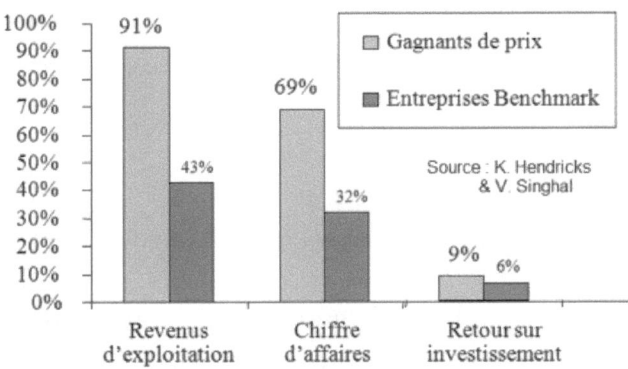

Figure 46 : Comparatifs de performance sur cinq ans

La plupart des performances opérationnelles sont meilleures, à moyen terme, chez les gagnants de prix : la progression des ventes, la maîtrise des coûts...

Mais, plus que ces meilleures performances opérationnelles, l'augmentation de la valeur de l'entreprise est assez remarquable à moyen terme. Cette valeur est traduite par ce que les investisseurs sont prêts à payer pour acheter des actions. Visiblement les gagnants inspirent plus confiance aux investisseurs que les autres parce qu'ils ont généré du *goodwill*.

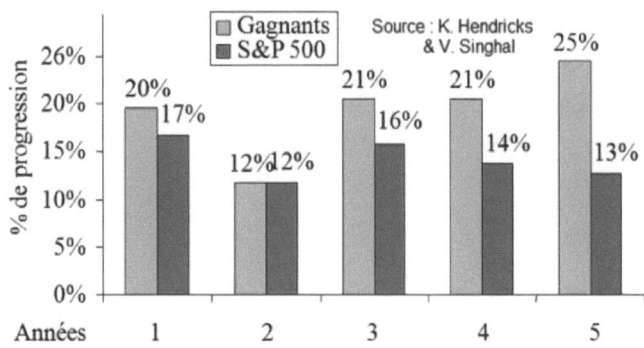

Figure 47 : Performance comparée des actions

L'EFQM a voulu se doter d'une preuve de ce type sur ses propres gagnants en y intégrant la comparaison avec des gagnants d'autres prix. Elle a confié en 2004 une mission d'étude cofinancée par la British Quality Foundation au Centre of Quality Excellence de la University of Leicester. L'équipe de recherche (Boulter L., Bendell T., Abas H., Dahlgaard J., Signhal V.) a intégré le chercheur américain pour bénéficier de sa méthodologie.

Ses résultats, obtenus à partir de l'analyse des performances de 120 organisations (85 européennes et 35 d'autres continents) ayant gagné un prix, ont été publiés en 2005, confirmant pleinement les conclusions de l'étude américaine : dans le moyen terme, les organisations qui ont mené ce type de démarche sont largement gagnantes financièrement. La valeur de leurs actions augmente plus fortement que celle des autres organisations.

Comprendre les fondamentaux

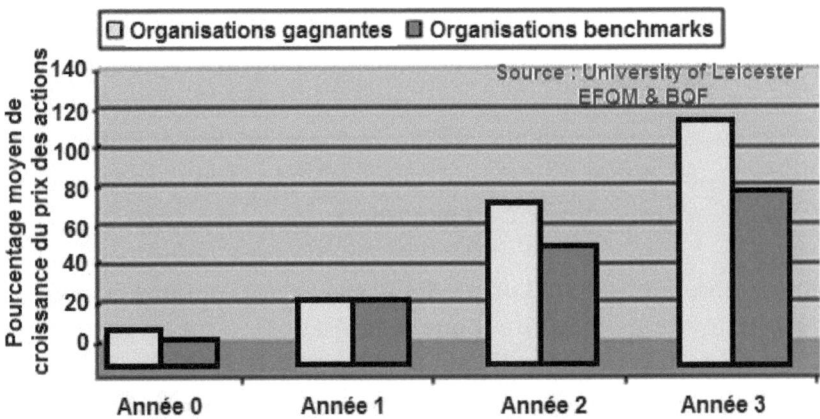

Figure 48 : Comparaison du prix des actions sur quatre ans

Leurs volumes de ventes croissent également plus vite que ceux des entreprises de référence.

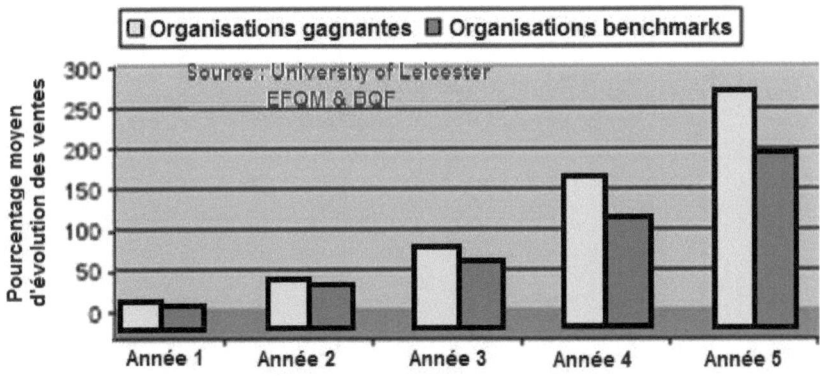

Figure 49 : Comparaison des ventes à moyen terme

La conclusion de cette étude est que, pour des organisations menant un projet d'excellence avec le modèle EFQM, il s'écoule un certain temps avant de voir les bénéfices financiers au rendez-vous. Mais ceux-ci finissent par arriver.

Elle constate également que, si les principes fondamentaux du modèle EFQM sont proprement et efficacement implémentés, les résultats sont au rendez-vous à moyen et long termes. Le chemin de l'excellence est donc, sans aucun doute, un chemin vers la performance durable : les preuves statistiques sont là. Il n'en est que plus étonnant que si peu d'organisations s'engagent à l'emprunter.

En résumé, l'utilisation d'un modèle d'excellence comme l'EFQM enrichit le niveau de maturité d'une organisation en lui permettant de créer du capital immatériel. Ce capital immatériel lui permettra d'augmenter sa performance future quel que soit son modèle d'affaires (business model). Profit ou efficience budgétaire au bout du chemin, la satisfaction équilibrée des porteurs d'enjeux majeurs en est le principal acquis commun et le meilleur gage de durabilité.

Une démarche EFQM est donc à considérer comme un investissement et un pari entrepreneurial, pas comme une charge, même si comptablement elle est constatée comme telle. Elle est peut-être là la solution : dans le changement de ce paradigme ?

CHAPITRE 4
Comprendre le référentiel EFQM en détail

Vue d'ensemble	**124**
Les facteurs	**126**
Le leadership	**128**
La stratégie	**139**
Le personnel	**148**
Les partenariats et les ressources	**159**
Les processus, produits et services	**170**
Les x de l'équation de la performance	**181**
Les résultats	**181**
Les résultats pour les clients	**184**
Les résultats pour le personnel	**188**
Les résultats pour la collectivité	**191**
Les résultats Business	**195**
Les y de l'équation de la performance	**199**
Notations et pondérations	**200**
Les logiques	**201**
Les pratiques	**207**
L'utilité de la notation	**208**

Vue d'ensemble

Le modèle EFQM partage avec la plupart des autres modèles d'excellence (voir annexe 2 page 316) une distinction entre facteurs (pratiques, leviers, facilitateurs, démarches, projets, méthodes, outils...) et résultats (mesures de la perception des porteurs d'enjeux et mesures de performance).

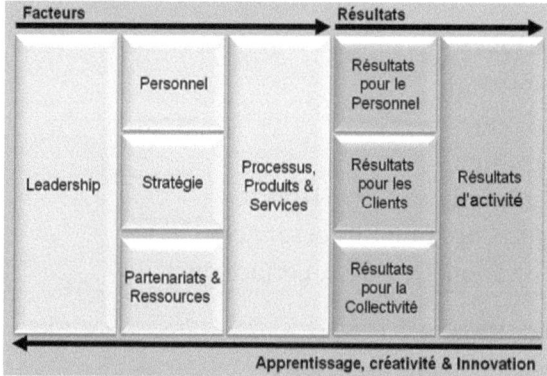

Figure 50 : Le modèle EFQM à neuf critères

Les critères de facteurs sont au nombre de 5 et les critères de résultats au nombre de 4 : ce qui donne le fameux « modèle à neuf critères ».

Une boucle dynamique entoure ce modèle. L'organisation investit dans les facteurs pour obtenir les résultats ; ensuite, elle analyse les résultats pour apprendre et trouver de nouvelles idées pour les facteurs et améliorer leur mise en œuvre. Cet apprentissage lui permet de générer de la créativité et de l'innovation entrepreneuriale.

Les facteurs sont couverts par 24 sous-critères répartis en 5 critères :
1. leadership ;
2. stratégie ;
3. personnel ;

Comprendre les fondamentaux

4. partenariats et ressources ;
5. processus, produits et services.

Les résultats sont couverts par 8 sous-critères répartis en 4 critères :
6. résultats pour les clients ;
7. résultats pour le personnel ;
8. résultats pour la collectivité ;
9. Résultats d'activité (business).

L'évaluation se fait à partir d'un total de 1000 points nominaux répartis pour moitié entre facteurs (500 points) et résultats (500 points). Le poids respectif de chaque critère est indiqué par le schéma ci-après :

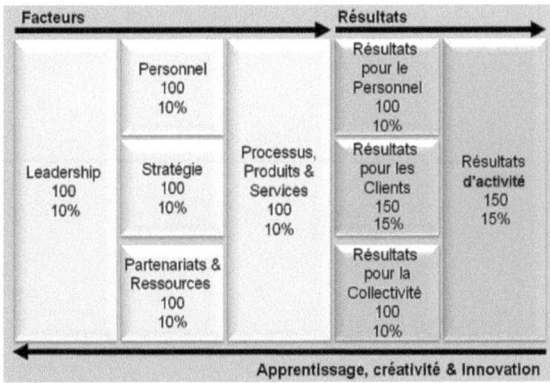

Figure 51 : Poids des critères du modèle EFQM

La spécificité principale de ce modèle par rapport aux autres est l'importance attachée à la mesure de la satisfaction des porteurs d'enjeux. Avec la version 2013 du modèle, qui est résolument orientée vers la durabilité, il n'est plus possible pour une organisation ayant une approche « actionnaire » *(shareholder view)* de gagner le prix européen d'excellence. Seules des organisations résolument orientées « porteurs d'enjeux » *(stakeholder view)* pourront y arriver.

Le guide de l'EFQM version 2013

Les facteurs

Les critères de facteurs s'intéressent à ce que fait l'organisation et à la manière dont elle le fait. Au fur et à mesure que l'organisation gagne en maturité avec le modèle EFQM, ces critères s'enrichissent d'abord des approches du niveau de l'état de l'art dans les domaines respectifs, ensuite des meilleures pratiques existantes autour de la planète et, enfin, de percées méthodologiques innovantes qui font de l'organisation une « meilleure de la classe » *(best-in-class)*.

Les critères de facteurs ont tous 5 sous-critères, sauf le critère 2 qui n'en a que 4. Chaque sous-critère est doté de 5 ou 6 éléments de cadrage qui font référence notamment aux 8 concepts fondamentaux. Même s'ils ne sont pas obligatoires, c'est important de les prendre en considération pour bien comprendre l'esprit du sous-critère.

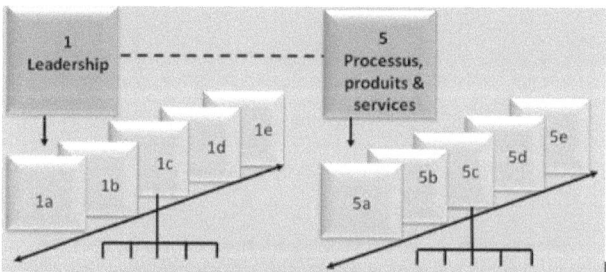

Figure 52 : Structure des facteurs

Au niveau des facteurs, on s'intéresse d'abord aux approches choisies et à leur pertinence, ensuite à leur déploiement, puis à leur mesure (évaluation) et enfin à leur revue pour amélioration (raffinage).

Les approches doivent être robustes et intégrées :
- robustesse : les approches doivent avoir une rationalité et une motivation claires, être structurées par des processus clairs, adresser les

Comprendre les fondamentaux

besoins et attentes des porteurs d'enjeux et sont adaptées et améliorées progressivement ;
- intégration : les approches doivent être des leviers efficaces pour la réalisation de la stratégie et des politiques qui la soutiennent. Elles doivent également s'articuler harmonieusement entre elles, sans doublons ni contradictions ; dans la pensée *Lean*, cela veut dire sans *Muri* « le déraisonnable », c'est-à-dire sans gaspillages liés à la mauvaise organisation des approches. ;

Le déploiement doit être mis en œuvre et systématique :
- les approches doivent être implémentées effectivement dans les activités de l'organisation dans tous les domaines pertinents ;
- la systématicité est le contraire de l'improvisation et de la bonne franquette ; elle implique que les approches soient structurées, que leur diffusion soit planifiée, que leurs risques aient été identifiés et maîtrisés, qu'elles puissent être répétées, qu'elles soient intégrées dans les pratiques partout où elles sont nécessaires.

La mesure doit être régulière et appropriée :
- l'efficacité et l'efficience des approches et de leur déploiement doivent être mesurées régulièrement ;
- les mesures doivent porter sur des caractéristiques pertinentes et utiles pour pouvoir surveiller et améliorer les approches et leur déploiement.

L'apprentissage et la créativité doivent être utilisés pour :
- l'identification des bonnes approches : elle peut se faire en interne et en externe par du benchmarking régulier ;
- la modification des approches : elle peut survenir soit après analyse des résultats obtenus par l'organisation, soit après apprentissage du benchmarking incitant à une adaptation interne pour donner plus de chances de réussite à l'approche ;
- la génération de nouvelles approches : quand elle a adopté/adapté les meilleures pratiques et approches, une organisation peut tester de nouvelles manières de faire et ainsi innover méthodologiquement.

L'amélioration et l'innovation permanentes sont les caractéristiques des meilleures organisations.
- L'amélioration doit se faire à partir de l'analyse des mesures et de l'apprentissage (retours d'expériences, benchmarking, consultants et conseils externes...).
- Le résultat de la créativité doit être évalué, « priorisé » et utilisé pour pouvoir progresser dans l'innovation et capitaliser ses extrants, tant les échecs que les succès des innovations.

Le leadership

« Les organisations excellentes ont des dirigeants qui façonnent le futur et le font devenir réalité, en agissant de manière remarquable en incarnant leurs valeurs et leur éthique et en inspirant confiance à tout moment. Ils font preuve de flexibilité et permettent à l'organisation d'anticiper et de réagir de façon opportune pour assurer son succès continu. » EFQM 2013.

Si dans la représentation du modèle en deux dimensions, le critère « leadership » est juxtaposé aux autres critères de facteurs, dans la réalité, il leur est intimement superposé, articulé, imbriqué... On va donc s'attacher à vérifier que le leadership insuffle l'esprit de l'excellence et de la performance dans tous les autres critères. Cette capacité d'inspiration va, d'une part, donner la grille de lecture de tous les autres critères du modèle et, d'autre par, permettre d'apprécier la cohérence et le déploiement des pratiques.

Ensuite, on va vérifier que la chaîne de commandement est à l'écoute systématique de tous les porteurs d'enjeux et capable de procurer à l'organisation l'agilité dont elle a besoin pour s'adapter en permanence aux nouvelles situations et aux enjeux qu'elles amènent.
Enfin, on va identifier les résultats relatifs au leadership, notamment les résultats de perception du personnel sur les comportements des dirigeants et de l'encadrement.

Comprendre les fondamentaux

Sous-critère 1a. Les dirigeants développent la mission, la vision, les valeurs et l'éthique et ont un rôle exemplaire.

Dans ce sous-critère, on décrit/analyse comment les dirigeants de l'organisation établissent et communiquent une ambition et une orientation stratégique claires et comment ils mobilisent leur personnel en partageant leur vision et en lui donnant la volonté collective de réaliser la mission et d'atteindre les objectifs fondamentaux définis. La vision, la mission et les orientations à long terme sont décrites ici, ainsi que les méthodes utilisées pour les obtenir et les mettre à jour.

Dans ce sous-critère, on décrit/analyse aussi comment les dirigeants sécurisent le futur de leur organisation en établissant et en communiquant le but essentiel, qui est le fondement de leur vision d'ensemble, de leurs valeurs, de leur éthique et du comportement de leur organisation. On retrouve ici chez les meilleurs la description du comportement de leaders de niveau 5 selon la typologie de Jim Collins : ambitieux pour leur organisation et modestes pour eux-mêmes.

Dans ce sous-critère, on décrit/analyse ensuite comment les dirigeants se font les ambassadeurs des valeurs de l'organisation et sont des modèles d'intégrité, de responsabilité sociale et de comportement éthique, tant en interne qu'en externe. De plus, dans ce sous-critère, on décrit/analyse comment les dirigeants favorisent le développement de leur organisation grâce à des valeurs partagées, à la nécessité de rendre des comptes, à l'éthique et à une culture de confiance et d'ouverture. Sur ces deux points, discours et actes sont appelés à témoigner de l'exemplarité non seulement des dirigeants, mais aussi de l'encadrement en général. Chez les meilleurs on trouve des preuves évidentes de la cohérence entre les discours et les agissements de la ligne hiérarchique.

Par ailleurs, dans ce sous-critère, on décrit/analyse comment les dirigeants font en sorte que le personnel agisse avec intégrité et adopte les standards les plus stricts en termes de comportement éthique. Règlements intérieurs, chartes déontologiques, explicitation des valeurs et autres documents fixent les orientations ; comités de discipline, revues légales, réglementaires et éthiques et autres instances permettent de faire le point sur le sujet et d'améliorer les approches et leur déploiement.

Enfin, dans ce sous-critère, on décrit/analyse comment les dirigeants développent une culture de leadership partagée par l'organisation, évaluent et améliorent l'efficacité des comportements de leadership individuel. On trouve ici, chez les meilleurs, l'évaluation systématique à 360 degrés pour les dirigeants et tout l'encadrement, l'évaluation *circumplex* « coopération-soumission-opposition » de *Human Synegetics* des styles de leadership, l'évaluation Belbin et autres, ainsi que les questions sur le leadership dans les enquêtes de satisfaction du personnel. On y constate aussi les améliorations qui sont mises en œuvre subséquemment, montrant ainsi que l'encadrement s'applique à lui-même l'amélioration continue.

Le modèle 2013 met l'accent sur le souci de développer et renforcer la réputation de l'entreprise/organisation.

1a	Exemples de points forts	Exemples de domaines d'amélioration
Approches	La vision à trois ans a été définie avec le comité de direction au complet. Des groupes de travail entre l'encadrement et les personnels ont contribué à la définition des valeurs.	L'encadrement et le personnel n'ont pas été associés à la définition de la mission et des valeurs. L'encadrement ne peut pas citer de cas de rappel et d'explication des valeurs à ses équipes.
Déploiement	Mission et vision sont partagées par l'ensemble de l'encadrement et des personnels. 100% des personnels peuvent expliquer la signification des valeurs pour eux.	Seulement un tiers des cadres a pu faire le lien entre son périmètre et la mission et la vision. A peine 10% des employés ont une idée de la vision à moyen terme.
Evaluation et amélioration	Il y a eu deux actions de benchmarking sur la définition et la communication de la vision, de la mission et des valeurs. Mission, vision et valeurs sont revues annuellement et mises à jour voire améliorées.	Il n'y a pas de preuves que l'appropriation insuffisante des valeurs par le personnel n'ait connu des améliorations depuis des années. Il n'y a pas de preuve de la revue et de la mise à jour de la vision.

Comprendre les fondamentaux

Sous-critère 1b. Les dirigeants définissent, contrôlent, évaluent et conduisent l'amélioration du système de management et de la performance de leur organisation.

Dans ce sous-critère, on décrit/analyse comment les dirigeants utilisent un ensemble équilibré de résultats pour examiner leur progression en fournissant un panorama des priorités à long et court termes pour les porteurs d'enjeux clés, en établissant clairement les relations de cause à effet. Il s'agit ici de la déclinaison de la vision et de la mission préalablement définies (décrites en 1a) dans le système de management. En cela, ce sous-critère va impulser les sous-critères du critère 2.

Dans ce sous-critère, on décrit/analyse ensuite comment les dirigeants développent et améliorent le système de management de leur organisation, y compris l'évaluation de l'ensemble des résultats afin d'améliorer les performances futures et de fournir des bénéfices durables aux parties prenantes. On décrit ici le pilotage des revues des attentes des porteurs d'enjeux, revues contextuelles, revues de direction au sens QSE..., revues de stratégie et revues de performance, etc. qui vont insuffler les autres sous-critères de facteurs.

Puis, dans ce sous-critère, on décrit/analyse comment les dirigeants basent les décisions sur des informations fiables et factuelles et utilisent toutes les connaissances disponibles pour interpréter les performances actuelles et futures des processus concernés. Ce point, qui aborde plus particulièrement l'instruction et la prise de décision, est en relation directe avec le sous-critère 4e. Les meilleurs montrent comment ils « font » collectivement des décisions *(collective decision making)* sur la base d'apports multiples (faits et données, projections et simulations, analyses et points de vue...).

De plus, dans ce sous-critère, on décrit/analyse comment les dirigeants sont transparents et rendent compte de leurs performances à leurs porteurs d'enjeux et à la collectivité en général et soutiennent activement la volonté d'aller au-delà du simple respect des réglementations. On énumère toutes les restitutions de résultats effectuées par le management aux porteurs d'enjeux : résultats des enquêtes de satisfaction, rapports financiers, rapport de développement durable (GRI).

Par ailleurs, dans ce sous-critère, on décrit/analyse comment les dirigeants parviennent à obtenir des niveaux de confiance élevés de la part des porteurs d'enjeux en s'assurant que les risques sont identifiés et gérés de manière appropriée par le biais de leurs processus. On aborde ici l'implication de la ligne de commandement dans l'identification et l'évaluation des risques ainsi que dans le contrôle interne (au sens du COSO).

Enfin, dans ce sous-critère, on décrit/analyse comment les dirigeants comprennent et développent les capacités sous-jacentes de leur organisation. On trouve ici les preuves de la compréhension par l'encadrement de ce qu'est le capital immatériel de leur organisation et de leur implication à le développer pour créer les conditions des succès futurs.

Le modèle 2013 met l'accent sur le management des risques stratégiques, opérationnels et financiers.

1b	Exemples de points forts	Exemples de domaines d'amélioration
Approches	Il y a des preuves solides qu'un système de management intégré est en place, fonctionne bien et est revu à l'occasion des changements de stratégie.	Il existe des incohérences entre stratégie (qui a évolué) et politiques (qui n'ont pas suivi). Il n'y pas de système de management des risques capable de donner confiance aux parties prenantes.
Déploiement	Tous les membres du comité de direction sont impliqués dans la fixation des objectifs et dans le reporting aux principaux porteurs d'enjeux.	Moins du quart des cadres a une connaissance de ce qu'est le capital immatériel de l'organisation et de leur rôle dans son renforcement nécessaire pour les challenges futurs.
Evaluation et amélioration	Il y a des preuves solides que le pilotage des différentes revues du système de management est réparti sur les membres du comité de direction.	Il n'y pas de priorisation des actions d'amélioration du système de management intégré. Aucune amélioration sur le système de management intégré n'a été menée derrière le benchmarking effectué sur le sujet.

Comprendre les fondamentaux

Sous-critère 1c. Les dirigeants s'engagent auprès des porteurs d'enjeux externes à leur organisation.

Dans ce sous-critère, on décrit/analyse comment les dirigeants identifient les différents groupes de porteurs d'enjeux externes et développent des approches pour comprendre, anticiper leurs différents besoins, exigences et attentes afin d'y répondre au mieux. Ici est décrite l'implication du management à identifier et segmenter ses parties prenantes autres que le personnel et les souverains (propriétaires, actionnaires, régaliens), à diversifier les canaux de collecte de leurs attentes et de leur niveau de satisfaction, à effectuer des revues régulières de ces points et à les améliorer. Un tableau avec ces preuves réparties par cadre et indiquant la fréquence donne une idée de la pertinence des approches et de la systématicité du déploiement.

Dans ce sous-critère, on décrit/analyse aussi comment les dirigeants établissent des approches pour engager les partenaires, les clients et la collectivité à générer des idées et des innovations. Les meilleurs ont mis en place une diversité d'approches structurées et systématiques de collecte des idées d'amélioration et d'innovation auprès de toutes leurs parties prenantes dont le pilotage est distribué entre les différents niveaux d'encadrement : systèmes de suggestions sous Internet, concours d'idées innovantes, participation à des réseaux professionnels et le récent *crowd-sourcing*...

Puis dans ce sous-critère, on décrit/analyse comment les dirigeants utilisent l'innovation pour améliorer la réputation et l'image de leur organisation, pour attirer de nouveaux clients, de nouveaux partenaires et de nouveaux talents. Il s'agit ici de mettre en avant la communication sur l'innovation. Celle envers les clients va s'articuler avec le sous-critère 5c et celle envers les candidats potentiels avec le sous-critère 3a.

Ensuite, dans ce sous-critère pointant sur le 4a, on décrit/ analyse comment les dirigeants identifient les partenariats stratégiques et opérationnels sur la base des besoins organisationnels et stratégiques et de la complémentarité des forces et des capacités respectives. On y trouve l'implication du management à assurer une veille constante, à définir sa politique partenariale à partir de sa veille métier, à effectuer du benchmarking et de la revue de complémentarité des capacités respectives, revue de cohérence des stratégies et revue de compatibilité culturelle, ainsi que revue des risques associés à tous ces points pour se donner plus de chances de succès et s'assurer de la durabilité des partenariats et collaborations.

Enfin, dans ce sous-critère, on décrit/analyse comment les dirigeants assurent la transparence du reporting correspondant aux attentes de porteurs d'enjeux clés, y compris à celles des instances de gouvernance appropriées. On trouve ici tous les dispositifs d'audit et de contrôle, internes et externes, mis en place et pilotés et/ou facilités par l'encadrement à tous les niveaux. Pour renforcer la crédibilité de leur reporting envers leurs parties prenantes certains commencent à le recourir à la certification au standard AA1000 *(accountability assurance)*.

Le modèle 2013 met l'accent sur l'assurance que les personnels agissent de manière éthique, responsable et intègre.

1c	Exemples de points forts	Exemples de domaines d'amélioration
Approches	Il existe une segmentation détaillée des groupes de porteurs d'enjeux et une politique claire de maîtrise des relations avec eux en fonction de leur poids dans l'organisation.	Il n'y a pas de preuve d'approche structurée et consistante pour s'assurer que les porteurs d'enjeux majeurs bénéficient de relations régulières avec l'organisation.
Déploiement	Les relations avec les principaux porteurs d'enjeux sont bien réparties entre tous les membres du comité de direction.	Un tiers des membres du comité de direction n'ont pas de relation proactive avec les porteurs d'enjeux.
Evaluation et amélioration	Un benchmarking sur l'identification des porteurs d'enjeux externes et de leurs attentes a été mené et fait l'objet d'actions d'amélioration en matière de maîtrise des contacts avec eux.	Il y a eu des problèmes avec certains porteurs d'enjeux faute de relations suffisamment soutenues, mais il n'y a que quelques preuves d'améliorations décidées et conduites à la suite de cela.

Comprendre les fondamentaux

Sous-critère 1d. Les dirigeants renforcent la culture de l'excellence chez le personnel de leur organisation.

Dans ce sous-critère, on décrit/analyse comment les dirigeants sont source d'inspiration pour le personnel et créent une culture d'implication, d'appropriation, d'empouvoirement, d'autonomie, d'intrapreneuriat, d'amélioration et de responsabilisation à tous les niveaux. On trouve ici :
- tous les actes de communication de l'ensemble de l'encadrement pour diffuser l'information nécessaire à l'ensemble du personnel ;
- tous les actes de contrôle/vérification et feedback subséquent de la part du management envers le personnel ;
- tous les actes pour montrer comment faire et aider les individus à mettre le pied à l'étrier.

Un tableau avec ces preuves réparties par dirigeant et cadre et indiquant la fréquence permet de se faire une idée de la pertinence des approches et de la systématicité du déploiement. Ce point insuffle les sous-critères 3b et 3c.

Dans ce sous-critère, on décrit/analyse aussi comment les dirigeants favorisent une culture qui soutient la génération et le développement de nouvelles idées et de nouvelles manières de penser pour encourager l'innovation et le développement de leur organisation. L'encadrement accorde le droit à l'erreur, favorise le test et les essais de nouvelles idées. Des ressources sont allouées aux activités de créativité et d'innovation et des espaces-temps dédiés à la créativité et à l'innovation sont mis à la disposition du personnel.

Ensuite, dans ce sous-critère, on décrit/analyse comment les dirigeants font en sorte que le personnel puisse contribuer à la fois à son propre succès et au succès continu de l'organisation, en exploitant son plein potentiel dans un esprit de véritable partenariat. Ce point débouche sur les sous-critères 3b et 3d. On aborde ici les mécanismes déployés par l'encadrement pour la détection-évaluation des potentiels des individus, le recueil de leurs ambitions et souhaits, la création des opportunités pour faire s'exprimer ces potentiels.

Puis dans ce sous-critère, on décrit/analyse comment les dirigeants soutiennent le personnel dans toute leur organisation pour qu'il réalise ses plans et qu'il atteigne ses objectifs et ses cibles, en reconnaissant les efforts et contributions en temps voulu et de manière appropriée. Les meilleurs associent leur personnel à la définition et à la déclinaison de la stratégie et des plans ainsi qu'à la mesure des résultats. Ce point débouche sur les sous-critères 2c et 2d.

Enfin, dans ce sous-critère, on décrit/analyse comment les dirigeants favorisent et encouragent l'égalité de tous face aux opportunités et la diversité. Ici on trouve comment l'organisation mesure et améliore son niveau de diversité. En France, par exemple, nous avons le label Égalité qui adresse ce point « impactant » directement le sous-critère 3e.

Le modèle 2013 met l'accent sur la faculté d'apprendre et de réagir rapidement.

1d	Exemples de points forts	Exemples de domaines d'amélioration
Approches	Les preuves de l'existence d'une approche structurée pour soutenir les équipes et les individus dans l'atteinte de leurs objectifs sont solides.	Il n'y a pas de preuve d'approche structurée pour que l'encadrement encourage les personnels à émettre de nouvelles idées.
Déploiement	100% des pilotes de processus ont pu montrer leurs comptes rendus de réunions d'explication de la vision, de la mission et des objectifs stratégiques.	Au dire des personnels rencontrés, seulement un tiers des pilotes de processus aident leurs équipes à atteindre les objectifs et à réaliser leurs plans.
Evaluation et amélioration	Il y a des preuves solides que l'encadrement s'implique dans l'amélioration des méthodes de résolution de problèmes sur la base de l'apprentissage interne et de benchmarks.	Aucune action d'amélioration n'est entreprise derrière la détection des potentiels inutilisés des individus par leurs managers.

Comprendre les fondamentaux

Sous-critère 1e. Les dirigeants s'assurent que leur organisation est flexible et qu'elle gère le changement avec efficacité.

Dans ce sous-critère, on décrit/analyse comment les dirigeants identifient les déterminants internes et externes des changements de leur organisation. Ce point qui adresse directement les sous-critères 2a et 2b aborde les méthodes des dirigeants et cadres pour améliorer leur acuité stratégique grâce à leur implication dans la veille stratégie et anticipatrice au sens de Humbert Lesca et notamment à leur habileté à créer collectivement du sens.

Dans ce sous-critère, on décrit/analyse ensuite comment les dirigeants démontrent leurs capacités à prendre, en temps voulu, des décisions pertinentes, sur la base des informations disponibles, de l'expérience antérieure et de la prise en considération de l'impact de leurs décisions. De nombreuses méthodes d'instruction des décisions peuvent être utilisées par les dirigeants et cadres : techniques de scénarios, techniques de résolution de problèmes, techniques d'analyse des risques (exemple : AMDEC)... Cet item pointe sur le sous-critère 2c.

Après, dans ce sous-critère, on décrit/analyse comment les dirigeants sont flexibles : c'est-à-dire comment ils passent en revue, adaptent et réalignent la direction suivie par leur organisation lorsque cela est nécessaire, en inspirant confiance à tout moment. Ici on a le pilotage des revues de stratégie, de politique et de tactique et des mécanismes de réalignement.

De plus, dans ce sous-critère, on décrit/analyse comment les dirigeants impliquent tous les porteurs d'enjeux concernés et recherchent leur engagement pour contribuer au succès durable de leur organisation et à tous les changements nécessaires pour assurer ce succès. On recherche ici des preuves d'une maîtrise de la conduite du changement, non seulement du point de vue du personnel comme c'est souvent le cas, mais en intégrant toutes les parties concernées. Cela nécessite que les dirigeants aient auparavant défini une argumentation claire de la nécessité de ce changement et non seulement dégagé les avantages pour chaque partie concernée, mais encore identifié les inconvénients et efforts à fournir.

Par ailleurs, dans ce sous-critère, on décrit/analyse comment les dirigeants démontrent leurs capacités à maintenir un avantage durable par leur aptitude à apprendre et à répondre rapidement par de nouvelles façons de travailler. Ici on décrit la participation des dirigeants et cadres aux multiples revues, aux retours d'expérience, aux autoévaluations, aux projets de benchmarking, leur utilisation des conclusions d'audits, des évaluations et contrôles externes, des résultats de la veille...

Enfin dans ce sous-critère, on décrit/analyse comment les dirigeants allouent des ressources pour faire face aux besoins à long terme plutôt que d'obtenir simplement un gain à court terme et, le cas échéant, pour devenir et rester compétitifs. Ces ressources peuvent être affectées à la planification des successions, à de la recherche-développement...

Le modèle 2013 met l'accent sur l'équilibrage décisionnel sur la base des 3P, la maîtrise du mode projet et de l'amélioration continue, la capacité à générer et tester les idées créatives.

1e	Exemples de points forts	Exemples de domaines d'amélioration
Approches	L'organisation a défini des approches consistantes pour identifier et maîtriser les changements et il y a des preuves solides de leur utilisation.	Il n'y a pas de preuves que les approches de conduite du changement aillent plus loin que des informations occasionnelles de la direction générale vers les équipes.
Déploiement	L'ensemble des membres du comité de direction sont crédités par les personnels de la capacité à se remettre en cause et à prendre des décisions à bon escient.	Plusieurs problèmes évoqués par les équipes montrent que l'allocation des ressources pour les changements prévus n'est pas maîtrisée.
Evaluation et amélioration	Suite à un benchmarking, il y a eu une amélioration consistante d'implication des porteurs d'enjeux dans la définition des changements nécessaires.	Il n'y que quelques preuves d'amélioration de la capacité de maîtriser les risques en matière de conduite du changement, malgré des retours d'expérience douloureux en la matière.

Comprendre les fondamentaux

La stratégie

« Les organisations excellentes mettent en œuvre leurs missions et leurs visions en développant une stratégie centrée sur les parties prenantes. Les politiques, les plans, les objectifs et les processus sont développés et déployés pour contribuer à la stratégie. » EFQM 2013.

Le critère « Stratégie » qui articule les deux alignements (stratégique et de maturité) permet, d'une part, de définir/comprendre le choix des indicateurs de performance et de perception des parties prenantes ainsi que leur pertinence et, d'autre part, d'apprécier le bien-fondé des approches choisies et déployées dans les autres critères de facteurs. Il aborde :
- l'ouverture stratégique obtenue par le processus de business intelligence généralisée (2a) ;
- la capacité stratégique définie par l'autoévaluation de ses points forts et de ses domaines d'amélioration (2b) ;
- l'intention stratégique résultant de préférences stratégiques issues de la mise en relation de l'ouverture et de la capacité (2c) ;
- les risques stratégiques découlant de l'anticipation des conséquences des préférences stratégiques ;
- l'orientation stratégique résultant de la prise en compte de l'appétence du risque par rapport aux préférences stratégiques ;
- et la déclinaison de la stratégie et des politiques qui la soutiennent sur toute l'organisation pour être mises en œuvre (2d).

Sous-critère 2a. La stratégie est fondée sur la compréhension des besoins et des attentes des porteurs d'enjeux et du contexte externe.

Dans ce sous-critère, on décrit/analyse comment l'organisation recueille comme données d'entrée les besoins et les attentes des porteurs d'enjeux dans le développement, la révision et la mise à jour de sa stratégie et des politiques qui la soutiennent, en restant constamment à l'écoute de tout changement. Ici sont décrites les modalités de collecte et de prise en compte des souhaits, exigences, besoins et attentes actuels et futurs des parties prenantes pour définir sa stratégie.

Dans ce sous-critère, on décrit/analyse aussi comment l'organisation identifie, comprend et anticipe les changements de son contexte externe. On y trouve comment l'organisation se dote de capacité de perception de la complexité de son contexte, sa capacité à se créer collectivement une représentation plausible de ce contexte pour pouvoir agir intelligemment en son sein voire sur certaines de ces composantes. Les logiques, tendances, événements, irruptions à l'œuvre dans l'environnement de l'organisation sont si nombreuses et la détection des plus essentielles pour elle si difficile qu'elle doit soit se doter d'activités de veille de plus en plus sophistiquées, soit sous-traiter cette veille.

Dans ce sous-critère, on décrit/analyse ensuite comment l'organisation identifie, analyse et comprend les indicateurs externes, tels que les tendances économiques, les tendances du marché et les tendances sociétales qui peuvent avoir un impact sur elle, son activité et ses performances. Sous l'effet de l'accélération des changements extérieurs sociaux, techniques et technologiques, économiques, environnementaux, politiques, légaux et réglementaires et éthiques (STEEPLE), l'information contextuelle d'une organisation se renouvelle sans cesse et ses besoins d'information pour penser, anticiper, décider et agir croissent à une vitesse exponentielle.

De plus, dans ce sous-critère, on décrit/analyse comment l'organisation comprend et anticipe l'impact à court, moyen et long termes des changements des exigences pertinentes, tant politiques, légales, réglementaires que de conformité. On retrouve ici décrites les techniques de projection et d'anticipation des tendances contextuelles et les approches d'identification des impacts potentiels sur l'organisation.

Enfin, dans ce sous-critère, on décrit/analyse comment l'organisation identifie, comprend et anticipe les opportunités et les menaces sur la base du retour d'informations de la part des porteurs d'enjeux et d'autres informations et analyses externes. Opportunités et menaces qui

Comprendre les fondamentaux

constituent le second couple du SWOT *(strengths, weaknesses, opportunities, and threats)* sont identifiées non seulement par rapport aux besoins et attentes des parties prenantes, mais aussi de projets de benchmarking, d'études externes et autres informations pour comprendre leurs effets sur le *business model* et préparer, puis maîtriser les changements qui vont s'imposer.

Dans le modèle 2013 une entreprise/organisation excellente utilise des mécanismes pour identifier les changements de son environnement extérieur et les transformer en scénarios futurs probables.

2a	Exemples de points forts	Exemples de domaines d'amélioration
Approches	Un processus structuré de veille généralisée est en place et il y a des preuves qu'il se base sur une segmentation fine des porteurs d'enjeux et sur des pistes d'écoute contextuelle définies.	La veille contextuelle se fait de manière intuitive et il n'y a que quelques preuves qu'elle aille plus loin que la lecture de la presse professionnelle et la participation à quelques manifestations.
Déploiement	Tous les groupes de porteurs d'enjeux et tous les aspects contextuels STEEPLE sont mis sous veille continue. Tous les membres du comité de direction ont une responsabilité dans la veille.	La veille contextuelle et l'écoute des parties prenantes est incomplète et irrégulière (1/3). Il n'y a pas de preuve que l'organisation associe son personnel à la veille sur ses parties prenantes.
Evaluation et amélioration	Il y a des preuves solides que la revue annuelle sur la pertinence et l'efficacité des canaux de veille a permis d'apporter de nombreuses améliorations à ce processus sur les trois dernières années.	Il n'y a que quelques preuves que les canaux de veille débouchent sur la création collective de sens. Il n'y a aucune preuve de benchmarking effectué sur la veille métier ni d'amélioration suite à apprentissage interne.

Sous-critère 2b. La stratégie est basée sur la compréhension de la performance et des capacités internes.

Dans ce sous-critère, on décrit/analyse comment l'organisation analyse les tendances des performances opérationnelles, les compétences « cœur de métier » et les résultats pour comprendre ses capacités actuelles et potentielles. Autoévaluations, revues de processus, de projets, de performances permettent de dégager les tendances des performances opérationnelles et de mieux connaître ses capacités (forces, faiblesses (premier couple du SWOT (strengths, weaknesses)) et de garder le réalisme dans la définition et l'adaptation des ambitions stratégiques.

Dans ce sous-critère, on décrit/analyse aussi comment l'organisation analyse les données et les informations relatives aux compétences et capacités « cœur de métier » des partenaires existants et potentiels, pour comprendre comment elle complète ses compétences. Pour analyser ces données, il faut déjà les recueillir. Plusieurs possibilités existent pour ce faire : effectuer une évaluation des partenaires et/ou obtenir d'eux leur autoévaluation ; effectuer une revue des partenariats et/ou obtenir d'eux leur compte rendu des revues ; participer avec eux à des études comparatives.

Dans ce sous-critère, on décrit/analyse ensuite comment l'organisation analyse les données et les informations pour déterminer l'impact des nouvelles technologies (pas seulement les NTIC) et des nouveaux modèles économiques sur sa performance. On retrouve ici la création collective de sens interne à partir des fruits de la veille concurrentielle qui est un des volets de la veille stratégique, axé sur la connaissance des marchés et des acteurs, mais aussi des voies d'accès à ces marchés et des procédés et technologies qui y ont cours ou qui s'annoncent comme des solutions d'évolution ou de substitution. Elle consiste à analyser collectivement et en permanence l'information pertinente pour un secteur donné. Il y a plusieurs éléments à surveiller dont les concurrents, les technologies, les fournisseurs, les matériaux, les tendances de l'industrie et des marchés, les distributeurs... Elle s'attache aussi à interpréter les stratégies, projets et actions des concurrents directs ou indirects ou d'acteurs souhaitant entrer sur le marché. Enfin, elle évalue les risques et opportunités liés à l'adoption des nouvelles technologies et des nouveaux modèles économiques.

Comprendre les fondamentaux

Enfin, dans ce sous-critère, on décrit/analyse comment l'organisation compare sa performance avec des références pertinentes *(benchmarks)* pour comprendre leurs forces relatives et les opportunités d'amélioration. Si au départ d'un cheminement EFQM d'une organisation, on trouve ici des références à des mesures comparatives de moyennes sectorielles, plus celle-ci va avancer dans son parcours, plus elle va rechercher les benchmarks des meilleurs nationaux, puis continentaux et enfin mondiaux. Ces points de repère vont lui permettre de trouver de nouvelles rationalités pour fixer des objectifs.

Dans le modèle 2013 une entreprise/organisation comprend ses capabilités actuelles et potentielles et ses capacités et identifie où un développement est requis pour accomplir les objectifs stratégiques.

2b	Exemples de points forts	Exemples de domaines d'amélioration
Approches	Il y a des preuves solides que l'organisation a mis en place un processus structuré de synthèse des performances de ses partenaires pour alimenter sa revue annuelle de stratégie.	Il n'y a pas de preuve de l'existence d'un processus structuré de conduite du benchmarking permettant de s'assurer de la maîtrise des projets menés, ni de la qualité de leurs livrables.
Déploiement	Les résultats des autoévaluations menées selon le modèle EFQM alimentent systématiquement la revue annuelle de stratégie.	La moitié des outils de mesure ne rebouclent pas avec la revue annuelle de stratégie. Seulement un dixième des sous-critères ont fait l'objet de benchmarking.
Evaluation et amélioration	Il y a des preuves solides que les opérations de benchmarking sont bien ciblées par rapport aux enjeux auxquels l'organisation fait face et sont généralement suivies d'actions d'amélioration.	Seuls les indicateurs financiers sont jugés représentatifs de la performance interne de l'organisation. Les analyses de risques ne sont pas prises en compte pour améliorer la revue annuelle de stratégie.

Sous-critère 2c. La stratégie et les politiques qui la soutiennent sont développées, revues et mises à jour.

Dans ce sous-critère, on décrit/analyse comment l'organisation définit et maintient une stratégie et des politiques claires pour réaliser sa mission et sa vision. On y trouve son univers stratégique à moyen terme (strategy map) souvent décrit avec la méthode du balanced scorecard ainsi que le processus de sa mise à jour, ses modalités de définition des dominantes stratégiques annuelles, ses fréquences et pratiques d'ajustement en cours d'année. Ce point débouche sur les politiques spécifiques évoquées dans les autres sous-critères de facteurs.

Dans ce sous-critère, on décrit/analyse aussi comment l'organisation identifie et comprend les résultats clés requis pour accomplir sa mission et évaluer la progression vers sa vision et ses objectifs stratégiques. De la carte stratégique découle le tableau de bord de l'organisation *(corporate scorecard)* comprenant les indicateurs et les métriques clefs qui ciblent l'essentiel du business model. Il définit les liens entre ces indicateurs : indicateurs d'efforts et d'investissement ➔ indicateurs d'amélioration des processus ➔ indicateurs de performance opérationnelle ➔ mesures de perception ➔ indicateurs de performance financière.

Ensuite, dans ce sous-critère, on décrit/analyse comment l'organisation utilise ses compétences « cœur de métier » pour générer un bénéfice pour tous ses porteurs d'enjeux, y compris la collectivité prise au sens large. Ce point décrit comment l'organisation fixe un équilibre stratégique dynamique de satisfaction des attentes de ses différents groupes de parties prenantes. Un tableau mettant en relation les attentes majeures (qualité souhaitée) avec les exigences critiques (qualité voulue) permet de montrer le résultat de cette recherche d'équilibrage.

Puis, dans ce sous-critère, on décrit/analyse comment l'organisation adopte et adapte des mécanismes efficaces pour comprendre les futurs scénarios possibles et maîtriser ses risques stratégiques. En intégrant l'analyse des risques dans chaque scénario défini et en les comparant aux gains espérés, l'organisation peut définir son orientation stratégique en fonction de et en cohérence avec son appétence aux risques.

Comprendre les fondamentaux

Après, dans ce sous-critère, on décrit/analyse comment l'organisation comprend les déterminants clés de son activité : comment elle équilibre ses besoins et ceux de ses porteurs d'enjeux en planifiant la réalisation de ses objectifs actuels et futurs. C'est ici que l'articulation entre alignement de maturité et alignement stratégique se fait par la définition des leviers (facteurs) majeurs qui vont « impacter » les performances. Enfin, dans ce sous-critère, on décrit/analyse comment l'organisation assure sa triple durabilité : économique, sociétale et écologique en explicitant sa stratégie de responsabilité sociétale *(corporate social responsibility)*.

Dans le modèle 2013 une entreprise/organisation intègre la durabilité et le management des risques stratégiques dans sa stratégie

2c	Exemples de points forts	Exemples de domaines d'amélioration
Approches	Il y a des preuves solides d'un processus clair pour développer, revoir, décliner, déployer et communiquer la stratégie à toute l'organisation et pour l'ajuster en cours d'exercice.	La définition de la stratégie est peu compréhensible et se limite aux dominantes annuelles parce qu'elle n'utilise pas le niveau de l'état de l'art en ce domaine.
Déploiement	L'étude des risques sur les scénarios stratégiques potentiels est systématique et associe 100% des membres du comité de direction et de l'encadrement du niveau N-1.	Le comité de direction est le seul acteur dans la définition et la communication de la stratégie.
Evaluation et amélioration	Il y a des preuves d'actions de benchmarking relatives aux stratégies des principaux concurrents ; elles ont permis d'affiner la stratégie de différenciation de l'organisation.	Il n'y au aucune preuve d'amélioration apportée dans l'identification des résultats clés requis pour accomplir sa mission et évaluer sa progression vers sa vision et ses objectifs stratégiques.

Sous-critère 2d. La stratégie et les politiques qui la soutiennent sont communiquées, mises en œuvre et contrôlées.

Dans ce sous-critère, on décrit/analyse comment l'organisation définit les résultats requis et les indicateurs de performance qui s'y rapportent, établit des cibles à partir de la comparaison de sa performance avec d'autres organisations en intégrant sa mission et sa vision. On trouve ici les mécanismes de définition des indicateurs de performance et de perception pertinents pour l'organisation, ses modalités d'utilisation des benchmarks appropriés en cohérence avec sa mission et vision.

Dans ce sous-critère, on décrit/analyse aussi comment l'organisation déploie la stratégie et les politiques qui la soutiennent d'une manière systématique pour atteindre l'ensemble des résultats souhaités, en équilibrant les objectifs à court et long termes. On trouve ici les mécanismes de déclinaison *(cascading)* stratégique déployés par l'organisation. Les meilleurs ont abandonné le simple « management par objectifs » pour passer au Hoshin planning qui s'attache autant aux objectifs qu'aux chemins et ressources pour y parvenir et implique toute l'organisation.

Dans ce sous-critère, on décrit/analyse également comment l'organisation maintient et adapte une structure organisationnelle et des processus clés contribuant à sa stratégie de manière à créer une réelle valeur ajoutée pour ses porteurs d'enjeux, en atteignant l'équilibre optimal d'efficacité et d'efficience. Ce point débouche sur le sous-critère 5a.

Ensuite, dans ce sous-critère, on décrit/analyse comment l'organisation ajuste les objectifs individuels et ceux des équipes sur ses objectifs stratégiques et fait en sorte que tout le personnel soit responsabilisé et « empouvoiré » à bon escient pour optimiser sa contribution. La déclinaison des objectifs, cibles et initiatives se fait tout au long de la structure de pilotage jusqu'aux individus qui bénéficient au minimum d'un entretien annuel d'évaluation/réorientation.

Puis, dans ce sous-critère, on décrit/analyse comment l'organisation communique sa stratégie et les politiques qui la soutiennent aux porteurs d'enjeux, d'une manière appropriée. Si vous avez déployé Hoshin, vous verrez qu'il n'y a besoin *a posteriori* que de rappels aux équipes en interne, plus que des explications pour convaincre du bien-fondé de

Comprendre les fondamentaux

la stratégie, puisque toutes ont été coproductrices de la stratégie et des objectifs. La communication a fonctionné dans tous les sens *a priori*. En revanche, l'organisation déploie des modalités différenciées de communication sur sa stratégie aux autres parties prenantes en fonction de leur niveau d'implication.

Enfin, dans ce sous-critère, on décrit/analyse comment l'organisation fixe des buts et des objectifs clairs en ce qui concerne l'innovation et affine sa stratégie conformément aux innovations réalisées et à leurs promesses pour le succès futur.

Dans le modèle 2013 la déclinaison stratégique se fait à la fois par les processus, les projets, les structures, les ressources, les chemins de « causes à effets ».

2d	Exemples de points forts	Exemples de domaines d'amélioration
Approches	Il y a des preuves solides que la déclinaison de la stratégie en objectifs et cibles utilise l'approche participative du 'catchball' préconisée par la méthode Hoshin.	Il y a peu de preuves que la direction fasse plus que de communiquer sur les dominantes stratégiques annuelles et les quelques objectifs des processus qui en découlent.
Déploiement	Sur les trois dernières années, 100% des équipes ont eu leurs objectifs au 15 février. Tous les personnels interrogés savent retrouver les politiques sous intranet et les commenter.	La déclinaison des objectifs sur les processus puis sur les équipes est très disparate et liée au bon vouloir et à la compétence de chaque cadre. La moitié des documents sont remplis complètement.
Evaluation et amélioration	Il y a des preuves que les actions de benchmarking menées sur l'alignement stratégique ont permis de migrer du Management par Objectifs au Hoshin Planning bien plus participatif.	Il n'y a pas de preuve que l'organisation affine et améliore sa stratégie conformément aux innovations réalisées et à leur promesses pour le succès futur.

Le personnel

« Les organisations excellentes valorisent leur personnel et créent une culture qui lui permet d'atteindre les objectifs des individus et ceux de l'organisation dans leur intérêt mutuellement partagé.
Elles développent les compétences de leur personnel et favorisent l'équité et l'égalité. Elles prêtent attention au personnel, communiquent avec lui, le valorisent et le reconnaissent. Elles fixent les modalités de façon à le motiver, à l'impliquer et à lui permettre de mettre son savoir et son savoir-faire au service de l'organisation. » EFQM 2013.

Le critère « Personnel » part du principe que le personnel ne représente pas seulement une ressource, même la plus importante, mais qu'il est aussi un groupe de porteurs d'enjeux ayant des attentes et des exigences vis-à-vis de l'organisation qui l'emploie et qu'il doit être traité en tant que tel si l'organisation veut continuer à attirer et conserver les talents.

Il montre trois principaux aspects de l'excellence durable :
- comment la politique et les pratiques de gestion du personnel contribuent à la réalisation de la stratégie de l'organisation ;
- si les attentes et les besoins des différentes catégories de personnel sont bien pris en compte pour les fidéliser ;
- quelles mesures ont été mises en place pour vérifier, d'une part, que ces besoins et attentes sont globalement satisfaits et, d'autre part, que des progrès ont été accomplis au niveau de la gestion du personnel.

Sous-critère 3a. La politique concernant le personnel concourt à la stratégie de l'organisation.

Dans ce sous-critère, on décrit/analyse comment l'organisation a clairement défini les niveaux de performance du personnel requis pour atteindre les objectifs stratégiques fixés. Ce niveau de performance requis du personnel est pris en charge par un processus structuré de gestion des ressources humaines, processus qui doit permettre de les atteindre et soutenu par des politiques de gestion des ressources humaines abordant les différentes activités : recrutement, insertion,

Comprendre les fondamentaux

formation, promotion et mobilité, rémunération, égalité des chances, diversité, évaluation, santé et sécurité au travail...

Dans ce sous-critère, on décrit/analyse aussi comment l'organisation adapte ses plans de gestion du personnel à sa stratégie, à sa structure, aux nouvelles technologies et à ses processus clés. De nombreux aspects méritent d'être planifiés en matière de ressources humaines, pas seulement les recrutements et la formation ; par exemple, l'anticipation des remplacements de départ à la retraite, des absences et congés, des successions, de la progression vers une plus grande diversité, de reconversion en cas de changement de technologie, d'organisation ou de métier... On trouve ici chez les meilleurs le sommet de l'état de l'art en matière de GPEC (gestion prévisionnelle des emplois et des compétences).

Après, dans ce sous-critère, on décrit/analyse comment l'organisation implique son personnel et ses représentants dans l'élaboration et l'évaluation de sa stratégie, des politiques et des plans le concernant, en adoptant des approches créatives et innovantes quand c'est approprié. Un tableau de tous les moments de consultation et d'implication du personnel et/ou de ses représentants permet de donner une bonne vue d'ensemble de la réalité de cette implication.

Puis, dans ce sous-critère, on décrit/analyse comment l'organisation pilote le recrutement, le suivi, la gestion des carrières, la mobilité et la planification des remplacements lors des mouvements de postes selon des politiques appropriées en vue d'assurer l'équité et l'égalité des chances. On montre à quels endroits du processus de gestion des ressources humaines les soucis de l'équité et de l'égalité des chances sont pris en compte.
Enfin, dans ce sous-critère, on décrit/analyse comment l'organisation procède à des enquêtes auprès du personnel et recourt à tout autre moyen pour recueillir les réactions des employés afin d'améliorer ses stratégies, ses politiques et ses plans en matière de gestion du person-

nel. Les meilleurs associent les représentants du personnel à la définition des questions des enquêtes pour s'assurer que l'organisation cible bien les préoccupations de ses diverses catégories de personnel. Par ailleurs, ils ont mis en place des canaux diversifiés de recueil des attentes et de la satisfaction du personnel qui ne se limitent pas à des enquêtes annuelles et croisent les informations obtenues de ces différents canaux pour affiner leur capacité de création collective de sens.

Dans le modèle 2013 une entreprise/organisation excellente adapte rapidement sa structure organisationnelle pour soutenir l'atteinte de ses objectifs stratégiques.

3a	Exemples de points forts	Exemples de domaines d'amélioration
Approches	Le processus de gestion des ressources humaines est doté d'une politique, d'un comité de direction dédié et de démarches structurées de planification à court et moyen terme.	Il n'y a pas de preuve que le développement et la gestion des carrières aient fait l'objet d'une démarche structurée. Les quelques éléments présentés sont anecdotiques.
Déploiement	La planification en matière de ressources humaines couvre tous ses aspects : recrutement, formation, promotions, successions, réaffectations de postes…	La planification en matière de ressources humaines se limite à un nombre limite d'ETP (équivalent temps plein) annuel et un plan de formation (soit un quart du domaine à peu près).
Evaluation et amélioration	Il y a des preuve que le benchmarking sur la GPEC a permis d'améliorer la planification à moyen et long terme des besoins en compétences.	Il n'y a pas de preuves de mesures d'opinion des personnels sur la politique et les plans de gestion des ressources humaines. Il n'y a pas de preuve que les mauvais résultats en matière de turnover aient été analysés.

Sous-critère 3b. Les connaissances et les compétences du personnel sont développées.

Dans ce sous-critère, on décrit/analyse comment l'organisation définit les qualifications et les compétences requises pour réaliser sa mission, sa vision et atteindre ses buts stratégiques. Cette détermination des compétences nécessaires se base sur les besoins des différents proces-

Comprendre les fondamentaux

sus de l'organisation (articulation avec 5a). Cartographies et référentiels de compétences en découlent. Mais, il y a aussi nécessité de faire des prévisions à long terme en matière de besoins de compétences nouvelles et de fidélisation des compétences clés.

Dans ce sous-critère, on décrit/analyse aussi comment l'organisation s'assure que les plans de formation et de développement des compétences permettent au personnel de s'adapter aux nécessités présentes et futures. Outre l'élaboration même des plans de formation à partir de la collecte des besoins de formation exprimés par les individus, des nécessités de formation identifiées par l'encadrement à la suite des changements de processus, de technologies, de produits, etc., on trouve ici éventuellement l'existence d'une école ou université interne, de parcours de formation balisés, de validation des acquis de l'expérience, de coaching...

Ensuite, dans ce sous-critère, on décrit/analyse comment l'organisation ajuste les objectifs individuels et les objectifs des équipes par rapport à ses objectifs, comment elle les évalue régulièrement et comment elle les met à jour en temps opportun. Ce point procède du 2d qui débouche souvent sur l'entretien individuel annuel. On peut donc partir de ce point et montrer qu'il y a une suite. En effet, en cours d'année, il y a souvent besoin d'ajustements et de réalignements parce que des points de la stratégie ont été modifiés, parce qu'il y a eu changement de poste, spécialisation ou polyvalence, nouveaux projets... Les objectifs des équipes et des individus sont donc à réarticuler en permanence.

Après, dans ce sous-critère, on décrit/analyse comment l'organisation évalue son personnel et l'aide à améliorer ses performances afin d'accroître et d'entretenir sa mobilité et son employabilité. On trouve ici les critères et guides d'évaluation des compétences qui sont utilisés par l'organisation, les méthodes mises en place pour juger du niveau des compétences du personnel, ainsi que les différents outils mis à la disposition des individus pour s'évaluer eux-mêmes (évaluation des connaissances acquises en formation, tests en ligne sur Intranet, concours internes...).

Enfin, dans ce sous-critère, on décrit/analyse comment l'organisation fait en sorte que le personnel ait les outils, les moyens, les compétences, les savoir-faire, les informations et l'autonomie nécessaires pour optimiser sa contribution. Les meilleurs ont mis en place des profils types technologiques définissant de quels moyens informatiques, par exemple, a besoin un poste type, à quelles bases de connaissances il doit avoir accès (pointage vers 4e), etc.

Dans le modèle 2013 une entreprise/organisation excellente planifie comment elle attire, développe et retient ses talents. Elle assure aussi à ses personnels une capacité de mobilité et leur employabilité.

3b	Exemples de points forts	Exemples de domaines d'amélioration
Approches	Une cartographie des compétences requises est en place et il y a des preuves solides d'une démarche structurée pour s'assurer la disponibilité de ces compétences dans les processus respectifs.	L'organisation n'a aucune approche structurée pour se donner une vision des compétences nécessaires à moyen terme. Les preuves produites sont anecdotiques.
Déploiement	Les niveaux de compétences requis sont définis pour 100% des fonctions de l'organisation.	Seulement 40% des personnels bénéficient d'une évaluation annuelle de leurs compétences par rapport à celles requises par la fonction qu'ils occupent.
Evaluation et amélioration	Il y a des preuves que le recours à un consultant RH expert dans l'élaboration de cartographies des compétences a permis d'améliorer sensiblement la gestion des compétences à court, moyen et long termes.	Il n'y a pas de preuve de mesure consolidée de l'écart entre compétences requises et compétences disponibles. Il n'y a aucune preuve de benchmarking mené sur la gestion des compétences depuis trois ans.

Sous-critère 3c. Le personnel est dirigé, impliqué et responsabilisé.

Dans ce sous-critère, on décrit/analyse comment l'organisation s'assure que son personnel, tant au niveau individuel qu'au niveau des équipes,

Comprendre les fondamentaux

est informé de la mission de l'organisation, de sa vision et de ses buts stratégiques, et qu'il les a compris et pris en compte. Permettre à tout un chacun de participer activement à la définition de la stratégie, à l'amélioration permanente, à l'innovation, à l'évaluation des risques, à la revue des attentes des porteurs d'enjeux... c'est lui donner le pouvoir et les occasions d'avoir de l'influence sur l'avenir de son organisation et, par voie de conséquence, sur son propre avenir.

Dans ce sous-critère, on décrit/analyse aussi comment l'organisation crée une culture dans laquelle l'engagement, les compétences, les talents et la créativité du personnel sont développés et valorisés. L'empouvoirement *(empowerment)* est la délégation effective du pouvoir d'agir au personnel. C'est aussi donner le pouvoir organisationnel aux individus pour qu'ils aient la conviction que leur travail leur appartient et qu'ils peuvent le contrôler. C'est enfin investir les gens du pouvoir d'influer sur les choses afin qu'ils puissent s'épanouir et donner le meilleur d'eux-mêmes.

Puis, dans ce sous-critère, on décrit/analyse comment l'organisation encourage son personnel à être contributeur de son succès durable et à en assurer la promotion. Les meilleurs utilisent ici des référentiels spécifiques à la gestion des ressources humaines comme le standard anglais Investors in People (investisseurs en personnel) qui demande :
- de développer des stratégies de management du personnel pour améliorer la performance de l'organisation ;
- d'agir pour améliorer les performances de l'organisation ;
- d'évaluer l'impact de l'investissement dans le personnel sur la performance de l'organisation et l'amélioration de la gestion des compétences.

Ensuite, dans ce sous-critère, on décrit/analyse comment l'organisation s'assure que son personnel a un esprit ouvert et utilise la créativité et l'innovation pour répondre vite aux défis auxquels il est confronté. L'implication dans les groupes de résolution de problèmes et dans des projets d'innovation l'amenant à être créatif ou dans des démarches de benchmarking l'amenant à penser « hors de la boîte » (dans tous les sens du terme) répond à ce point.

Après, dans ce sous-critère, on décrit/analyse comment l'organisation crée une culture « d'intrapreneuriat » afin de faciliter l'innovation dans tous ses aspects et domaines. Un tableau ou schéma des niveaux de subsidiarité en matière de prise de décision et de niveau de prise de risques le montrera.

Enfin, dans ce sous-critère, on décrit/analyse comment l'organisation implique le personnel dans les relevés de ce qui ne va pas, dans la revue et dans l'amélioration et l'optimisation continues de l'efficacité et de l'efficience de ses processus.

Dans le modèle 2013 une entreprise/organisation excellente implique ses personnels dans l'innovation et dans la contribution à des actions sociétales.

3c	Exemples de points forts	Exemples de domaines d'amélioration
Approches	L'organisation a adopté le standard 'Investors in People' pour structurer ses démarches d'implication et de responsabilisation de ses personnels. Les preuves de sa pertinence sont visibles.	Il n'y a pas de preuve d'une démarche structurée pour utiliser la créativité des équipes à des fins d'innovation pour répondre rapidement aux nouveaux défis.
Déploiement	100% des dirigeants et managers pilotent des groupes d'amélioration. Tout l'encadrement a bénéficié récemment d'une formation sur le management participatif.	L'implication des équipes est très variable dans l'organisation d'un processus à un autre. Les groupes de résolution de problèmes ne fonctionnent bien que dans 50% des processus.
Evaluation et amélioration	Il y a des preuves solides de cas d'implication des personnels dans les projets de benchmarking qui ont facilité l'adoption des changements nécessaires.	Il n'y a pas de preuve que l'organisation ait tiré les leçons de ses constats de grande variation existant dans l'implication de ses personnels dans l'amélioration continue.

Comprendre les fondamentaux

Sous-critère 3d. Le personnel communique efficacement à tous les niveaux de l'organisation.

Dans ce sous-critère, on décrit/analyse comment l'organisation comprend les besoins et les attentes de son personnel en matière de communication. On trouve ici toutes les méthodes utilisées par l'organisation pour identifier et anticiper les besoins de communication ascendante, descendante et horizontale, tant au niveau du contenu que de la forme et des supports utilisés.

Dans ce sous-critère, on décrit/analyse aussi comment l'organisation développe une stratégie, des politiques, des plans et des canaux de communication basés sur les besoins et les attentes de son personnel en la matière. Mettre à la disposition de la bonne personne la bonne information au bon moment à la bonne place ne s'improvise pas. Il faut une approche structurée. De plus, les meilleurs ont mis en place des canaux de communication diversifiés qui se renforcent mutuellement (Intranet, bulletin ou journal interne, affichage, communications orales, correspondants « communication » par processus...).

Dans ce sous-critère, on décrit/analyse également comment l'organisation communique une direction et une orientation stratégique claires et s'assure que son personnel comprend sa mission, sa vision, ses valeurs et ses objectifs. Ce point qui procède directement du 2d s'attache à montrer, d'une part, comment l'encadrement, notamment de proximité, a pris au quotidien le relais pour s'assurer que ces orientations et principes irriguent tous les esprits de manière continue et, d'autre part, comment le processus de communication interne séquence des rappels *(reminder)* sur les sujets stratégiques, sur les réajustements et réalignements subséquents nécessaires. On trouve également ici le reporting qui est fait au personnel sur l'état d'avancement des projets, le niveau d'atteinte des objectifs, les chemins qui restent à parcourir, les efforts qui sont attendus, etc.

Après, dans ce sous-critère, on décrit/analyse comment l'organisation s'assure que son personnel comprend et peut identifier sa contribution au succès continu. Les meilleurs impliquent systématiquement leur personnel dans les retours d'expérience et les revues, voire dans les auto-évaluations, pour lui donner l'occasion de mieux comprendre les liens de causalité entre ses efforts et contributions et les résultats obtenus.
Enfin, dans ce sous-critère, on décrit/analyse comment l'organisation favorise et encourage le partage des informations, des connaissances et des meilleures pratiques, en facilitant le dialogue entre tous ses personnels. Les meilleurs mettent en place une diversité de moyens de partage comme :
- les exposés-débats sur les projets terminés et réussis *(story telling)* ;
- le parrainage, l'accompagnement par un expert *(coaching)* ;
- la proposition de fonctions de formateurs internes…

Dans le modèle 2013 une entreprise/organisation excellente développe une culture partenariale interne de collaboration et de travail en équipe.

3d	Exemples de points forts	Exemples de domaines d'amélioration
Approches	L'organisation dispose d'une politique de communication interne, d'un processus dédié structuré englobant les communications descendante, ascendante et horizontale.	Il n'y a pas de preuve que la communication transversale soit une composante des méthodes structurées de communication interne de l'organisation.
Déploiement	Les besoins en matière de communication sont systématiquement collectés auprès de tous les personnels. Le planning de publication de la revue interne est respecté à 100%.	La fonction de 'Correspondant Communication' n'est présente que dans un tiers des processus, faute de volontaires. Seuls 1/3 des cadres peuvent prouver qu'ils déclinent les messages de la direction.
Evaluation et amélioration	Il y a des preuves solides que suite à l'enquête de satisfaction des employés, le processus de communication interne fait l'objet d'améliorations régulières conséquentes.	Il n'y a pas de preuve que la satisfaction du personnel en matière de communication interne soit mesurée. Il n'y a pas de preuve qu'il y ait du benchmarking ni des benchmarks sur la communication interne.

Comprendre les fondamentaux

Sous-critère 3e. Le personnel est reconnu, récompensé. Il fait l'objet d'une véritable attention de la part de l'organisation.

Dans ce sous-critère, on décrit/analyse comment l'organisation aligne les rémunérations, les avantages, la gestion prévisionnelle des emplois et des compétences et tous les autres éléments en fonction de sa stratégie et de ses politiques afin de favoriser et de soutenir « l'empouvoirement » et l'implication et du personnel. L'existence d'un cadre de structuration des rémunérations et des récompenses symboliques cohérent avec la stratégie et les valeurs de l'organisation, soucieux d'équité, est un point essentiel pour sa cohésion sociale ; de même l'existence d'une politique de gestion des cas difficiles (licenciements, redéploiements, démissions, procédures disciplinaires) soucieuse d'humanité.

Dans ce sous-critère, on décrit/analyse également comment l'organisation adopte des approches qui assurent à son personnel un équilibre entre le travail et la vie personnelle. Horaires flexibles, possibilités de récupération des heures supplémentaires, journées de congé pour événements familiaux de toute nature, facilités au lieu de travail (crèches, divers types de services) : la créativité des meilleurs dans ce domaine est de plus en plus forte.

Puis, dans ce sous-critère, on décrit/analyse comment l'organisation assure et prend en compte la diversité de son personnel. L'organisation a-t-elle défini une politique de diversité qui prend en compte les minorités ethniques, religieuses, culturelles, sexuelles, handicapées, etc. ? Son personnel est-il représentatif des populations des milieux où elle opère ? Un standard comme la SA 8000 peut y contribuer.

Après, dans ce sous-critère, on décrit/analyse comment l'organisation garantit à son personnel un environnement de travail sûr et sain et comment elle prend soin de son personnel. Les meilleurs, qui ont mis en place une certification OHSAS 18001/ILO-OSH avec une politique de santé et sécurité au travail, impliquent le personnel dans l'identification et la maîtrise des risques, dans le choix de ses meubles et de la décoration de ses places de travail.

Ensuite, dans ce sous-critère on décrit/analyse comment l'organisation encourage ses personnels à participer à des activités qui apportent une contribution à la collectivité ou à la société civile. L'organisation encourage-t-elle ses personnels à s'investir dans les associations sportives, culturelles..., dans les causes humanitaires, la politique locale, l'enseignement ? Enfin, dans ce sous-critère, on décrit/analyse comment l'organisation favorise une culture d'attention mutuelle, de soutien et de reconnaissance entre les collaborateurs et entre les équipes. Bannissement du « diviser pour régner », forte entraide inter-équipes, espaces de détente collective, soutiens collectifs à des collaborateurs en situation de détresse... sont des preuves de cette culture.

Dans le modèle 2013 une entreprise/organisation excellente assure un équilibre « vie privée/vie au travail » dans un contexte de connectivité 24h/7j, de globalisation et de nouvelles modalités de travail.

3e	Exemples de points forts	Exemples de domaines d'amélioration
Approches	Il y a des preuves solides que les processus et pratiques de fixation et de révision des rémunérations sont harmonisés entre toutes les unités de l'organisation.	Il n'y a pas de preuves que les dispositifs d'accompagnement et de réinsertion des personnels réaffectés ou licenciés ne soient clairement formalisés ni communiqués.
Déploiement	L'ensemble du personnel connaît les modes de reconnaissance des individus et des équipes. L'application des règles de reconnaissance est systématiquement contrôlée par la direction.	De nombreuses activités ludiques et culturelles (1/3 du catalogue) ne sont pas accessibles aux personnels itinérants. Trois quarts des personnels interrogés ne connaissent pas les règles de reconnaissance.
Evaluation et amélioration	Il y a des preuves que le benchmarking a permis d'améliorer l'accueil des nouveaux collaborateurs en y rajoutant une sensibilisation aux règles de sécurité à respecter.	Il n'y a pas de preuve que la perception des personnels en matière d'avantages sociaux soit mesurée. Il n'y a pas trace d'une revue de conformité légale et réglementaire en matière de gestion des ressources humaines.

Comprendre les fondamentaux

Les partenariats et les ressources

« Les organisations excellentes planifient et gèrent des partenariats externes, des fournisseurs et des ressources internes pour soutenir leur stratégie et leurs politiques ainsi que la performance opérationnelle de leurs processus. Elles s'assurent qu'elles gèrent efficacement leur impact environnemental et sociétal. » EFQM 2013.

Ce critère « Partenariats et ressources » est le plus éclectique du modèle. Il aborde en effet des aspects aussi divers que :
- la sélection et la maîtrise des relations avec les partenaires et fournisseurs ;
- les approches d'optimisation et de maîtrise des aspects financiers ;
- la maîtrise des locaux, installations, équipements, matériels et ressources naturelles (matières premières et énergies) ;
- la gestion et le renouvellement des technologies ;
- la gestion de l'information et des connaissances pour une bonne prise de décision.

Si la performance de l'organisation vient surtout de l'articulation par le personnel (critère 3) de tous ces éléments au sein des processus (critère 5) dans le cadre d'une stratégie (critère 2), sous la direction d'un leadership (critère 1), elle vient aussi en partie de l'excellence des approches déployées pour leurs propres gestion et maîtrise. En effet, la plupart de ses ressources se déprécient dans le temps, d'autres créent des risques, d'autres encore peuvent être convoitées et volées...

Sous-critère 4a. Les partenaires et les fournisseurs sont gérés en vue d'échanges durablement profitables.

Dans ce sous-critère, on décrit/analyse comment l'organisation segmente et différencie les partenaires et les fournisseurs, conformément à sa stratégie et adopte les politiques et processus appropriés pour les gérer efficacement. Manager les relations avec les fournisseurs et partenaires avec le souci de la durabilité de la relation gagnant-gagnant suppose que l'on établisse une typologie de ces acteurs selon ses intentions.

Dans ce sous-critère, on décrit/analyse aussi comment l'organisation noue une relation durable avec ses partenaires et ses fournisseurs basée sur la confiance mutuelle, le respect et l'ouverture. Mises au point contractuelles, tableaux de bord partagés, relevés respectifs des réclamations, comités de pilotages, revues du partenariat en sont des manifestations.
Après, dans ce sous-critère, on décrit/analyse comment l'organisation établit des réseaux étendus lui permettant d'identifier les opportunités de partenariats potentiels. L'organisation peut avoir une politique de participation à des associations professionnelles, à des groupes de benchmarking permanent, d'adhésion à des fédérations et autres instances...
Puis, dans ce sous-critère, on décrit/analyse comment l'organisation comprend que les partenariats impliquent de travailler ensemble afin d'obtenir une croissance durable de la création de valeur ; elle connaît son but essentiel et recherche des partenaires pour accroître ses possibilités et sa capacité à créer de la valeur pour ses porteurs d'enjeux. Les éléments clés pour faire réussir les coopérations avec ses fournisseurs et partenaires sont l'échange des informations nécessaires pour optimiser leurs contributions, le soutien aux partenaires en leur fournissant les ressources nécessaires, le partage des profits et pertes avec eux et l'amélioration de leur propre performance.

Ensuite, dans ce sous-critère, on décrit/analyse comment l'organisation développe des partenariats qui permettent systématiquement de délivrer une valeur accrue à ses porteurs d'enjeux respectifs par des échanges de compétences, des synergies et des processus homogènes. Ne pas oublier ici la nécessité d'identifier, d'évaluer, de traiter et de maîtriser les risques liés aux partenariats, aux processus collaboratifs avec les fournisseurs et partenaires et aux conséquences engendrées par les partenariats.
Enfin, dans ce sous-critère, on décrit/analyse comment l'organisation

Comprendre les fondamentaux

travaille avec ses partenaires, au bénéfice mutuel de chaque partie, en partageant des expertises, des ressources et des connaissances dans le but d'atteindre les objectifs communs. L'impératif est de ne pas oublier que les objectifs et résultats de tout partenariat sont à mettre en cohérence et à aligner avec les objectifs d'amélioration de la satisfaction des clients et autres parties intéressées de l'organisation. Fournisseurs et partenaires sont des leviers pour mieux « performer » en matière de satisfaction des clients.

Dans le modèle 2013 une entreprise/organisation excellente s'assure que ses partenaires ont un fonctionnement en ligne avec ses stratégies et ses valeurs.

4a	Exemples de points forts	Exemples de domaines d'amélioration
Approches	Il y a des preuves solides d'une démarche structurée de maîtrise des partenariats prenant en compte les différents types de partenaires et fournisseurs, sur la base d'une typologie fine.	Il n'y a pas de preuve de segmentation claire des partenaires de l'organisation ni de démarche structurée de prise en compte de leurs attentes.
Déploiement	Tout partenariat fait systématiquement l'objet d'un plan qualité. 100% des fournisseurs sont évalués annuellement.	Seulement 20% des partenariats bénéficient d'une revue. Les critères de choix ne sont définis que pour une catégorie de partenaire sur les dix définies par l'organisation.
Evaluation et amélioration	Il y a des preuves solides que les revues de partenariats permettent tous les ans d'apporter les améliorations souhaitées de part et d'autre.	Les tableaux de bord des partenariats sont très inégalement tenus à jour. Il n'y a pas de preuve de suite donnée aux évaluations annuelles des fournisseurs (félicitations, rappels, améliorations…).

Sous-critère 4b. Les finances sont gérées pour sécuriser une prospérité durable.
Dans ce sous-critère, on décrit/analyse comment l'organisation développe et met en œuvre des stratégies financières, des politiques et des processus pour soutenir sa stratégie globale. La gestion durable des ressources financières intègre de nombreux domaines dont :

- le choix des canaux pour l'acquisition des ressources financières ;
- le financement des projets : calcul du retour sur investissement ;
- la gestion des placements en fonction de l'appétence aux risques ;
- le renouvellement des actifs (amortissement, location, crédit-bail...) ;
- les choix en matière de valorisation financière des actifs ;
- les choix de provisionnement des risques de toute nature ;
- les choix de rétribution du capital et de la main-d'œuvre ;
- les processus et règles de recouvrement des impayés ;
- les modalités en matière de paiement des fournisseurs et partenaires...

Dans ce sous-critère, on décrit/analyse également comment l'organisation conçoit la planification financière, le contrôle, le reporting et revoit régulièrement ses processus pour optimiser l'usage efficace et efficient des ressources. Les finances sont d'abord là pour soutenir une stratégie et des politiques. Elles sont une composante majeure de la capacité stratégique, que l'on soit dans une organisation capitalistique ou dans une organisation sans but lucratif. Les équilibres à trouver en matière financière s'arbitrent le plus souvent entre quatre pôles de préoccupations que sont le volume (chiffre d'affaires), le coût, la marge et le risque financier.

Puis, dans ce sous-critère, on décrit/analyse comment l'organisation établit et met en œuvre des processus de gouvernance financière, adaptés de façon appropriée à tous les niveaux : élaboration et suivi budgétaire, engagement des dépenses, experts comptables et commissaires aux comptes...

Après, dans ce sous-critère, on décrit/analyse comment l'organisation évalue, sélectionne et valide ses investissements comme ses désinvestissements, tant pour les actifs corporels qu'incorporels, en considérant leurs impacts économiques, sociétaux et écologiques à long terme. La valorisation financière des projets et actions d'amélioration en fait partie.

Ensuite, dans ce sous-critère, on décrit/analyse comment l'organisation obtient un niveau de confiance élevé de ses actionnaires en garantissant l'identification et la maîtrise de ses risques financiers : sur inves-

Comprendre les fondamentaux

tissements, placements, changes...
Enfin, dans ce sous-critère, on décrit/analyse comment l'organisation garantit la cohérence entre la réalisation des objectifs à long terme et les cycles de planification financière à court terme.

Dans le modèle 2013 une entreprise/organisation excellente alloue des ressources financières sur des besoins à moyen et long terme pour devenir ou rester compétitive.

4b	Exemples de points forts	Exemples de domaines d'amélioration
Approches	Il y a des preuves solides d'un processus clair de reporting, de contrôle et de communication en matière financière. Il y a des preuves solides que la planification financière articule les termes.	Il n'y a pas de preuve d'un réel plan de financement en place. Il n'y a pas de preuve que les approches de gestion financière et de reporting permettent d'assurer un pilotage efficace des projets.
Déploiement	Le processus de planification et de suivi budgétaire est déployé systématiquement à tous les niveaux de la structure. 75% des cadres intermédiaires enquêtés disent suivre leur budget.	Le contrôle de gestion est déployé de manière incomplète (50%).. Les techniques d'évaluation du retour sur investissement ne sont pas appliquées aux investissements intangibles.
Evaluation et amélioration	Il y a des preuves que la gestion de la trésorerie et des placements a été sensiblement améliorée suite à des actions de benchmarking menées sur le sujet.	Il n'y a pas de preuves de benchmarks sur les performances financières des placements. Il n'y a aucune preuve de revue du processus de gestion budgétaire.

Sous-critère 4c. Les constructions, les équipements, les matériels et les ressources naturelles sont gérés de façon durable.

Dans ce sous-critère, on décrit/analyse comment l'organisation développe et met en œuvre une stratégie et les politiques afférentes permettant une gestion des constructions, des installations, des équipements et des matériels en adéquation avec sa stratégie globale.

Dans ce sous-critère, on décrit/analyse aussi comment l'organisation optimise l'utilisation et gère avec efficacité le cycle de vie et la sécurité physique de ses actifs corporels tels que les constructions, les installations, les équipements et les matériels. Le management des infrastructures avec le souci de la durabilité comprend la fourniture des infrastructures avec leur qualification avant mise en service, la gestion des infrastructures par des processus supports efficaces selon des méthodes comme le 5 S, la TPM, le SMED..., l'évaluation périodique de la pertinence continue des infrastructures, l'identification et l'évaluation des risques liés aux infrastructures et l'établissement et le test de plans d'urgence appropriés.

Puis, dans ce sous-critère, on décrit/analyse comment l'organisation démontre qu'elle gère activement l'impact de ses activités sur la santé publique, la sécurité et l'environnement. Deux préoccupations majeures interviennent dans la gestion durable des infrastructures :
- la sûreté de fonctionnement qui regroupe les activités de maîtrise de la fiabilité (continuité du service), de la maintenabilité (maintenance et réparation), de la disponibilité (opérationnalité d'une infrastructure) et de la sécurité (prévention des incidents et accidents) des infrastructures.
- la maîtrise des impacts environnementaux qui se joue à deux endroits de l'organisation : à l'entrée, par la maîtrise des consommations d'énergies, d'eau et de matières premières puisées de l'environnement naturel et, à la sortie, par la maîtrise des rejets dans l'environnement naturel : déchets, pollution de l'eau, de l'air, des sols, du paysage... Les meilleurs ont mis en place un système de management certifié ISO14000/EMAS (Eco Management and Audit Scheme) pour y répondre.

Ensuite, dans ce sous-critère, on décrit/analyse comment l'organisation mesure et gère tout effet indésirable de ses activités sur la collectivité et sur son personnel. On retrouve ici les systèmes de management de la santé et sécurité au travail, évoqués en 3e, certifiés OHSAS 18001 ILO-OSH.

Enfin, dans ce sous-critère, on décrit/analyse comment l'organisation

Comprendre les fondamentaux

adopte et met en œuvre des politiques appropriées et des techniques tendant à réduire au minimum son impact local et global sur l'environnement, et en s'imposant des objectifs allant au-delà des normes et des exigences réglementaires.

Dans le modèle 2013 une entreprise/organisation excellente mesure et optimise l'impact de ses activités, du cycle de vie de ses produits et de ses services sur la santé publique, sur la sécurité et sur l'environnement.

4c	Exemples de points forts	Exemples de domaines d'amélioration
Approches	Il y a une politique environnementale ambitieuse et des preuves solides d'un système de management environnemental adéquat, pertinent et efficace en place.	Il n'y a pas de preuve que la politique de management des ressources matérielles intègre les aspects de sécurité et sûreté industrielle. La question est abordée de manière anecdotique.
Déploiement	Les techniques d'optimisation de l'utilisation des équipements couvrent 100% des installations. Toutes les usines sans exception respectent le plan de tri et de recyclage de leurs déchets.	Les plans de maintenance ne couvrent que la moitié des équipements. Seulement la moitié des personnels en charge des changements de série ont été formées aux techniques du SMED.
Evaluation et amélioration	Il y a des preuves que les indicateurs et les benchmarks en matière d'optimisation des installations et équipements sont utilisés pour l'apprentissage et l'amélioration des approches.	Il n'y a pas de preuve de mesure de satisfaction en matière environnementale. Il n'y a pas de preuves que les dispositions en matière environnementale aillent plus loin que les obligations légales et réglementaires sanctionnées.

Sous-critère 4d. La technologie est développée en soutien de la stratégie.
Dans ce sous-critère, on décrit/analyse comment l'organisation développe une stratégie et les politiques afférentes pour orienter les choix technologiques qui soutiendront sa stratégie globale. Ce point, qui procède du 2a, montre comment se fait la définition et mise à jour du portefeuille des technologies utiles.

Dans ce sous-critère, on décrit/analyse également comment l'organisation utilise la technologie, y compris les processus issus des systèmes d'information, pour soutenir et améliorer son efficacité opérationnelle. On trouve ici les modalités de tests et de qualification des nouvelles technologies qui sont censées améliorer les processus et les projets de BPR *(business process reengineering)*. Un tableau à trois colonnes (anciennes technologies, nouvelles technologies, impacts attendus et/ou constatés) permettra d'en avoir un bon aperçu. Ce point renvoie en 9b où l'on peut trouver des mesures comparatives entre anciennes et nouvelles performances opérationnelles.

Puis, dans ce sous-critère, on décrit/analyse comment l'organisation gère son portefeuille technologique, aussi bien par l'optimisation de l'utilisation des technologies existantes que par le remplacement des technologies obsolètes. On trouve ici les éléments pour comprendre jusqu'où les technologies existantes ont été déployées, si on en tire tout le potentiel et si leur gestion est améliorée.
Après, dans ce sous-critère, on décrit/analyse comment l'organisation implique son personnel et d'autres porteurs d'enjeux concernés dans le développement et le déploiement de nouvelles technologies afin d'en optimiser les avantages. Un tableau avec les modalités d'implication (formation, validation des solutions, information...) et les impacts des nouvelles technologies sur les différents groupes de porteurs d'enjeux permettra de répondre clairement à ce point.

Ensuite, dans ce sous-critère, on décrit/analyse comment l'organisation identifie et évalue les technologies nouvelles et les technologies alternatives en considérant leur impact sur la performance organisationnelle, les capacités de production et l'environnement : benchmarking, partenariats avec des instituts de recherche, tests internes ou chez des partenaires...
Enfin, dans ce sous-critère on décrit/analyse comment l'organisation utilise la technologie pour soutenir l'innovation et la créativité. Considérez ici de manière séparée trois activités d'innovation pour expliquer les buts poursuivis :

Comprendre les fondamentaux

- l'activité d'innovation « produits et services » qui vise l'augmentation du volume (chiffre d'affaires) ;
- l'activité d'innovation « techno-organisationnelle » qui vise la maîtrise des coûts et des risques des processus,
- l'activité d'innovation stratégique de rupture qui vise la recherche de nouveaux métiers qui produiront du volume et dont on pourra maîtriser les coûts et les risques pour s'assurer une marge suffisante *(breakthrough)*.

Dans le modèle 2013 une entreprise/organisation excellente évalue et développe son portefeuille technologique pour améliorer l'agilité de ses processus et projets.

4d	Exemples de points forts	Exemples de domaines d'amélioration
Approches	Il y a un plan de développement technologique qui définit les évolutions prévues et des preuves solides de feuilles de route pour chaque technologie ayant une importance stratégique.	Il n'y a pas de preuve que l'organisation se soit dotée d'une vision claire sur son portefeuille technologique ni d'une démarche structurée pour le gérer. Les aspects mentionnés sont anecdotiques.
Déploiement	Les nouvelles technologies sont systématiquement testées avant adoption et implémentation dans les processus de l'organisation.	Le déploiement des nouvelles technologies n'est pas systématique et reste incomplet du fait d'un défaut de planification. Seuls 1/3 des projets vont au bout des déploiements.
Evaluation et amélioration	Il y a des preuves solides que la revue annuelle des technologies permet de planifier sereinement les remplacements et les améliorations nécessaires aux processus tant métier que supports.	Il n'y a pas de preuves de mesures sur les apports des changements de technologie aux processus. Il n'y a pas de preuve de benchmarking en matière de choix et d'implémentation des nouvelles technologies.

Sous-critère 4e. Les informations et les connaissances sont gérées pour soutenir les prises de décisions efficaces et développer les compétences organisationnelles.

Dans ce sous-critère, on décrit/analyse comment l'organisation s'assure que ses dirigeants reçoivent des informations pertinentes et suffisantes pour les aider à une prise de décision efficace et opportune, leur permettant d'anticiper avec fiabilité sa performance future. Ce point alimente notamment et plus particulièrement le 2a et le 2b. Dans ce sous-critère, on décrit/analyse également comment l'organisation transforme les données en informations et, si besoin, en connaissances qui peuvent être partagées et utilisées efficacement. On trouve ici la liste des grands moments de création collective de sens et d'apprentissage collectif ; utilisez un tableau pour les présenter.

Après, dans ce sous-critère, on décrit/analyse comment l'organisation fournit et pilote l'accès de son personnel et des utilisateurs externes aux informations appropriées et à la connaissance, tout en s'assurant que sa sécurité et sa propriété intellectuelle sont préservées. On trouve ici les bases de connaissances collectives (informatisées ou non) et des processus en charge de les alimenter, de les gérer, de les rendre accessibles et de les épurer :
- les bases du capital relationnel qui permettent d'avoir une réactivité et une qualité relationnelle avec les porteurs d'enjeux (clients, personnels, fournisseurs...) ;
- les bases du capital organisationnel qui permettent d'avoir la maîtrise de ses processus, projets, innovations et risques (bases des modes de fonctionnement et savoir-faire, bases liées aux applications informatiques, bases liées aux technologies, bases liées à la conception des produits ;
- les bases liées à l'activité courante *(operation)* qui permettent d'avoir une traçabilité des activités, des produits et des services (bases de gestion et d'activité des processus, bases comptables, bases d'enregistrements) ;
- les bases stratégiques qui permettent d'avoir une traçabilité des activités, des produits et des services et de piloter cette activité (bases de la veille concurrentielle et contextuelle, bases de la revue des attentes des parties intéressées, bases de risques, bases décisionnelles de toute sorte).

Comprendre les fondamentaux

Puis, dans ce sous-critère, on décrit/analyse comment l'organisation met en place et maintient des réseaux de veille pour identifier les opportunités d'innovation à partir de signaux provenant de l'intérieur ou de l'extérieur. Ensuite, dans ce sous-critère, on décrit/analyse comment l'organisation utilise l'innovation dans un cadre qui dépasse l'évolution technique, révélant ainsi de nouvelles voies de création de valeur pour le client, de nouvelles façons de travailler et de nouvelles manières de progresser à partir des partenariats, des ressources et des compétences. Enfin, dans ce sous-critère, on décrit/analyse comment l'organisation utilise les données et les informations sur les performances et les capacités actuelles des processus pour identifier les pistes d'amélioration et générer l'innovation.

Dans le modèle 2013 une entreprise/organisation excellente établit des approches pour impliquer et utiliser les connaissances des porteurs d'enjeux pertinents pour générer de nouvelles idées et innover. Elle maîtrise le temps pour transformer ces idées en réalité.

4e	Exemples de points forts	Exemples de domaines d'amélioration
Approches	L'organisation dispose d'une cartographie précise de ses bases de connaissances collectives et fournit des preuves solides qu'elle a mis en place un système de management ISO 27001.	Il n'y a pas de preuve de pratiques structurées de gestion des bases de connaissances collectives à l'exception de la base documentaire du système de management intégré QSE.
Déploiement	100% des bases de données et de documents de l'organisation ont été prises en compte dans l'identification des risques informationnels et font l'objet de mesures de maîtrise.	Seulement 10% des personnels interrogés comprennent leur rôle dans la mise à jour des bases de connaissances collectives. Seulement 15% des personnels accèdent à l'intranet quotidiennement.
Evaluation et amélioration	Il y a des preuves solides que l'autoévaluation sur ce sous-critère a permis d'améliorer sensiblement l'accès des bases de données et de document par l'ensemble des personnels.	Il n'y a pas de preuve d'indicateurs sur la valeur ni sur l'état des bases de connaissances collectives, ni sur leur niveau d'accès par les personnels et autres parties prenantes.

Les processus, produits et services

« Les organisations excellentes conçoivent, managent et améliorent les processus, les produits et les services dans la perspective de générer une valeur croissante pour les clients et les autres parties prenantes. » EFQM 2013.

Ce critère « Processus, produits et services » aborde :
- la conception, la gestion et l'amélioration des processus ;
- la conception et le développement des produits et services ;
- le marketing et la commercialisation des produits et services ;
- leur élaboration, leur livraison et leur gestion ;
- la gestion et le renforcement des relations avec les clients.

Gestion proactive et revue des processus sont les deux extrémités de la boucle vertueuse du management durable des processus. La gestion proactive consiste à anticiper l'ajustement des processus aux finalités stratégiques, aux évolutions des attentes des clients et autres parties intéressées, à anticiper les risques, à conduire des actions préventives, à prendre les devants pour maintenir l'efficacité des interactions avec les autres processus, à surveiller en permanence le processus pour détecter au plus tôt ses déviances possibles, à s'assurer de la maintenance préventive des équipements utilisés par le processus... Quant à la revue des processus et de leurs interrelations, elle consiste à tirer collectivement les leçons du fonctionnement des processus pour les améliorer et les ajuster en permanence aux nouveaux enjeux.

Sous-critère 5a. Les processus sont conçus et gérés afin d'optimiser la valeur pour les porteurs d'enjeux.

Dans ce sous-critère, on décrit/analyse comment l'organisation analyse, organise et « priorise » ses processus de bout en bout en tant que partie intégrante de son système de management global ; comment elle adopte des approches appropriées pour les piloter et les améliorer de manière efficace, en incluant les processus qui s'étendent au-delà de ses limites. De la conception des processus dépend en grande partie la capacité d'exécution d'une organisation. Cette capacité d'exécution se

Comprendre les fondamentaux

traduit par l'habileté et l'agilité des processus récurrents à produire ce qui est attendu d'eux et la faculté des projets à délivrer les livrables attendus dans les délais et les coûts prévus. Lors de cette conception, on crée deux univers : à la fois le territoire (chaîne de production, *workflow*...) et la carte (procédures, modes opératoires, plans...).

Le système de management des processus est certifié ISO 9001 chez tous les candidats au prix européen. Dans ce cas, il porte en lui la boucle d'amélioration PDCA et les modalités de maîtrise des processus sous-traités ou partagés avec des fournisseurs, des distributeurs ou des clients. Cette amélioration permanente (Kaizen) et complétée par des approches ayant un impact plus fort de type Lean-Six Sigma voire plus radicales de type Business Process Reegineering chez les meilleurs.

Dans ce sous-critère, on décrit/analyse également comment l'organisation définit clairement les personnes en charge des processus, leurs rôles et leurs responsabilités pour développer, maintenir et améliorer la structure de ses processus clés. L'organisation doit donc nommer des « pilotes » de processus, les légitimer et s'assurer que leur rôle et leur autorité sont reconnus et gérer les processus de personnes disposant des compétences nécessaires pour réaliser les activités impliquées. Le pilote de processus doit avoir la responsabilité et l'autorité pour implémenter son processus, le maintenir, le maîtriser, l'améliorer et améliorer ses interactions avec les autres.

Puis, dans ce sous-critère, on décrit/analyse comment l'organisation développe des indicateurs significatifs de performance des processus et les mesures de résultats significatifs clairement liés à ses objectifs stratégiques. Ce point, qui procède du 2d, aborde les types de mesures que l'on va retrouver en 9b : performance, délais, qualité, coûts, capabilité, perception...

Après, dans ce sous-critère, on décrit/analyse comment l'organisation transforme les idées nouvelles en réalité grâce à des processus favorisant l'innovation, adaptés à la nature et à l'importance des changements qu'ils apporteront : élaboration, test et mise au point de solutions techno-organisationnelles... Enfin, dans ce sous-critère, on décrit/analyse comment l'organisation évalue l'impact et la valeur ajoutée des innovations et des améliorations apportées à ses processus.

Dans le modèle 2013 une entreprise/organisation excellente utilise les données sur les performances et capacités courantes de ses processus ainsi que des benchmarks appropriés pour conduire l'amélioration, la créativité et l'innovation.

5a	Exemples de points forts	Exemples de domaines d'amélioration
Approches	Le manuel de management intégré définit clairement la cartographie des processus et apporte des preuves solides de la maîtrise de leurs interactions.	Il n'y a pas de preuve que les interactions entre processus ne soient clairement définies et que les modalités de leur gestion et maîtrise soient formalisées.
Déploiement	100% des processus ont un pilote désigné connu des personnels. Chaque modification de processus fait systématiquement l'objet d'un groupe de travail chargé d'en analyser l'impact.	Seulement un tiers des processus bénéficient de revues régulières de leurs performances. Les indicateurs de trois sur vingt processus ne sont pas reliés aux objectifs stratégiques.
Evaluation et amélioration	Il y a des preuves que les revues systématiques des processus ont permis de mettre en place des actions d'amélioration sensibles en matière de performance opérationnelle	Il n'y a pas de preuve que les processus de pilotage aient des indicateurs de performance robustes. Certains indicateurs ne sont pas cohérents avec les attentes des clients.

Sous-critère 5b. Les produits et les services sont développés afin de créer une valeur optimale pour les clients.

Dans ce sous-critère, on décrit/analyse comment l'organisation s'efforce d'innover et de créer de la valeur pour ses clients. Elle peut le faire grâce à un processus interne ou une activité externalisée. Ici on trouve la description du processus de conception des produits et services et des approches utilisées. Ce type de processus comprend en général quatre grandes phases : la créativité, l'ingénierie technique, la mise en production et la mise en marché. Les meilleurs utilisent des méthodes comme

Comprendre les fondamentaux

le Design For Six Sigma ou le Lean Product Design and Development, intégrant dans la majorité des cas le Quality Function Deployment avec ses quatre maisons : celle du client, celle du produit, celle du processus et celle du contrôle qualité.

Dans ce sous-critère, on décrit/analyse également comment l'organisation utilise les études de marché, les enquêtes clients et toute autre forme de retours d'information afin d'anticiper et d'identifier les améliorations qui permettent d'enrichir la gamme des produits et des services proposés. Ce point est articulé à la fois avec le 2a et le 4e, qui tous deux abordent cette veille métier sous d'autres angles déjà abordés. Ici, ce qui est recherché, c'est comment les canaux de veille convergent vers l'innovation « produits et services » et comment l'information recueillie est complétée par d'autres apports, par exemple des techniques de génération d'idées et de concepts nouveaux (Scamper, Lateral thinking, Triz...).

Puis, dans ce sous-critère, on décrit/analyse comment l'organisation implique son personnel, ses clients, ses partenaires et ses fournisseurs dans le développement des produits, des services et de savoir-faire nouveaux et innovants, pour les segments de clients existants ou de clients futurs. Après, dans ce sous-critère, on décrit/analyse comment l'organisation utilise la créativité pour concevoir et développer des produits et des services nouveaux et innovants, en y associant des clients, des partenaires ou d'autres porteurs d'enjeux. Les meilleurs en sont rendus à l'innovation ouverte *(open innovation)* qui se traduit par le développement de partenariats (les organisations s'appuient sur leurs réseaux de partenaires et de fournisseurs...) et le codéveloppement de produits et services avec tous les acteurs appartenant à l'écosystème de l'entreprise voire à un contexte plus large pour bénéficier d'expertises complémentaires, mutualiser des moyens et partager les risques.

Ensuite, dans ce sous-critère, on décrit/analyse comment l'organisation comprend et anticipe l'impact et le potentiel des nouvelles technologies sur ses produits et ses services. Ce point procède du 4d. Enfin, dans ce sous-critère, on décrit/analyse comment l'organisation prend en compte les impacts du cycle de vie de ses produits et des services sur le développement durable au niveau économique, sociétal et environnemental. Les approches d'éco-conception et de socio-conception *(design for sustainability)* prennent en compte ces exigences.

Dans le modèle 2013 une entreprise/organisation excellente conçoit et développe son catalogue de produits et services en cohérence avec l'évolution des besoins et attentes des clients et en tenant compte de manière responsable de leur cycle de vie.

5b	Exemples de points forts	Exemples de domaines d'amélioration
Approches	Il y a des preuves solides que l'organisation a mis en place un processus structuré de conception et de développement de ses produits et services et adopté des méthodes éprouvées.	Il n'y a pas de preuve d'une démarche structurée pour faire intervenir le client dans les projets de conception des produits et services.
Déploiement	100% des nouveaux produits et services mis sur le marché sont évalués au bout d'un an de commercialisation. 100% des projets de conception font l'objet de revues de jalons.	Plus de trois quarts des projets de conception de nouveaux produits et services dérapent et la moitié d'entre eux ne délivre pas les résultats attendus.
Evaluation et amélioration	Il y a des preuves que la participation à un benchmarking organisé par l'EFQM sur le processus d'innovation produits a permis d'améliorer la phase de créativité et de mise au point des concepts.	Il n'y a pas de preuve que les indicateurs du processus d'innovation produits soient pertinents par rapport aux attentes des parties prenantes. Il n'existe pas de mesures de perception sur l'innovation.

Sous-critère 5c. Les produits et les services sont promus et commercialisés de manière efficace.

Dans ce sous-critère, on décrit/analyse comment l'organisation définit clairement ses offres en garantissant un développement durable basé sur l'équilibre des besoins de tous les porteurs d'enjeux concernés. On est là dans l'univers du marketing stratégique dont les objectifs prio-

Comprendre les fondamentaux

ritaires sont de trouver des segments ou des niches porteuses de nouvelle croissance, de développer des concepts de produits nouveaux adaptés à des besoins changeants, de diversifier les gammes de produits et de redéfinir leurs avantages concurrentiels défendables pendant un certain temps. Ce point est fortement articulé avec le 2c.

Dans ce sous-critère, on décrit/analyse également comment l'organisation définit son modèle économique en termes de compétences, de processus, de partenaires clés et de création de valeur. On trouve ici l'explication de la politique de prix et de la logique du moteur financier de l'organisation *(cash engine)*.

Ensuite, dans ce sous-critère on décrit/analyse comment l'organisation met en œuvre son modèle économique et son offre de valeur en définissant ses avantages clients, son positionnement sur le marché, ses clients cibles et ses canaux de distribution. Ce point aborde les modalités de définition des cœurs de cibles commerciales et des approches pour valoriser ses produits et services pour ces segments de marchés. Puis, dans ce sous-critère, on décrit/analyse comment l'organisation développe des stratégies marketing pour promouvoir efficacement ses produits et ses services auprès des clients et des groupes d'utilisateurs cibles : campagnes de publicité, participation à des foires-expositions, utilisation de clients pilotes, passage par des prescripteurs, organisation de concours, publi-reportages sur les réussites des clients, sponsoring de manifestations...

Après, dans ce sous-critère, on décrit/analyse comment l'organisation commercialise efficacement ses gammes de produits et de services auprès de ses clients existants et des clients potentiels. On est là dans l'univers du marketing opérationnel, celui des 5 P *(product, price, place, promotion, packaging)* et des 5 C *(company, customers, competitors, collaborators, context)*. Ici on trouve tous les canaux de commercialisation utilisés par l'organisation, ses moyens de maîtrise de ces canaux et les mesures mises en place pour suivre leurs performances respectives. Enfin, dans ce sous-critère, on décrit/analyse comment l'organisation s'assure qu'elle est en mesure de tenir ses promesses. Les meilleurs utilisent ici les certifications de services basées sur la définition d'engagements clairs vis-à-vis des clients et sur la mise en place des conditions de respect de ces engagements par les processus en charge de les satisfaire. En cas de non-tenue de promesse, des mécanismes de dédommagement et de compensation sont en place.

Dans le modèle 2013 une entreprise/organisation excellente anticipe les besoins et attentes de ses différents segments de clients et de prospects et les transforme en proposition de valeur attractive et durable.

5c	Exemples de points forts	Exemples de domaines d'amélioration
Approches	Il y a des preuves solides qu'un processus structuré de marketing est en place et que son articulation avec la stratégie globale de l'organisation est clairement définie.	Il n'y a pas de preuve que l'organisation ait défini clairement ses gammes de produits en fonction des segments de clientèle. Les approches marketing sont anecdotiques et associées à certains vendeurs.
Déploiement	Le plan annuel de communication publicitaire est tenu depuis trois ans. 100% des commerciaux sont formés aux nouveaux produits.	L'organisation n'a formé que 10% de ses revendeurs externes aux nouveaux produits et à leurs arguments de vente.
Evaluation et amélioration	Il y a des preuves que la revue régulière du processus de commercialisation a permis d'améliorer les synergies entre canaux de vente.	Il n'y a aucune preuve de l'amélioration des argumentaires commerciaux à partir de l'apprentissage des équipes de vente au contact avec les clients.

Sous-critère 5d. Les produits et les services sont élaborés, livrés et gérés.
Dans ce sous-critère, on décrit/analyse comment l'organisation élabore et livre ses produits et ses services afin de satisfaire les besoins et les attentes de ses clients ou de les dépasser, conformément à la proposition de valeur affichée. On trouve ici la description du management des processus métier. Pour un industriel, il est intéressant de montrer

Comprendre les fondamentaux

comment sont maîtrisés les processus tirés (Kanban, Just-in-Time...) et comment sont maîtrisés les processus poussés (Manufacturing Resources Planning...). Dans les services en revanche, les processus de production impliquent étroitement le client. Les meilleurs expliquent leurs modalités de maîtrise de cette « coproduction » des services avec leurs clients. Mais qu'on ne s'y méprenne pas, il y a aussi des flux tirés et des flux poussés dans le tertiaire.

Dans ce sous-critère, on décrit/analyse aussi comment l'organisation fait en sorte que ses personnels aient les outils, les compétences, les informations et l'autonomie nécessaires pour pouvoir maximiser la qualité du résultat pour les clients. Les meilleurs du secteur industriel expliquent ici leurs techniques de management des équipes au quotidien et les dispositifs mis en place pour assurer la qualité (équipes autonomes, *shift briefings, andons, jidoka, poka-yoke, cartes de contrôle...*). Dans les services, on décrit ici les modalités « d'empouvoirement » du personnel face aux clients par la mise à disposition de l'information nécessaire, la délégation de pouvoirs de décision pour répondre aux attentes exprimées par les clients dans cette phase fortement interactive avec eux.

Ensuite, dans ce sous-critère, on décrit/analyse comment l'organisation gère efficacement ses produits et ses services durant tout leur cycle de vie, y compris la revalorisation et le recyclage le cas échéant, en considérant tout impact sur la santé publique et l'environnement. Support utilisateur et service après-vente peuvent prendre de nombreuses formes selon les métiers. Il est important de comprendre ici comment l'organisation a intégré la satisfaction de toutes ses parties concernées jusqu'à la fin du cycle de vie de ses produits et services, que ce soit par des processus internes ou externes.

Après, dans ce sous-critère, on décrit/analyse comment l'organisation compare les performances de ses produits et services délivrés à des références pertinentes *(benchmarks)* et comprend leurs points forts afin d'optimiser la valeur créée pour les clients. L'organisation décrit ici ces modalités de *benchmarking* de ses produits et services avec ceux de ses concurrents : études comparatives des produits et services, *reverse engineering*... ainsi que les apprentissages qui en ont résulté pour améliorer ses propres produits. Enfin, dans ce sous-critère, on décrit/analyse comment l'organisation implique son personnel, ses clients, ses partenaires et ses fournisseurs pour optimiser l'efficacité et l'efficience de sa chaîne de création de valeur ; comment elle récolte leur expérience avec ses produits et services pour ce faire.

Dans le modèle 2013 une entreprise/organisation excellente développe une chaine de valeur efficace et efficiente pour délivrer sa proposition de valeur et tenir sa promesse Client.

5d	Exemples de points forts	Exemples de domaines d'amélioration
Approches	Il y a des preuves solides de la standardisation de tous les processus. Il y a des preuves solides que le Lean-six sigma a été généralisé pour la maîtrise et l'amélioration des processus métier.	Il n'y a pas de preuve d'un processus formalisé de comparaison des produits et services avec ceux des concurrents. Il n'y a que quelques preuves que les procédures suivent les évolutions de méthodes.
Déploiement	100% des processus font l'objet d'une autoévaluation et d'audits internes. Les méthodes de contrôle de conformité sont mises en œuvre de manière systématique.	Les réunions de concertation en début de poste ne sont pas systématiques dans les processus de production (2/3 des cas). Seulement un processus gère un passage de relais entre équipes postées.
Evaluation et amélioration	Il y a des preuves complètes que les processus métier ont des mesures de capabilité. Il y a des preuves solides que les processus métier ont bénéficié d'opérations de benchmarking suivies d'amélioration sensibles.	Il n'y a pas de preuve tangible de revue des processus métier ni d'apprentissage interne à partir du fonctionnement des processus. Seuls 2 des 5 processus métiers disposent d'outils de surveillance.

Sous-critère 5e. Les relations avec les clients sont gérées et renforcées.
Dans ce sous-critère, on décrit/analyse comment l'organisation connaît ses différents segments de clients, répond à leurs différents besoins et

Comprendre les fondamentaux

attentes et les anticipe. Les canaux potentiels de collecte des attentes des clients sont nombreux et peuvent changer dans le temps du fait que certains finissent par s'éroder. Les meilleurs ont complété leurs canaux reposant sur le discours des clients par des techniques d'observation des comportements des clients avec leurs produits et ceux des concurrents *(gemba studies)*, des techniques de provocation *(trend labs)*. Des techniques statistiques de plus en plus sophistiquées sont utilisées pour déterminer des segments porteurs grâce notamment aux nouvelles technologies des bases de données *(datawarehouse, datamart, datamining...)*.

Dans ce sous-critère, on décrit/analyse aussi comment l'organisation détermine les demandes de contacts de ses clients et y répond, tant au quotidien que sur le long terme. Les meilleures organisations articulent de manière efficace l'approche réactive (répondre au plus vite à toutes les demandes de contact de la part de leurs clients) et l'approche proactive (définir des fréquences systématiques de proposition de contact par segment de clients). Cette articulation est facilitée par l'utilisation de logiciels CRM *(customer relation management)* par tous ceux qui sont au contact des clients.

Ensuite, dans ce sous-critère, on décrit/analyse comment l'organisation bâtit et maintient un dialogue avec tous ses clients, fondé sur l'ouverture d'esprit, la transparence et la confiance. Certaines organisations ont développé des politiques et des codes de déontologie de la relation avec les clients ou ont intégré ces éléments dans leurs engagements de service. Les meilleurs ont systématisé le feedback vers les clients des expériences tant positives que négatives de certains d'entre eux avec leurs produits, avec des conseils adaptés (exemple : récents problèmes de sécurité chez Toyota).

Après, dans ce sous-critère, on décrit/analyse comment l'organisation est à l'écoute et passe continuellement en revue les expériences vécues par ses clients et la perception qu'ils en ont, et répond rapidement et efficacement à tout retour d'information. Ce point débouche directement sur le 6a et peut reboucler avantageusement avec le 5c du fait que l'expérience client est une source précieuse d'enrichissement du marketing. C'est ici que l'on devrait trouver la liste des types d'enquêtes effectuées auprès des clients, leur fréquence, leur objectif… alors que l'on retrouve souvent ces informations en 6a dans les dossiers des débutants dans la démarche EFQM.

Enfin, dans ce sous-critère, on décrit/analyse comment l'organisation conseille ses clients sur l'utilisation responsable de ses produits et de ses services : mise au point et tests de pertinence et de compréhensibilité des manuels d'utilisation, ateliers de démonstration, formations pratiques à l'utilisation, formation des revendeurs pour les démonstrations et conseils aux clients…

Dans le modèle 2013 une entreprise/organisation excellente établit des politiques et des processus assurant une relation efficace avec ses clients.

5e	Exemples de points forts	Exemples de domaines d'amélioration
Approches	Il y a des preuves solides que les besoins des clients en matière de contacts et de relations sont collectés à différentes occasions et pris en compte dans la planification des rendez-vous.	Il n'y a pas de preuve que l'organisation se soit dotée d'une approche proactive de management de ses relations avec les clients. Les méthodes évoquées sur le sujet sont anecdotiques.
Déploiement	Tous les cadres sans exception ont une liste de clients à visiter dans l'année. La réalisation des contacts clients à leur initiative est systématiquement vérifiée dans tous les processus.	Seulement 35% des rendez-vous avec les clients font l'objet de comptes rendus saisis dans le CRM. La vérification de la suite donnée aux contacts clients ne se fait que par un tiers des managers.
Evaluation et amélioration	Il y a des preuves que le benchmarking sur la gestion des relations avec les clients a permis de mettre en œuvre un club utilisateur très actif qui a déjà été à l'origine de trois nouveaux produits.	Il n'y a pas de preuve que la fréquence et l'étendue des enquêtes de perception des clients permettent de se faire une image complète de leur satisfaction par rapport à leurs attentes critiques.

Comprendre les fondamentaux

Les x de l'équation de la performance

Comme nous venons de le voir, dans le modèle EFQM, les x de l'équation de la performance (les facteurs) sont au nombre de 24 regroupés en 5 familles :

- 5 pour le leadership ;
- 4 pour la stratégie ;
- 5 pour le personnel ;
- 5 pour les partenariats et autres ressources ;
- 5 pour les processus, produits et services.

Ces x sont eux-mêmes interdépendants dans l'espace et le temps. Ce sont plus leurs articulations et les synergies en découlant (causalités systémiques multiples et enchevêtrées) qui amènent d'excellents résultats que chaque x pris isolément. Ce qui montre le niveau de maturité d'une organisation, c'est sa compréhension non seulement des approches choisies, mais aussi des effets d'articulation et d'amplification entre les x aussi bien que des effets d'inertie systémique qui y sont associés.

Tout l'art de l'excellence et de l'alignement de maturité consiste donc à trouver les articulations de facteurs les plus prometteuses de succès, à les implémenter et à les améliorer en permanence sur la base des résultats obtenus précédemment, de l'expérience acquise en interne et de l'apprentissage issu des actions de benchmarking avec les meilleurs de la classe.

Les résultats

Dans le modèle EFQM, les résultats sont aussi importants que les facteurs mis en œuvre. Ils s'intéressent à ce qu'accomplit l'organisation et à la relation de cause à effet entre les facteurs et les résultats. Au fur et à mesure que l'organisation gagne en maturité avec le modèle EFQM, ces résultats s'améliorent et l'amènent au statut de « meilleure de la classe » *(best-in-class)*.

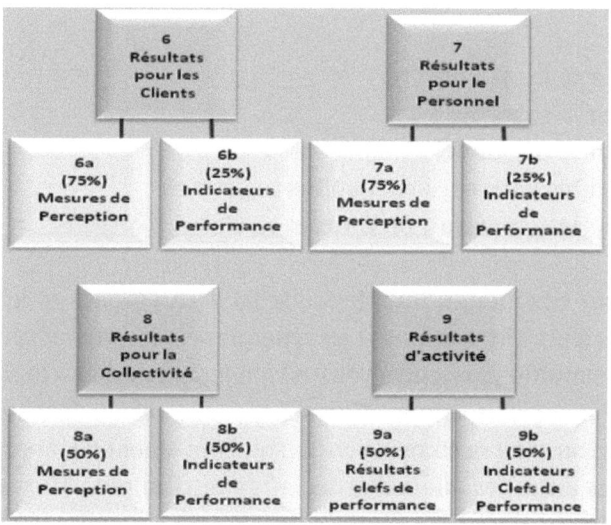

Figure 53 : Structure des résultats

Les critères de résultats ont tous deux sous-critères ; les trois premiers, un sous-critère de mesures de perceptions et un sous-critère d'indicateurs de performance et le dernier un sous-critère de résultats stratégiques et un autre d'indicateurs de performance clés. Chaque sous-critère est doté de plusieurs items qui font référence notamment à de grandes catégories de mesures les plus fréquentes dans les dossiers. Même s'ils ne sont pas obligatoires, c'est important de les prendre en considération pour bien comprendre l'esprit du sous-critère.

Au niveau des résultats, on s'intéresse d'abord au système d'indicateurs et de métriques mis en place par l'organisation pour piloter sa performance. Les indicateurs doivent être pertinents et utilisables/utiles/utilisés, c'est-à-dire présenter les caractéristiques suivantes :

Comprendre les fondamentaux

- aire/étendue/portée (A) *(scope)*, traduit par « choix » dans la version française : les résultats doivent couvrir les attentes et besoins des principaux porteurs d'enjeux de l'organisation et être consistants avec la stratégie.
- pertinence *(relevance)* veut aussi dire « à-propos » et « applicabilité » : les résultats clés doivent être mesurés et « priorisés ». Les logiques entre indicateurs de résultats doivent être comprises ; les relations établies entre indicateurs dans le cadre d'un *balanced scorecard* peuvent le prouver (alignement stratégique).
- intégrité : les résultats doivent être opportuns (la version française dit « disponibles à temps »), utilisables/utiles/utilisés, fiables et précis (fidèles, justes et exacts).
- segmentation : les segmentations possibles sont nombreuses (catégories de porteurs d'enjeux, types de produits et services...) : il faut qu'elles soient judicieuses et appropriées.

Ensuite, on s'attache aux performances de l'organisation.
- Tendances (**T**) : les tendances doivent être positives et/ou il doit y avoir une bonne performance durable.
- Cibles : des objectifs, buts ou cibles doivent être définis pour les résultats clés, être appropriés et être atteints (**A**).
- Comparaisons : des comparaisons (benchmarks) existent pour les résultats clés, sont appropriées et sont favorables à l'organisation (c'est-à-dire que l'organisation atteint ou dépasse les benchmarks (**B**).
- Causes (**C**) : les liens de causalité entre résultats accomplis et les facteurs mis en œuvre doivent être compris (alignement de maturité). Le modèle 2010 inclut dans cette causalité la fourniture de la preuve que les résultats futurs vont être au rendez-vous. Les efforts que fournit votre organisation, les améliorations en cours de vos processus vont avoir demain des impacts sur la satisfaction de vos porteurs d'enjeux et après-demain sur vos résultats financiers.

Bref, la préoccupation que l'organisation doit avoir en matière de résultats peut se résumer par la formule condensée facile à retenir : « Si l'organisation est excellente, ses résultats vont faire durablement un **TABAC**».

Dans le modèle 2013 une évolution commune à tous les critères de Résultats est la nature ou l'intensité de l'anticipation. De l'anticipation simple des résultats futurs on passe en effet à la confiance dans les résultats à venir sur la base de la compréhension des relations établies de causes à effets dans l'algorithmique de la performance propre au business modèle de l'organisation.

Les résultats pour les clients

« Les organisations excellentes obtiennent présentement et produisent durablement des résultats qui répondent voire dépassent les besoins et les attentes de leurs clients. » EFQM 2013.

Ce critère « Résultats pour les clients » permet de comprendre, d'une part, comment les clients perçoivent l'organisation, ses produits et services et ses performances opérationnelles et, d'autre part, le niveau des performances liées aux clients mesurées en interne.

Il permet aussi de constater la compréhension qu'a l'organisation des causes sous-jacentes de ses performances relatives aux clients et aux perceptions de ses clients, ainsi que l'utilisation qu'elle fait de cette compréhension pour s'améliorer au niveau des facteurs mis en œuvre (critère 5). Il permet ensuite de vérifier la profondeur de la réflexion de l'organisation sur les interdépendances entre indicateurs : quelle compréhension a-t-elle sur les couples « indicateurs leviers → indicateurs résultantes » *(leading → lagging)* qui se suivent au sein de son algorithme de la performance ? Jusqu'à quel point s'est-elle libérée de la pensée magique en matière de performance dans ce domaine ?

Comprendre les fondamentaux

Il permet enfin de se faire une idée de la capacité d'anticipation qu'a l'organisation en matière de performance relative aux clients et de perception de ces derniers. Des clients satisfaits aujourd'hui ne le seront pas forcément demain. De nombreux événements peuvent altérer leur satisfaction : des percées significatives faites par des concurrents sur leurs produits et services, des contraintes nouvelles s'imposant aux clients...

Sous-critère 6a. Perceptions des clients

Dans ce sous-critère, on décrit/analyse quelle est la perception des clients vis-à-vis de l'organisation. Obtenue à partir de canaux multiples décrits en 5e, y compris des enquêtes clients, des interviews de clients, des groupes tests, des évaluations des vendeurs, des félicitations et des réclamations reçues..., cette perception des clients permet de comprendre l'efficacité, le déploiement et l'exécution de la « stratégie clients » de l'organisation et des politiques et processus qui la soutiennent.

En fonction des objectifs visés par l'organisation en matière de satisfaction de ses clients, ces mesures peuvent porter sur :
- la réputation et l'image (par exemple, accessibilité, communication, transparence, flexibilité, réactivité...) ;
- la valeur des produits et des services (par exemple, qualité, valeur symbolique, design, facilité d'utilisation...) ;
- la fourniture des produits et des services (par exemple, délais, disponibilité des produits et pièces, disponibilité des intervenants dans le cas des services) ;
- le service client, les relations avec les clients et le service après-vente (par exemple, traitement des réclamations, qualité de conseil, réactivité, clarté des instructions...) ;
- la fidélité et la loyauté des clients (par exemple, taux de ré-achat, disposition à recommander l'organisation et ses produits et services...).

Il ne faut surtout pas se laisser enfermer dans ces exemples. Il faut définir/comprendre ce qui est important à mesurer pour l'organisation en matière de perception de ses clients.

Le modèle 2013 n'apporte rien de nouveau sur ce sous-critère.

6a	Exemples de points forts	Exemples de domaines d'amélioration
Pertinence et utilité	La segmentation des résultats de perception est cohérente par rapport aux profils et couvre près de ¾ des mesures.	La satisfaction des clients n'est mesurée que tous les trois ans et le taux de retour ne dépasse pas 10%; l'intégrité n'est pas établie.
Tendances	La perception des clients s'est améliorée sur les trois dernières années sur plus de ¾ des résultats.	La moitié des résultats de perception stagnent. Trois indicateurs de perception se dégradent.
Cibles	Les objectifs en matière de satisfaction des clients sont atteints voire dépassés dans 75% des cas.	Près de 50% des objectifs importants ne sont pas atteints sur les deux dernières années.
Benchmarks	Les résultats de satisfaction des clients sont meilleurs que ceux des concurrents pour plus de 80% des mesures.	Il n'y a de benchmarks de perception des clients que pour ¼ des mesures et les benchmarks existants ne portent que sur des moyennes sectorielles.
Causes	Les relations de causes à effets entre approches et résultats sont évidentes pour ¾ d'entre eux.	Rien ne permet de s'assurer que la perception des clients restera bonne sur les années à venir.

Sous-critère 6b. Indicateurs de performance relatifs aux clients

Dans ce sous-critère, on décrit/analyse les mesures internes utilisées pas l'organisation pour surveiller, comprendre, prévoir et améliorer la performance et pour anticiper l'impact sur les perceptions de ses clients. Ces indicateurs permettent de comprendre l'efficience et l'efficacité du déploiement et de l'exécution de la « stratégie clients » de l'organisation ainsi que des politiques et des processus qui la soutiennent.

En fonction des objectifs visés par l'organisation en matière de performance pour les clients, ces mesures peuvent porter sur :
- la fourniture des produits et des services (par exemple, compétitivité, taux de défauts, retours, provisions de garantie, performance logistique, cycle de vie des produits...) ;

Comprendre les fondamentaux

- le service client, les relations avec les clients et le service après-vente (par exemple, demandes de formations et/ou de conseils, taux d'adaptation et de modification...),
- les réclamations et les félicitations (par exemple, courriers de réclamations, courriers de félicitations...) ;
- la fidélité (par exemple, nombre d'années d'achat, valeur client, fréquence des commandes, parrainages...) ;
- la reconnaissance externe (par exemple, nomination de meilleur fournisseur de l'année...).

Il ne faut surtout pas se laisser enfermer dans ces exemples. Il faut définir/comprendre ce qui est important à mesurer pour l'organisation en matière de performance pour ses clients.

Dans le modèle 2013 une nouvelle mesure apparait : celle de l'implication des clients et partenaires dans la conception des produits, des processus, etc.

6b	Exemples de points forts	Exemples de domaines d'amélioration
Pertinence et utilité	La segmentation des résultats de performance est cohérente par rapport aux différents profils de clients et à la stratégie.	La moitié des mesures de performance pour les clients n'est pas pertinente par rapport à leurs besoins et attentes clés.
Tendances	La performance pour les clients s'est améliorée sur les trois dernières années pour 75% des indicateurs.	La moitié des résultats de performance stagnent depuis trois ans. Cinq indicateurs de performance se dégradent même.
Cibles	Les objectifs en matière de performance pour les clients sont atteints voire dépassés dans plus de 75% des cas.	Seulement ¼ des objectifs importants sont atteints sur les deux dernières années.
Benchmarks	Les performances pour les clients sont meilleures que celles des concurrents de tête sur plus de la moitié des indicateurs.	Il n'y a pas de benchmarks de perception des clients. Les benchmarks existants ne portent que sur des moyennes sectorielles.
Causes	Les relations de causes à effets entre approches et résultats sont évidentes pour 75% des cas.	Rien ne permet de s'assurer que la performance pour les clients restera bonne dans le futur.

Les résultats pour le personnel

« Les organisations excellentes obtiennent présentement et produisent durablement des résultats qui répondent voire dépassent les besoins et les attentes de leurs personnels. » EFQM 2013.

Ce critère « Résultats pour le personnel » permet de comprendre, d'une part, comment le personnel en tant que partie prenante perçoit l'organisation qui l'emploie et, d'autre par,t le niveau des performances liées au personnel en tant que ressources humaines et en tant que partie prenante.

Il permet aussi de constater la compréhension qu'a l'organisation des causes sous-jacentes de ses performances relatives au personnel et à la perception de son personnel et l'utilisation qu'elle fait de cette compréhension pour s'améliorer au niveau des facteurs mis en œuvre (critère 3).

Il permet ensuite de vérifier la profondeur de la réflexion de l'organisation sur les interdépendances entre indicateurs : quelle compréhension a-t-elle sur les couples « indicateurs leviers → indicateurs résultantes » (leading → lagging) qui se suivent au sein de son algorithme de la performance ? Jusqu'à quel point, en tant qu'employeur, s'est-elle libérée de la pensée magique en matière de performance dans ce domaine ?

Il permet enfin de se faire une idée de la capacité d'anticipation qu'a l'organisation en matière de performance relative au personnel et de perception de ce dernier. Un personnel satisfait aujourd'hui ne le sera pas forcément demain. De nombreux événements peuvent altérer sa satisfaction : des conflits au sein des équipes, des évolutions internes à l'organisation, des contraintes nouvelles s'imposant aux individus et à leur famille...

Comprendre les fondamentaux

Sous-critère 7a. Perceptions du personnel

Dans ce sous-critère, on décrit/analyse les mesures de la perception du personnel vis-à-vis de l'organisation. Obtenue à partir de canaux multiples décrits principalement en 3e, cette perception permet de comprendre l'efficacité, du point de vue du personnel, du déploiement et de l'exécution de la « stratégie personnel » de l'organisation et des politiques et processus qui la soutiennent.

En fonction des objectifs visés par l'organisation en matière de satisfaction de son personnel, ces mesures peuvent porter sur :

- la satisfaction, l'implication et l'engagement (par exemple, possibilités de réalisation de soi, niveau d'adhésion...) ;
- la fierté et le sentiment de réalisation de soi : (par exemple, épanouissement au travail, fierté d'appartenir) ;
- le leadership et le management (par exemple, exemplarité, soutien, écoute, capacité d'organisation...) ;
- la définition des objectifs, le management des compétences et des performances (par exemple, clarté des objectifs...) ;

7a	Exemples de points forts	Exemples de domaines d'amélioration
Pertinence et utilité	La segmentation des résultats de perception est pertinente par rapport aux différents profils de personnels et la stratégie.	La satisfaction des personnels n'est mesurée que tous les deux ans et le taux de retour ne dépasse pas 25% dans le processus X.
Tendances	La perception des personnels s'est améliorée sur les trois dernières années sur plus de 50% des mesures.	Seulement 1/4 des résultats de perception croissent sur 3 ans. Trois indicateurs de perception importants se dégradent sensiblement.
Cibles	Les objectifs en matière de satisfaction des personnels sont atteints voire dépassés dans plus de 75% des cas.	Deux objectifs importants ne sont pas atteints sur les deux dernières années notamment pour les femmes.
Benchmarks	Les performances de satisfaction des personnels sont meilleures que celles des premiers de la classe dans le secteur dans la moitié des cas.	Il n'y a de benchmarks de perception des personnels que sur ¼ des mesures. Les benchmarks existants ne portent que sur des moyennes sectorielles.
Causes	Les relations de causes à effets entre approches et résultats sont évidentes dans 75% des cas.	Rien ne permet de penser que la perception des personnels restera bonne sur les années à venir.

- la compétence, la formation et le développement de carrière (par exemple, qualité des formations...).
- l'efficacité de la communication (par exemple, fréquence, contenu, qualité, pertinence de la communication...) ;
- les conditions de travail (par exemple, qualité, ergonomie et sécurité de l'environnement...).

Il ne faut surtout pas se laisser enfermer dans ces exemples. Il faut définir/comprendre ce qui est important à mesurer pour l'organisation en matière de perception de son personnel.

Dans le modèle 2013 l'utopique mesure de perception de la fierté et de l'accomplissement des personnels a été remplacée par celle plus raisonnable de la motivation et de l'empouvoirement.

Sous-critère 7b. Indicateurs de performance relatifs au personnel

Dans ce sous-critère, on décrit/analyse les mesures internes utilisées pas l'organisation pour surveiller, comprendre, prévoir et améliorer la performance en matière de gestion du personnel et pour anticiper l'impact sur les perceptions de son personnel. Ces indicateurs permettent de comprendre l'efficience et l'efficacité du déploiement et de l'exécution de la « stratégie personnel » de l'organisation ainsi que des politiques et des processus qui la soutiennent.

En fonction des objectifs visés par l'organisation en matière de performance pour le personnel, ces mesures peuvent porter sur :
- l'implication et l'engagement (par exemple, participation aux projets et aux actions d'amélioration, suggestions émises, productivité, fonctions transverses assumées...) ;
- la définition des objectifs, le management des compétences et des performances (par exemple, pourcentage d'entretiens annuels d'évaluation, taux de personnel ayant fait du *catchball*) ;
- la performance en matière de leadership (par exemple, mesures relatives aux styles de leadership...) ;

Comprendre les fondamentaux

- la formation et le développement de carrière (par exemple, heures de formation par employé, pourcentage de promotions...) ;
- la communication interne (par exemple, fréquence par cible, variété des sujets, nombre de commentaires...).

Il ne faut surtout pas se laisser enfermer dans ces exemples. Il faut définir/comprendre ce qui est important à mesurer pour l'organisation en matière de performance pour son personnel.

Le modèle 2013 rajoute une précision sur plusieurs aspects mesurés : les activités déployées sur ces sujets, par exemple les activités de développement de carrière des personnels.

7b	Exemples de points forts	Exemples de domaines d'amélioration
Pertinence et utilité	La segmentation des résultats de performance est cohérente par rapport aux profils de personnels et à la stratégie.	La performance pour les personnels n'est mesurée que tous les deux ans et le taux de retour ne dépasse pas 50%.
Tendances	La perception des personnels s'est améliorée sur les trois dernières années.	La moitié des résultats de performance stagnent. Trois indicateurs de performance se dégradent.
Cibles	Les objectifs en matière de performance pour les personnels sont atteints voire dépassés dans 75% des cas.	Seulement ¼ des objectifs importants sont atteints sur les deux dernières années notamment pour les femmes.
Benchmarks	Les performances de pour les personnels sont meilleures que celles des premiers de la classe dans le secteur dans 70% des cas.	Il n'y a de benchmarks de performance pour les personnels que pour ¼ des mesures. Ces benchmarks ne portent que sur des moyennes sectorielles.
Causes	Les relations de causes à effets entre approches et résultats sont évidentes pour 75% des mesures.	Rien ne permet de penser que la performance pour les personnels restera bonne sur les années à venir.

Les résultats pour la collectivité

« Les organisations excellentes obtiennent présentement et produisent durablement des résultats qui répondent voire dépassent les besoins et les attentes de leurs parties prenantes pertinentes au sein de la société. » EFQM 2013.

Ce critère « Résultats pour la collectivité » permet de comprendre, d'une par,t comment les acteurs de la collectivité et de la société civile perçoivent l'organisation, ses activités et sa contribution citoyenne et, d'autre part, le niveau des performances liées à la collectivité mesurées en interne.

Il permet aussi de constater la compréhension qu'a l'organisation des causes sous-jacentes de ses performances relatives à la collectivité et aux perceptions de ses différentes composantes et l'usage qu'elle fait de cette compréhension pour s'améliorer au niveau des facteurs mis en œuvre.

Il permet ensuite de vérifier la profondeur de la réflexion de l'organisation sur les interdépendances entre indicateurs : quelle compréhension a-t-elle sur les couples « indicateurs leviers → indicateurs résultantes » (*leading* → *lagging*) qui se suivent au sein de son algorithme de la performance ? Jusqu'à quel point s'est-elle dotée d'une pensée structurée en matière de performance sociale, sociétale et environnementale ?

Il permet enfin de se faire une idée de la capacité d'anticipation qu'a l'organisation en matière de performance relative à la collectivité et de perception de ses acteurs. Une collectivité satisfaite aujourd'hui ne le sera pas forcément demain. De nombreux événements peuvent altérer sa satisfaction : côté organisation, des accidents industriels, des procès... côté collectivité, de nouveaux groupes de pression, des renforcements légaux et réglementaires...

Dans le modèle 2013, l'introduction de ce critère sonne très ISO-26000 puisqu'il demande que l'entreprise/organisation ait identifié les parties prenantes sociétales pertinentes.

Comprendre les fondamentaux

Sous-critère 8a. Perceptions de la collectivité

Dans ce sous-critère, on décrit/analyse les mesures de la perception qu'a la collectivité de l'organisation. Obtenue à partir de canaux multiples décrits principalement en 4c, y compris des enquêtes, des rapports, des articles de presse, des réunions publiques, des organisations non gouvernementales (ONG), des représentants du public et des autorités gouvernementales, cette perception permet de comprendre l'efficacité, du point de vue de la collectivité, du déploiement et de l'exécution de la stratégie sociétale et environnementale de l'organisation et des politiques et processus qui la soutiennent.

8a	Exemples de points forts	Exemples de domaines d'amélioration
Pertinence et utilité	La segmentation des résultats de perception est cohérente par rapport aux groupes de la collectivité et à la stratégie.	La satisfaction de la collectivité n'a été mesurée qu'une fois il y a quatre ans et le taux de retour ne dépasse pas 5%.
Tendances	La perception des représentants de la collectivité s'est améliorée cette année sur près de 75% des meures.	Il n'y a aucune tendance dégagée sur la perception de la collectivité.
Cibles	Les objectifs en matière de satisfaction de la collectivité sont atteints voire dépassés dans 2/3 des cas.	50% des objectifs importants ne sont pas atteints sur les deux dernières années notamment pour les responsables politiques.
Benchmarks	Les performances de satisfaction de la collectivité sont meilleures que celles des concurrents dans ¾ des cas.	Il n'y a pas de benchmarks de perception de la collectivité. Le seul benchmark existant au niveau écologique n'est pas pertinent.
Causes	Les relations de causes à effets entre approches et résultats sont évidentes pour 75% des mesures.	Rien ne permet de penser que la perception de la collectivité restera bonne sur les années à venir.

En fonction des objectifs visés par l'organisation en matière de satisfaction de la collectivité, ces mesures peuvent porter sur :
- l'impact environnemental (par exemple, perceptions à propos des bruits, odeurs, pollutions...) ;
- l'image et la réputation (par exemple, image en tant qu'employeur, perception des contributions citoyennes à la collectivité, le sponsoring...) ;

- l'impact sociétal (par exemple, perception sur l'implication dans la formation, la diversité...) ;
- l'impact sur le lieu de travail (par exemple, cadre visuel...) ;
- les récompenses et la couverture par les médias (par exemple, prix et trophées de toute nature...).

Il ne faut surtout pas se laisser enfermer dans ces exemples. Il faut définir/comprendre ce qui est important à mesurer pour l'organisation en matière de perception de la collectivité.

Le modèle 2013 n'apporte rien de nouveau sur ce sous-critère.

Sous-critère 8b. Indicateurs de performance relatifs à la collectivité

Dans ce sous-critère, on décrit/analyse les mesures internes utilisées par l'organisation pour surveiller, comprendre, prévoir et améliorer la performance et pour anticiper l'impact sur les perceptions qu'en a la collectivité. Ces indicateurs permettent de comprendre l'efficacité des approches adoptées pour gérer sa responsabilité sociale, sociétale et environnementale.

8b	Exemples de points forts	Exemples de domaines d'amélioration
Pertinence et utilité	La segmentation des résultats de performance est cohérente par rapport aux différents groupes de la collectivité.	¼ des mesures de performance pour la collectivité ne sont pas alignées sur la stratégie (mesures sociétales).
Tendances	Les performances pour la collectivité s'améliorent depuis trois ans pour plus de 75% des indicateurs.	Les tendances dégagées sur la performance pour la collectivité stagnent depuis deux ans.
Cibles	Les objectifs en matière de performance pour la collectivité sont atteints voire dépassés dans la 75% des cas.	Seulement ¼ des objectifs importants sont atteints sur les deux dernières années (ceux relatifs à l'environnement).
Benchmarks	Les performances pour la collectivité sont meilleures que celles des concurrents dans 75% des cas.	Il n'y a qu'un benchmark anecdotique de performance pour la collectivité (dons aux clubs sportifs de la ville d'implantation).
Causes	Les relations de causes à effets entre approches et résultats sont évidentes pour près de 75% des cas.	Rien ne permet de penser que la performance pour la collectivité restera bonne sur les années à venir.

Comprendre les fondamentaux

En fonction des objectifs visés par l'organisation en matière de performance pour la collectivité, ces mesures peuvent porter sur :
- la performance environnementale (par exemple, consommations de matières premières et énergies non renouvelables, taux de recyclage des rejets…) ;
- la conformité aux règlements et aux règles de gouvernance (par exemple, résultats des audits et contrôles de conformité…) ;
- la performance sociétale (par exemple, nombre de stagiaires, de contrats d'apprentissage, nombre de jours d'enseignement dispensés par l'encadrement, dons et aides alloués à des causes humanitaires, culturelles, sportives…) ;
- la performance en matière d'approvisionnement en matières premières et d'achats responsables (par exemple, pourcentage de fournisseurs ayant fait l'objet d'un audit intégrant les aspects de responsabilité sociétale et environnementale…).

Il ne faut surtout pas se laisser enfermer dans ces exemples. Il faut définir/comprendre ce qui est important à mesurer pour l'organisation en matière de performance pour la collectivité.

Dans le modèle 2013 on voit apparaître à côté des mesures sur les activités environnementales, celles sur les activités économiques et sociétales conduites par l'entreprise/organisation.

Les résultats Business

Le modèle 2013 apporte un titre nouveau à ce critère : les résultats clefs sont devenus les résultats business.

« Les organisations excellentes obtiennent présentement et produisent durablement des résultats qui répondent voire dépassent les besoins et les attentes de leurs parties prenantes Business. » EFQM 2013.

Ce critère « Résultats clés » permet de comprendre, d'une part, la performance globale de l'organisation comme résultante d'une stratégie articulée à un *business model* et, d'autre part, le niveau des performances liées aux processus de l'organisation et à ceux de ses partenaires et fournisseurs.

Il permet aussi de constater la compréhension qu'a l'organisation des causes sous-jacentes de ses performances stratégiques clés et l'utilisation qu'elle fait de cette compréhension pour s'améliorer au niveau des facteurs mis en œuvre (critères 1, 2, 3, 4 et 5).

Il permet ensuite de vérifier la profondeur de la réflexion de l'organisation sur les interdépendances entre indicateurs : quelle compréhension a-t-elle sur les couples « indicateurs leviers ➜ indicateurs résultantes » (*leading ➜ lagging*) qui se suivent au sein de son algorithme de la performance stratégique et opérationnelle ? Jusqu'à quel point a-t-elle acquis une réelle pensée systémique en matière de performance stratégique ?

Il permet enfin de se faire une idée de la capacité d'anticipation qu'a l'organisation en matière de performance stratégique et opérationnelle. Une stratégie gagnante hier et aujourd'hui ne le sera plus forcément demain ni après-demain. De nombreux événements tant liés au contexte qu'aux capacités de l'organisation peuvent changer le cours des choses et remettre en cause son *business model*, l'obliger à changer de stratégie, de vision voire de mission.

Sous-critère 9a. Résultats stratégiques clés
Dans ce sous-critère, on décrit/analyse les résultats, financiers et non financiers qui démontrent le succès du déploiement de la stratégie de l'organisation. L'ensemble de ses mesures et des objectifs pertinents aura été défini et approuvé auparavant avec les parties prenantes clés, notamment les actionnaires, propriétaires ou régaliens.

Comprendre les fondamentaux

En fonction des objectifs stratégiques visés par l'organisation, ces mesures peuvent porter sur :
- les résultats financiers (par exemple, chiffre d'affaires, profit avant impôts, marges, rentabilité à moyen et long termes, coûts, valeur de l'action, ratio sinistres/primes pour une compagnie d'assurances...) ;
- la performance rapportée au budget et plan stratégique (par exemple, pourcentage de respect du budget, pourcentage de réalisation du plan stratégique, pourcentage de réalisation de la mission confiée pour une administration...) ;
- le volume des produits ou services clés livrés (par exemple, volumes vendus, parts de marchés...) ;
- les résultats de processus clés (par exemple, délai de mise en marché des produits, taux de réussite aux examens pour une école, taux de guérisons pour un établissement hospitalier...).

Il ne faut surtout pas se laisser enfermer dans ces exemples. Il faut définir/comprendre ce qui est important à mesurer pour l'organisation en matière de résultats stratégiques clés en fonction des attentes de ses porteurs d'enjeux clés.

9a	Exemples de points forts	Exemples de domaines d'amélioration
Pertinence et utilité	Les résultats présentés et la pertinence établie couvre tous les aspects du *balanced scorecard* de l'organisation.	¼ des résultats stratégiques clés ne sont pas alignées sur les aspects du *balanced scorecard* de l'organisation.
Tendances	75% des résultats stratégiques clés progressent sur les trois dernières années.	Les tendances dégagées sur les résultats stratégiques clés stagnent depuis deux ans.
Cibles	Dans plus de 2/3 des cas, les résultats stratégiques clés atteignent leur cible depuis deux ans.	Seulement ¼ des objectifs stratégiques sont atteints sur les deux dernières années.
Benchmarks	Dans plus de 75% des cas les résultats stratégiques clés sont meilleurs que ceux des concurrents de pointe au niveau mondial.	Il n'y a qu'une comparaison sectorielle sur deux résultats stratégiques clés : le chiffre d'affaires et la part de marché.
Causes	L'effet est visible pour tous les résultats et les preuves d'une durabilité des performances sont là.	Rien ne permet de penser que les résultats stratégiques resteront bons sur les années à venir.

Dans le modèle 2013 une mesure de perception apparaît dans ce critère 9a pour les porteurs d'enjeux business (actionnaires, propriétaires, régaliens...). Le modèle se libère donc d'un a priori bien enraciné de la culture actionnariale (Shareholder approach) que les résultats seuls (surtout financiers en logique capitaliste) satisfont, et ce de manière automatique, un porteur d'enjeux business.

Sous-critère 9b. Indicateurs de performance clés

Dans ce sous-critère, on décrit/analyse les indicateurs, financiers et non financiers, qui sont utilisés pour mesurer la performance opérationnelle de l'organisation. Ils contribuent à surveiller, comprendre, prévoir et améliorer ses résultats potentiels de performances clés.

En fonction des objectifs visés par l'organisation, ces mesures peuvent porter sur :
- les indicateurs de performance financière (par exemple, marge brute d'autofinancement, taux des crédits, coûts de maintenance et d'entretien...) ;
- les coûts des projets (par exemple, retours sur investissement des projets...) ;

9b	Exemples de points forts	Exemples de domaines d'amélioration
Pertinence et utilité	Les résultats présentés et la pertinence établie couvre tous les aspects des tableaux de bord de déclinaison des objectifs.	¼ des mesures de performance clés ne sont pas alignées sur les tableaux de bord de déclinaison des objectifs stratégiques.
Tendances	75% des indicateurs clés de performance opérationnelle progressent sur les trois dernières années.	Les tendances dégagées sur les indicateurs de performance clés stagnent depuis deux ans.
Cibles	Dans plus de 2/3 des cas, les indicateurs clés de performance opérationnelle atteignent leur cible.	Seulement ¼ des objectifs importants sont atteints sur les deux dernières années (ceux des processus métier internes)
Benchmarks	Dans plus de 75% des cas indicateurs clés de performance opérationnelle sont meilleurs que ceux des organisations de pointe sur le sujet.	Il n'y a qu'un benchmark anecdotique de performance pour le processus de fabrication Y.
Causes	L'effet est visible pour tous les résultats et les preuves d'une durabilité des performances sont là.	Rien ne permet de penser que la performance opérationnelle restera bonne sur les années à venir.

Comprendre les fondamentaux

- les indicateurs de performance des processus clés (par exemple, capabilité des processus, niveaux de risques opérationnels, taux de rotation des stocks, réactivité des changements de série, taux d'utilisation des infrastructures, des équipements et matériels...) ;
- la performance des partenaires et des fournisseurs (par exemple, évolution des chiffres d'affaires réalisés avec l'organisation...) ;
- la technologie, l'information et les connaissances (par exemple, taux d'accession aux bases de connaissances collectives, valeur du capital immatériel...).

Il ne faut surtout pas se laisser enfermer dans ces exemples. Il faut définir/comprendre ce qui est important à mesurer pour l'organisation en matière d'indicateurs de performance clés.

Le modèle 2013 n'apporte rien de nouveau sur ce sous-critère.

Les y de l'équation de la performance

Dans le modèle EFQM, nous venons de voir que les y de l'équation de la performance sont au nombre de 8 regroupés en 4 familles couvrant tous les groupes de porteurs d'enjeux :
- 2 pour les clients ;
- 2 pour le personnel ;
- 2 pour la collectivité ;
- et 2 pour les souverains (propriétaires, actionnaires, régaliens) et partenaires.

Ces y sont eux-mêmes interdépendants dans l'espace et le temps. Ce sont plus leurs articulations et les logiques en découlant (inerties et « précipitats » systémiques multiples et enchevêtrés) qui expliquent la dynamique des résultats que chaque y pris isolément. Ce qui montre le niveau de maturité d'une organisation, c'est sa compréhension non seulement des liens de cause à effet entre les x et les y, mais aussi des liens entre les y eux-mêmes.

Tout l'art de l'excellence et de l'alignement de maturité consiste donc à comprendre les articulations de résultats les plus significatives, à les utiliser dans la fixation des objectifs et l'alignement stratégique et à améliorer en permanence cette capacité sur la base des résultats obtenus précédemment, de l'expérience acquise en interne et de l'apprentissage issu des actions de benchmarking avec les meilleurs de la classe.

Notations et pondérations

La mesure du niveau de maturité d'une organisation par rapport au référentiel d'excellence de l'EFQM se fait sur la base d'une notation sur 1000 points. Le modèle 2013 a gardé une répartition égale entre facteurs (500 points) et résultats (500 points).

Comme nous l'avons déjà vu, les cinq critères de facteurs valent tous 100 points, alors que les critères de résultats ont des pondérations différentes : 150 points aux résultats pour les clients, 100 points aux résultats pour le personnel, 100 points aux résultats pour la collectivité et 150 points aux résultats clés.

Dans la version précédente du modèle, ces pondérations étaient différentes :
- leadership : 100 points ;
- stratégie : 80 points ;
- personnel : 90 points ;
- partenariats et ressources : 90 points ;
- processus, produits et services : 140 points ;
- résultats pour les clients : 200 points ;
- résultats pour le personnel : 90 points ;
- résultats pour la collectivité : 60 points ;
- résultats d'activité : 150 points.

Ces pondérations varient aussi d'un référentiel à un autre comme on peut le constater dans l'annexe 2.

Comprendre les fondamentaux

Les logiques

Trois grandes logiques sous-tendent la notation EFQM. Les voici dans l'ordre du général au particulier :
- La première logique du modèle est l'égalité du poids entre facteurs et résultats.
- La seconde logique est celle de la pondération des critères et sous-critères.
- La troisième logique est celle de la notation RADAR des sous-critères.

L'ordre chronologique de l'exercice de notation est en sens inverse. D'abord, on note les sous-critères à partir de la carte RADAR.

Pour les facteurs, une fois que l'on a collecté l'information à partir du dossier, des documents analysés, des entretiens effectués et des preuves obtenues sur site, on liste les points forts et les domaines d'amélioration avec un classement adapté à la grille RADAR des facteurs de ce type :

Facteurs	Points forts	Domaines d'amélioration
Approches		
Déploiement		
Évaluation et amélioration		

Figure 54 : Points forts/domaines d'amélioration : facteurs

À partir de ce travail, on peut aisément cocher, dans la grille RADAR d'évaluation des facteurs *(voir figure 55 page 202 et pages suivantes)*, les cases de notation où l'organisation évaluée se trouve sur chacun des trois aspects pour lesquels on dispose d'une liste préalable de points forts et de domaines d'amélioration.

Plus vous aurez été factuels dans vos listes de points forts et de domaines d'amélioration, plus facile sera la notation. Prenons un exemple pour illustrer ce point : le déploiement de l'évaluation à 360 degrés

Figure 55 : Grille RADAR d'évaluation des facteurs

APPROCHE	0%			25%			50%			75%			100%	
Robuste - l'approche a une rationalité claire - l'approche a des processus définis - l'approche se concentre sur les besoins des porteurs d'enjeux - l'affinage et l'amélioration continus sontt inscrits au cœur de l'approche	Pas de preuves ou anecdotique			Quelques preuves			Preuves			Preuves solides			Preuves complètes	
	0	5	10	15	20	25	30	35	40	45	50	55	60	65	70	75	80	85	90	95	100
Intégrée - l'approche soutient la stratégie - l'approche est articulée de manière appropriée avec d'autres	Pas de preuves ou anecdotique			Quelques preuves			Preuves			Preuves solides			Preuves complètes	
TOTAL POUR L'APPROCHE	0%			25%			50%			75%			100%	
	0	5	10	15	20	25	30	35	40	45	50	55	60	65	70	75	80	85	90	95	100
DÉPLOIEMENT														
Implémentée - l'approche est implémentée dans les domaines pertinents	Pas de preuves ou anecdotique			Implémentée dans 1/4 des domaines pertinents			Implémentée dans 1/2 des domaines pertinents			Implémentée dans 3/4 des domaines pertinents			Implémentée dans tous les domaines pertinents	
Structurée - l'approche est déployée de manière structurée permettant la flexibilité et l'agilité organisationnelle	Pas de preuves ou anecdotique			Quelques preuves			Preuves			Preuves solides			Preuves complètes	
TOTAL POUR LE DÉPLOIEMENT	0%			25%			50%			75%			100%	
	0	5	10	15	20	25	30	35	40	45	50	55	60	65	70	75	80	85	90	95	100
ÉVALUATION ET RAFFINEMENT														
Mesure - des mesures régulières d'efficacité et d'efficience de l'approche et de son déploiement sont réalisées - les mesures choisies sont appropriées	Pas de preuves ou anecdotique			Quelques preuves			Preuves			Preuves solides			Preuves complètes	
Apprentissage et créativité - l'apprentissage est utilisé pour identifier les meilleures pratiques internes et externes ainsi que les opportunités d'amélioration - la créativité est utilisée pour générer de nouvelles approches ou des changements d'approches	Pas d'preuves ou anecdotique			Quelques preuves			Preuves			Preuves solides			Preuves complètes	
Amélioration et innovation - les résultats des mesures et de l'apprentissages sont utilisés pour identifier, prioriser, planifier et implémenter les améliorations - les résultats de la créativités sont évalués et priorisés et utilisés	Pas de preuves ou anecdotique			Quelques preuves			Preuves			Preuves solides			Preuves complètes	
TOTAL POUR L'ÉVALUATION ET LE RAFFINEMENT	0	5	10	15	20	25	30	35	40	45	50	55	60	65	70	75	80	85	90	95	100
TOTAL GENERAL	0	5	10	15	20	25	30	35	40	45	50	55	60	65	70	75	80	85	90	95	100

Comprendre les fondamentaux

pour le management (sous-critère 1a). Si vous avez listé en domaine d'amélioration : « peu ou beaucoup de cadres ont bénéficié d'une évaluation à 360 degrés », vous aurez plus de mal à noter le déploiement de l'approche que si vous avez listé « sur 120 cadres, 30 ou 100 ont bénéficié d'une évaluation à 360 degrés ». Mais attention, si la notation du déploiement peut se faire de façon quasi mathématique, sur les autres aspects, il faut évaluer la nature et le poids des preuves produites : on est plus dans du qualitatif.

Dans un second temps, on coche la case appropriée du total général qui n'est pas forcément la moyenne arithmétique des trois cases cochées précédemment, mais qui ne s'en trouve jamais très loin si l'on est cohérent. Par exemple, une belle approche bien décrite, mais dont le déploiement n'est visiblement qu'anecdotique et pour laquelle il n'y a, par conséquent, pas de mesure va avoir une notation plus basse que la moyenne des trois notations partielles.

Pour les résultats, une fois que l'on dispose des résultats du dossier et des résultats complémentaires collectés sur site, on liste les points forts et les domaines d'amélioration avec un classement adapté à la grille RADAR des résultats de ce type :

Résultats	Points forts	Domaines d'amélioration
Pertinence et utilité		
Tendances		
Cibles		
Comparaisons		
Causes		

Figure 56 : Points forts/domaines d'amélioration : résultats

À partir de ce travail, comme pour les facteurs, on peut aisément cocher, dans la grille RADAR d'évaluation des résultats *(voir figure 57 page 205)*, les cases de notation où l'organisation évaluée se trouve sur chacun des aspects pour lesquels on dispose d'une liste préalable de points forts et de domaines d'amélioration.

Plus vous aurez traduit vos points forts et domaines d'amélioration dans des termes proches du verbatim de la grille RADAR, plus facile sera la notation qui en découlera.

Une fois l'ensemble des sous-critères notés, on les inscrit dans une grille de calcul qui contient les algorithmes de calcul et de pondération entre sous-critères et critère d'appartenance *(voir figure 58 page 206)*.

Pour obtenir le score des sous-critères de facteurs, on les additionne et on divise leur somme par le nombre de sous-critères appartenant au critère.

Pour les sous-critères de résultats, la pondération affectée à chaque score est la suivante :
- perceptions des clients : 75 % ;
- performance relative aux clients : 25 % ;
- perceptions du personnel : 75 % ;
- performance relative au personnel : 25 % ;
- perceptions de la collectivité : 50 % ;
- performance relative à la collectivité : 50 % ;
- résultats stratégiques clés : 50 % ;
- indicateurs de performance clés : 50 %.

L'obtention du score se fait à chaque fois par addition des deux notations pondérées de chaque critère.

Le calcul de la note globale se fait par multiplication du score de chaque critère par son coefficient (1 pour les critères 1, 2, 3, 4, 5, 7 & 8 et 1,5 pour les critères 6 & 9), puis addition des scores pondérés des critères.

Comprendre les fondamentaux

	0%	25%	50%	75%	100%
PERTINENCE ET UTILISABILITÉ					
Étendue et pertinence - l'étendue des résultats présentés - porte sur les besoins et attentes des porteurs d'enjeux - est consistante avec la stratégie et les politiques de l'organisation - les résultats clés les plus importants sont identifiés et priorisés - les relations entre les résultats pertinents sont comprises	Pertinence non établie ou information anecdotique	Résultats présentés et pertinence établie pour 1/4 des domaines pertinents	Résultats présentés et pertinence établie pour 1/2 des domaines pertinents	Résultats présentés et pertinence établie pour 3/4 des domaines pertinents	Résultats présentés et pertinence établie pour tous les domaines pertinents
Intégrité - les résultats sont temporels, fiables et précis	Intégrité non établie ou information anecdotique	Temporels, fiables et précis pour 1/4 des résultats présentés	Temporels, fiables et précis pour 1/2 des résultats présentés	Temporels, fiables et précis pour 3/4 des résultats présentés	Temporels, fiables et précis pour tous les résultats présentés
Segmentation - les résultats sont segmentés de manière appropriée	Pas de segmentation	Segmentation utilisable pour 1/4 des résultats	Segmentation utilisable pour 1/2 des résultats	Segmentation utilisable pour 3/4 des résultats	Tous les résultats sont utilement segmentés
TOTAL POUR LA PERTINENCE ET L'UTILISABILITÉ	0　5　10	15　20　25　30　35	40　45　50　55　60	65　70　75　80　85	90　95　100
Note : ce total ne doit pas dépasser celui de l'étendue et pertinence					
PERFORMANCE	0%	25%	50%	75%	100%
Tendances - Les tendances sont positives et/ou les résultats de performance sont durablement bons	Pas de résultats ou information anecdotique	Tendances positives et/ou résultats de performance durablement bons pour 1/4 des résultats sur au moins 3 ans	Tendances positives et/ou résultats de performance durablement bons pour 1/2 des résultats sur au moins 3 ans	Tendances positives et/ou résultats de performance durablement bons pour 3/4 des résultats sur au moins 3 ans	Tendances positives et/ou résultats de performance durablement bons pour tous les résultats sur au moins 3 ans
Cibles - les cibles sont définies pour les résultats clés - les cibles sont appropriées - les cibles sont atteintes	Pas de cibles ou information anecdotique	Jeu de cibles appropriées et atteintes pour 1/4 des indicateurs clés	Jeu de cibles appropriées et atteintes pour 1/2 des indicateurs clés	Jeu de cibles appropriées et atteintes pour 3/4 des indicateurs clés	Jeu de cibles appropriées et atteintes pour tous les indicateurs clés
Comparaisons - les comparaisons s'ont définies pour les résultats clés - les comparaisons sont appropriées - les comparaisons sont favorables	Pas de comparaisons ou information anecdotique	Des comparaisons existantes et favorables pour 1/4 des résultats clés	Des comparaisons existantes et favorables pour 1/2 des résultats clés	Des comparaisons existantes et favorables pour 3/4 des résultats clés	Des comparaisons existantes et favorables pour tous les résultats clés
Causes - on peut avoir confiance que les niveaux de performance vont persister dans le futur - en se basant sur la connaissance profonde des relations entre causes et effets	Pas d'assurance sur les causes ou information anecdotique	Causalité visible pour 1/4 des domaines pertinents et début d'évidence que la performance sera durable	Causalité visible pour 1/2 des domaines pertinents et évidence que la performance sera durable	Causalité visible pour 3/4 des domaines pertinents et évidence claire que la performance sera durable	Causalité visible pour tous les domaines pertinents et vaste évidence que la performance sera durable
TOTAL POUR LA PERFORMANCE	0　5　10	15　20　25　30　35	40　45　50　55　60	65　70　75　80　85	90　95　100
TOTAL GENERAL	0　5　10	15　20　25　30　35	40　45　50　55　60	65　70　75　80　85	90　95　100

Figure 57 :
Grille RADAR
d'évaluation
des résultats

Le guide de l'EFQM version 2013

CRITERES DE FACTEURS											
N° de critère	1	%	2	%	3	%	4	%	5	%	
Sous-Critère	1a		2a		3a		4a		5a		
Sous-Critère	1b		2b		3b		4b		5b		
Sous-Critère	1c		2c		3c		4c		5c		
Sous-Critère	1d		2d		3d		4d		5d		
Sous-Critère	1e				3e		4e		5e		
Somme		0		0		0		0		0	
Diviseur		5		4		5		5		5	
SCORE FACTEURS		0		0		0		0		0	

CRITERES DE RESULTATS													
N° de critère	6	%	*	7	%	*	8	%	*	9	%	*	
Sous-Critère	6a		0,75	7a		0,75	8a		0,5	9a		0,5	
Sous-Critère	6b		0,25	7b		0,25	8b		0,5	9b		0,5	
SCORE RESULTATS		0			0			0			0		

TOTAL	1	2	3	4	5	6	7	8	9	TOTAL
Multiplicateur	1	1	1	1	1	1,5	1	1	1,5	
Scores	0	0	0	0	0	0	0	0	0	
POINTS	0	0	0	0	0	0	0	0	0	0

Figure 58 : Grille de synthèse de la notation

Les évolutions du modèle 2013 en matière de cotation RADAR sont les suivantes :

Pour l'analyse des facteurs :
- le déploiement doit désormais être structuré plutôt que systématique. C'est-à-dire que l'exécution d'une approche doit être structurée et permettre la flexibilité et l'agilité organisationnelle.
- la nouvelle règle est qu'un sous-critère ne peut pas être noté plus haut que son élément « *Approach* : Approche ». En effet, si on a du déploiement et de la mesure sans approche saine et intégrée, les deux éléments (déploiement et mesure) sont de la perte de temps et de moyens.

Pour l'analyse des résultats :
- il ne s'agit plus simplement de démontrer que la performance actuelle est le fruit de causes volontaires (facteurs), mais de prouver

Comprendre les fondamentaux

que l'on peut raisonnablement avoir confiance dans les résultats de demain sur la base de la connaissance des mécanismes de cause à effets. C'est-à-dire que la performance sera au rendez-vous demain sur la base de la maîtrise actuelle des relations de causes à effets.
- la nouvelle règle est qu'un sous-critère ne peut pas être noté plus haut que son attribut « Scope & Relevance : Etendue & Pertinence ». En effet, si la mesure est trop partielle ou inappropriée, même si les tendances sont positives, les cibles atteintes et les comparaisons avantageuses, sa valeur est négligeable.

Les pratiques

Dans la pratique, la notation peut se faire soit individuellement, soit en groupe. Si elle est effectuée individuellement, l'animateur de l'autoévaluation a tout intérêt à collecter les scores des sous-critères pour préparer la journée de consensus. Il verra en effet sur quels sous-critères il y a consensus de fait (c'est-à-dire une fourchette de scores ne dépassant pas 20 points d'étendue) et sur lesquels il y a des points de vue opposés (c'est-à-dire plus de 20 points de différence entre la note la plus basse et la note la plus élevée). Il pourra ainsi affecter plus de temps à ces derniers sous-critères dans son planning de la session de consensus. Si elle est effectuée collectivement, il vaut mieux récupérer les scores de chaque membre du groupe sur un Post-it quand on a des participants dominants qui imposent leur score en premier et font que les autres s'alignent sur eux par mimétisme.

Plusieurs comparaisons de notations sont porteuses de sens :
- Il est intéressant de comparer des notations internes par autoévaluation avec les notations externes faites par des assesseurs tiers pour voir si on est trop optimiste ou pessimiste par rapport à une notation tierce.
- La comparaison « comité de direction - encadrement intermédiaire - personnel » révèle des différences de perception sur les mêmes

sous-critères selon les niveaux hiérarchiques et invite à des consensus inter-niveaux.
- La comparaison dans le temps d'une année sur l'autre permet d'acter des progrès accomplis par l'organisation.

L'utilité de la notation

L'utilité la plus apparente de la notation pour une organisation est d'avoir un score global qui lui donne son niveau de maturité sur sa route vers l'excellence et la performance durables et de pouvoir se comparer à d'autres organisations *(benchmark)* à partir de ce référentiel commun.

Mais il y a une autre utilité, bien plus importante pour un assesseur, qui est celle de lui permettre, à partir du profil obtenu *(cf. figure 57 page 205)*, de « prioriser » les points forts et les domaines d'amélioration pour identifier les pistes de progrès les plus pertinentes pour l'organisation et les plus adaptées à ses enjeux et contraintes spécifiques.

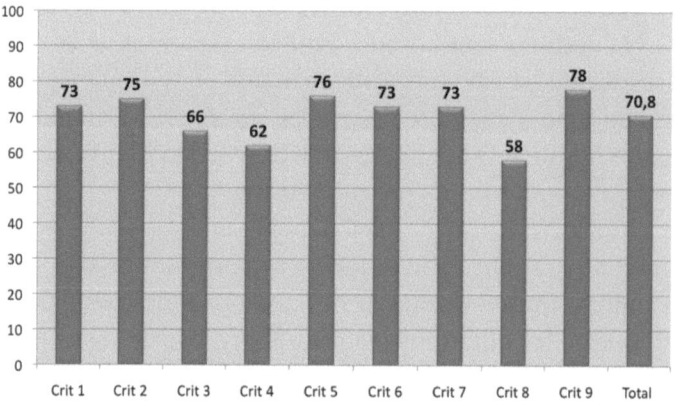

Figure 59 : Graphique de notation des critères

CHAPITRE 5
Vers l'excellence durable de son organisation avec le référentiel EFQM

Parfaire l'alignement stratégique	**212**
Expliciter mission, vision et valeurs	213
Expliciter sa logique de performance	214
Décliner sa stratégique	218
Articuler les alignements	222
Déployer la logique RADAR	**222**
Rechercher les bonnes comparaisons	**232**
Segmenter vos porteurs d'enjeux	**237**

Vers l'excellence durable de son organisation avec le référentiel EFQM

« Il y eut une autoévaluation et il y eut une amélioration : ce fut le second jour » de votre genèse EFQM. Après une première expérience avec le modèle EFQM, apparaissent des faiblesses génériques dans le management des organisations.

Le comité de direction interpellé sur un certain nombre de sous-critères lors de l'exercice d'autoévaluation en ressort avec un sentiment d'insatisfaction, voire d'agacement, sur les domaines majeurs que sont :
- La définition de la stratégie et des métriques pour mesurer son déploiement et sa réalisation : le constat est souvent que les définitions et déclinaisons stratégiques sont lacunaires et peu claires et que les indicateurs sont incomplets et non satisfaisants.
- La logique d'amélioration continue : le constat est souvent que l'amélioration continue mise en place lors du projet de certification ISO 9001 est bien timide par rapport aux enjeux d'amélioration stratégique et que la notion de revue (raffinage : refinement) n'est pas vraiment comprise ni mise en œuvre de manière systématique.
- Les pratiques et méthodes en place : le constat est que, dans beaucoup de domaines, l'organisation n'a pas adopté ni adapté les bonnes pratiques (c'est-à-dire l'état de l'art) qui sont à sa portée et n'a pas de comparaison de performance avec d'autres organisations (moyenne du secteur, meilleurs du secteur ou sur un sujet).
- La connaissance des clients : le constat est que souvent l'organisation segmente peu ses clients et n'a qu'une connaissance très globale de leurs attentes et de leur niveau de satisfaction.

Cette dissonance cognitive mise en place par l'exercice d'autoévaluation produit chez les acteurs d'une organisation une tension qui va être le moteur du changement nécessaire dans la seconde étape de maturation.

La dissonance cognitive a été définie par un chercheur américain, Leon Festinger (1957). Deux cognitions sont dissonantes quand elles s'opposent ou sont en contradiction les unes avec les autres. La nouvelle cognition provoquée par les leçons apprises de l'autoévaluation plonge le collectif dans un état inconfortable, de sorte que ça le motive à réduire cette dissonance. Plus la dissonance que l'autoévaluation fait apparaître va être intense, plus cet inconfort psychologique collectif va être consistant et plus la pression pour réduire la dissonance le sera aussi.

J'ai constaté que, de manière assez naturelle, derrière une première autoévaluation bien conduite, c'est-à-dire avec un espace-temps de création collective de sens efficace, quatre grands chantiers correspondant à ces points d'agacement (de dissonance) sont ouverts par les directions générales.

Parfaire l'alignement stratégique

Jusque-là, la direction de votre organisation ne définissait que les priorités stratégiques de l'année et les déclinait le long de la chaîne de commandement. Il n'est donc pas étonnant que certaines unités déclarent se trouver sans objectifs. De plus, la déclinaison se fait habituellement de haut en bas de la pyramide, chaque niveau imposant plus ou moins les objectifs et cibles au niveau en dessous sans se préoccuper de la cohérence entre objectifs et moyens ni des approches pour les atteindre.

Or le premier concept fondamental demande aux organisations de déterminer des résultats clés requis pour accomplir avec succès leur mission et répondre aux attentes à court et long termes de leurs parties prenantes. Cela signifie que les organisations sont invitées à revi-

Vers l'excellence durable de son organisation avec le référentiel EFQM

siter leur modèle d'affaires *(business model)* et à l'expliciter pour en dégager la logique de performance.

Deux chantiers sont alors engagés :
- la redéfinition de l'univers stratégique et de l'univers de mesure correspondant qui va « impacter » les quatre critères de résultats (6, 7, 8 et 9) ;
- l'adoption des meilleures pratiques en matière de définition et de déclinaison des objectifs stratégiques, notamment le tableau de bord prospectif *(balanced scorecard)* et le la déclinaison participative des objectifs, chemins et moyens (Hoshin planning).

Expliciter mission, vision et valeurs

La pratique de l'autoévaluation selon le modèle EFQM fait prendre conscience progressivement aux dirigeants de la nécessité de définir ou de réajuster, voire de redéfinir, un certain nombre de règles du jeu managérial orienté vers l'excellence et la performance durables.

Les principaux éléments de cette visibilité et création de sens à long terme sont les suivants.
- **La devise (the motto) :** elle s'est forgée en général au fil des ans et apparaît souvent dans la publicité institutionnelle. C'est le joyau identitaire dans sa plus simple réduction, l'article essentiel du credo de l'organisation.
- **La mission :** c'est la raison d'être d'une organisation, sa finalité. Elle décrit la nature actuelle de l'organisation et définit de manière plus précise et factuelle là où elle veut être à un horizon plus rapproché. Elle indique les directions à suivre et apporte des précisions sur ses parties prenantes, ses principaux processus et produits et le niveau de performance général prévu.
- **La vision :** elle définit où l'organisation souhaite être à long terme, c'est-à-dire l'identité future de l'organisation. C'est une source

d'inspiration collective pour le projet corporate qui fournit des jalons clairs à l'appui du processus décisionnel.
- **Les valeurs :** ce sont les lignes de conduite qui régissent la prise de décision en l'absence de toute prescription formelle (ordre, consigne, procédure...). Ce sont également les priorités de base et les qualités de la culture d'une organisation qui guident son personnel dans sa façon d'être tant dans les relations internes qu'externes, notamment avec les parties intéressées.
- **Les principes :** ce sont les orientations fondamentales d'action sur lesquelles repose le système de management de l'organisation. Ils intègrent en général de manière explicite tout ou partie des huit concepts fondamentaux.

Pour la plupart des dirigeants, la formalisation de ces éléments relève de l'exercice de style, voire pour certains de la naïveté. Pour nous, ces éléments constituent l'esprit et le ciment des organisations exceptionnelles sur le long terme, comme l'ont démontré un certain nombre d'études publiées ces dernières années.

Le problème sur ce point reste double :
- celui de la formalisation de ces éléments à partir de la réalité vécue par l'organisation plutôt qu'à partir de souhaits irréalistes ;
- celui de l'alignement permanent des discours, des décisions et des actes sur ces éléments une fois définis.

Les meilleures organisations impliquent leurs cadres intermédiaires, voire leur personnel, dans la définition de ces éléments, et plus particulièrement dans celle des valeurs.

Expliciter sa logique de performance

Une fois ce cadre à long terme défini, il s'agit d'explorer explicitement l'univers stratégique à moyen terme. Les meilleures organisations uti-

Vers l'excellence durable de son organisation avec le référentiel EFQM

lisent pour ce faire la méthode du tableau de bord prospectif ou équilibré (balanced scorecard) qui est un outil permettant de traduire la vision de l'entreprise dans une stratégie cohérente et robuste, puis cette stratégie en objectifs mesurables.

Plongeant ses racines dans le travail de pionnier de General Electric en matière de mesure de la performance dans les années 1950 et dans le travail des ingénieurs français qui ont créé le tableau de bord au début du XXe siècle, le premier *balanced scorecard* a été créé par Arthur Schneiderman (un consultant indépendant en management de processus) en 1987 chez Analog Devices, une PME fabriquant des semi-conducteurs. Cet outil a ensuite été « méthodologisé » à la Harvard Business School, par Robert S. Kaplan & David P. Norton. Au départ surtout utilisé dans une approche *shareholder view* à dominante actionnaires et clients, il est aujourd'hui adopté par les organisations ayant résolument une approche porteurs d'enjeux *stakeholder view*.

Son but est de permettre de cartographier l'univers stratégique *(strategy map)* et de mesurer la performance globale *(corporate scorecard)* du système de management d'une organisation. Il est applicable à tout type d'organisation quels que soient sa taille, son secteur d'activité, sa finalité…
Il repose sur quatre perspectives d'analyse permettant de définir des indicateurs pertinents avec des objectifs et des mesures. Elles sont présentées canoniquement dans l'ordre suivant :

- **Finances :** volumes, charges, marges, rentabilité, risques financiers…
- **Clients :** volumes de ventes, conquête, fidélisation, satisfaction, réclamations… Désormais il vaut mieux élargir cet axe à toutes les parties prenantes sauf les propriétaires (actionnaires, souverains…) concernés par la perspective financière.
- **Processus :** performance, capabilité, délais, efficacité, conformité, réactivité, innovation…

- **Apprentissage :** c'est la perspective des actifs dans lesquels on investit surtout les actifs intangibles : formation, leadership, systèmes d'information... Désormais, il vaut mieux élargir cet axe à tous les efforts consentis et aux investissements de toute nature.

Cet ordre peut être changé. Des organisations non lucratives, notamment publiques, positionnent souvent le niveau financier en bas de la liste comme un donné de départ et non un but.

Certains rajoutent parfois des perspectives. J'ai constaté que cela nuisait plus souvent à la clarté de la stratégie que cela ne l'améliorait. Je préconise donc de ne pas sortir de ces quatre dimensions canoniques.

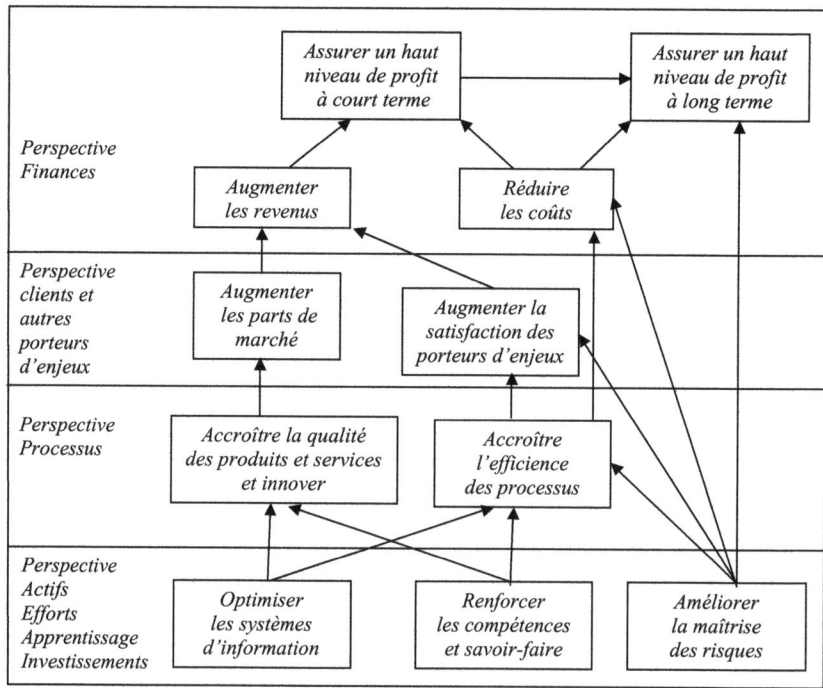

Figure 60 : Exemple de *strategy map* d'un BSC

Vers l'excellence durable de son organisation avec le référentiel EFQM

Cet univers stratégique se lit du bas vers le haut de la manière suivante séquentiellement d'une perspective à l'autre :
1. Dans quoi l'organisation investit-elle ? Quels sont ses actifs tangibles et intangibles ? Quels efforts fournit-elle ?
2. Pour quelle efficacité renforcée de ses processus ?
3. Pour quelles meilleures performance et satisfaction des clients et autres porteurs d'enjeux ?
4. Pour quels résultats financiers ?
Cette carte stratégique met en évidence les liaisons causes-effets entre différents points de vue dynamiques.

Derrière chaque axe de la carte stratégique, la méthode définit des indicateurs de mesure, un panel de mesures montrant comment l'organisation progresse vers la réalisation de ses objectifs stratégiques. Le *balanced scorecard* complète les mesures financières de la performance passée avec des mesures des leviers de la future performance. Il devrait contenir juste assez de données pour procurer une image complète de la performance organisationnelle... et pas plus !

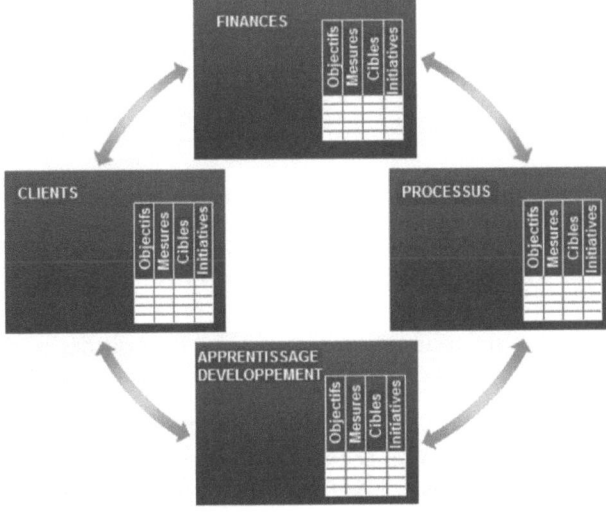

Figure 61 : Les métriques du balanced scorecard

Le guide de l'EFQM version 2013

La notion centrale d'équilibrage *(balance)* de cette méthode joue à plusieurs niveaux :
- entre les termes (court, moyen et long) ;
- entre les perspectives (finances, clients, processus, apprentissage et développement) ;
- entre les porteurs d'enjeux (clients, partenaires et fournisseurs, personnel, société et collectivité...) ;
- entre natures de mesures (externes ↔ internes, quantitatives ↔ qualitatives, leviers ↔ résultantes).

Déployer la méthode du *balanced scorecard* va conduire votre organisation au centrage et recentrage stratégique et à l'alignement organisationnel et lui permettre de sortir de la médiocrité d'un processus de définition et de déploiement stratégique qui se contente des dominantes stratégiques annuelles.

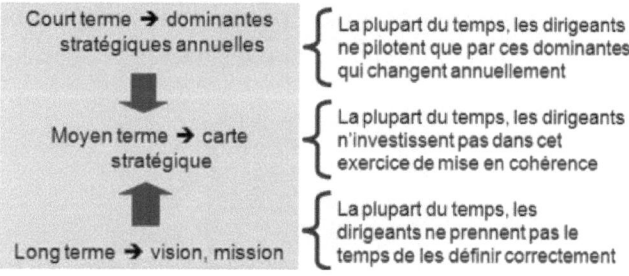

Figure 62 : L'articulation des termes avec le BSC

Décliner sa stratégique

Une fois l'univers stratégique bien structuré, il s'agit de lui donner les meilleures chances d'être mis en œuvre efficacement. Pour ce faire, il faut en décliner les axes sur les niveaux opérationnels. Cette déclinaison se fait traditionnellement selon la méthode de la direction par objectifs *(management by objectives)*, qui consiste pour la direction d'une entre-

Vers l'excellence durable de son organisation avec le référentiel EFQM

prise ou de toute autre institution à fixer aux diverses unités de l'organisation, ou à négocier avec elles, des objectifs quantitatifs ou qualitatifs à atteindre à une échéance donnée (par exemple annuellement).

Cette manière de faire présente de nombreux inconvénients dont les deux majeurs ont fait la une de la presse ces dernières années :
- elle incite à un management exclusif par les résultats sans se préoccuper du chemin pour y arriver qui débouche sur le principe opérationnel que « la fin justifie les moyens ! » ;
- elle fait descendre le long de la chaîne de commandement les doubles contraintes *(double binds)* au sens de l'école de Palo Alto, pour finir sur les individus à leur poste de travail, entraînant des départs, de l'absentéisme, voire des suicides.

Bref, le management par les seuls résultats amène les organisations à des dérives amères qui peuvent aller jusqu'à entraîner leur disparition.

Les organisations excellentes qui visent la durabilité recourent à une méthode de déclinaison participative des objectifs qui est inspirée du Hoshin planning, né aux Chantiers navals de Kobe, au Japon, à la fin des années 1960. Dans les années 1970, les gagnants du prix Deming en parlaient dans leurs dossiers. Yoji Akao, universitaire l'a formalisée comme une méthodologie structurée et intégrée au TQM *(total quality management)*.

Son principe de base est simple : un bon pilotage passe par la définition collective des chemins pour arriver aux résultats et un consensus sur la cohérence entre ambition et ressources tout au long de la ligne hiérarchique et en transversal. Deux objectifs sont visés :
- la paternité collective des orientations stratégiques pour une synergie maximale dans la mise en œuvre ;
- l'acquisition d'une agilité collective de réajustement en cas de changement de cap stratégique.

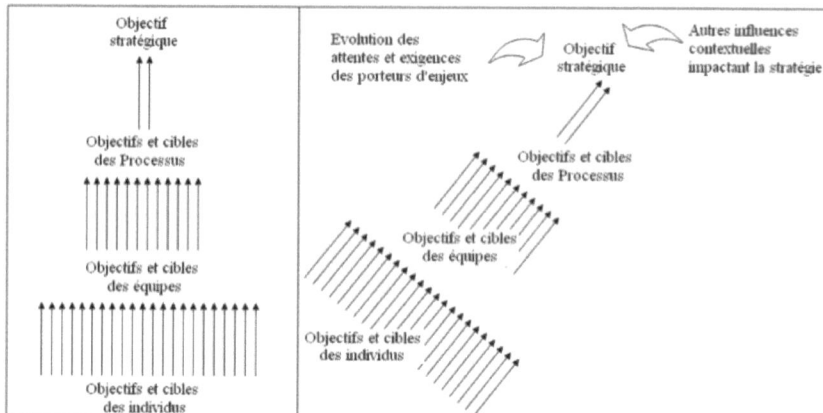

Figure 63 :
L'agilité collective de réalignement stratégique

La méthode Hoshin, bien que consommatrice de temps, est sans conteste la plus efficace sur le moyen terme pour deux raisons majeures qui sont :
- l'articulation entre la définition des objectifs et l'allocation de ressources est discutée et négociée tout au long de la hiérarchie dans Hoshin ;
- l'utilisation du *catchball* (attrape la balle) qui est une approche participative pour instruire collectivement des décisions, dans laquelle l'information et les idées sont lancées et attrapées dans tous les sens (horizontaux, verticaux), à travers toute l'organisation jusqu'à ce qu'un consensus ait été trouvé entre tous les acteurs.

Figure 64 :
Exemple de tableau de déclinaison Hoshin

Objectifs stratégiques	Processus 1	Processus 2	Processus 3	Processus 4
Objectif 1 Objectif 2 Objectif 3 Objectif 4				
Projets et actions d'amélioration en cours				
Nouveaux projets et actions d'amélioration à mener				
Ressources nécessaires				

Vers l'excellence durable de son organisation avec le référentiel EFQM

Par expérience, cette méthode permet d'obtenir deux avancées essentielles pour la performance durable que les autres ne permettent pas d'acquérir, à savoir :
- Une rigueur sans pareille de la déclinaison *(cascading)* stratégique grâce à la vérification à tous les niveaux de l'équation (S1 + S2 + S3 = but) : Est-ce que le panel de stratégies à mon niveau est égal au but poursuivi par le niveau d'au-dessus ? Tant que cette équation ne peut pas être établie, on révise/améliore les plans. Si les objectifs ne sont pas atteints, on peut retracer facilement la performance du but à travers la performance des stratégies et trouver où mettre en place les actions correctives, voire revoir le processus de planification.
- Une cohésion de groupe essentielle pour l'efficacité collective et individuelle, c'est-à-dire une dynamique à l'œuvre qui consiste à se serrer les coudes et à demeurer unis et solidaires dans la poursuite des objectifs définis collectivement. Celle-ci découle de la confiance obtenue par la consultation, de la congruence atteinte par la concertation, de la cohérence établie par la conciliation, de la confluence générée par la coopération, de la connaissance (au sens cognitif total de « tout le monde naît avec ») engendrée par la conviction, et de la connivence suscitée par la complicité active.

Beaucoup d'organisations hésitent à se lancer dans cette approche par peur de perdre trop de temps. Mon expérience est que la première année, il faut veiller de manière très assidue à éviter les dérapages. L'exercice ne doit pas dégénérer en revendication syndicale, ni déboucher sur des conflits ouverts à propos des ressources allouées : deux situations trop bien connues chez les Gaulois ! En revanche, d'année en année, on gagne du temps parce que les fondamentaux sont sains et on finit, au bout de cinq ans, à ne négocier par *catchball* que 5% à 10% des objectifs qui sont liés aux nouvelles pressions des porteurs d'enjeux et du contexte. Ce qui représente un gain de temps sensible.

Articuler les alignements

Le modèle EFQM est un modèle de pilotage par les approches orienté vers les résultats, qui partage avec le balanced scorecard et Hoshin cette philosophie de mise en cohérence préalable entre destination et chemin à parcourir. Il reste cependant à un niveau générique.

L'utilisation de l'approche combinée *balanced scorecard* + Hoshin va vous permettre d'adapter pleinement le modèle EFQM de maturité à votre propre *business model* et d'en faire un vrai levier au service de la réalisation de votre stratégie propre. En effet, une organisation atteint la performance et le succès dans ses objectifs et l'excellence opérationnelle, non par la bonne fortune ou le travail acharné, mais par un effort ciblé sur les bonnes choses. Ainsi, l'articulation entre alignement de maturité et alignement stratégique va-t-il produire le fameux algorithme de la performance systémique : 1 + 1 > 2.

Déployer la logique RADAR

RADAR est la boucle managériale par excellence pour une performance durable. Cette boucle a d'abord été utilisée comme grille d'évaluation. Elle mérite aujourd'hui qu'on la positionne comme paradigme du management et du leadership.

Les boucles managériales sont un levier important de maturation d'une organisation. Mais, il y a malheureusement beaucoup trop de boucles managériales non abouties dans nos organisations :

- La boucle du rêveur *(dreamer loop)* : vous voulez que des choses se fassent.
    Plan, sing, hope, forget, cry :
    planifier, chanter, espérer, oublier, pleurer.
- La boucle du bûcheur *(slogger loop)* : vous faites les choses.

Vers l'excellence durable de son organisation avec le référentiel EFQM

Plan, do, hope, forget, and cry :
planifier, réaliser, espérer, oublier, pleurer.
- La boucle du comptable *(accountant loop)* : vous mesurez le résultat de ce que vous faites.

Plan, do, check, forget, and cry :
planifier, réaliser, mesurer, oublier, pleurer.
- La boucle de l'améliorateur *(improver loop)* : vous faites bien les choses, mais pas forcément les bonnes choses.

Plan, do, check, act, and cry :
planifier, réaliser, mesurer, améliorer, pleurer.
La boucle de l'excellence et de la performance durable est la boucle RADAR : vous faites mieux que les autres les bonnes choses à faire.

Set, plan, do, check, act :
établir, planifier, réaliser, mesurer, améliorer.
Elle peut être traduite en RADAR : résultats, approches, déploiement, appréciation et raffinage.

La traduction française « évaluer et améliorer » de l'anglais *assess and refine* présente deux inconvénients :
- elle fait perdre l'adéquation avec le sigle RADAR ;
- elle réduit la phase de revue à l'*act* du PDCA.

Très peu de gens en fait comprennent vraiment la dimension qui s'appelait avant « revue » *(review)* et qui, maintenant, s'appelle « raffiner » *(refine)*. Elle dépasse en effet largement la notion d'amélioration et intègre le retour sur expérience, la création collective de sens pour le prochain cycle, la revue des attentes des parties prenantes sur le sujet revu (approche, processus, projet). Dans cette étape, il y a même la quête, pour moi sacrée, à la fois de la simplification qui est fondamentale dans un univers organisationnel qui n'arrête pas de se complexifier souvent à tort, et de l'essentiel en toute chose.

Pour moi, cette étape est tellement fondamentale que je l'ai séparée de l'étape d'évaluation *(assess)*. L'EFQM ne m'a pas bridé sur ce point, même si pour les révisions du modèle 2010 et 2013 ont gardé la logique en quatre temps.

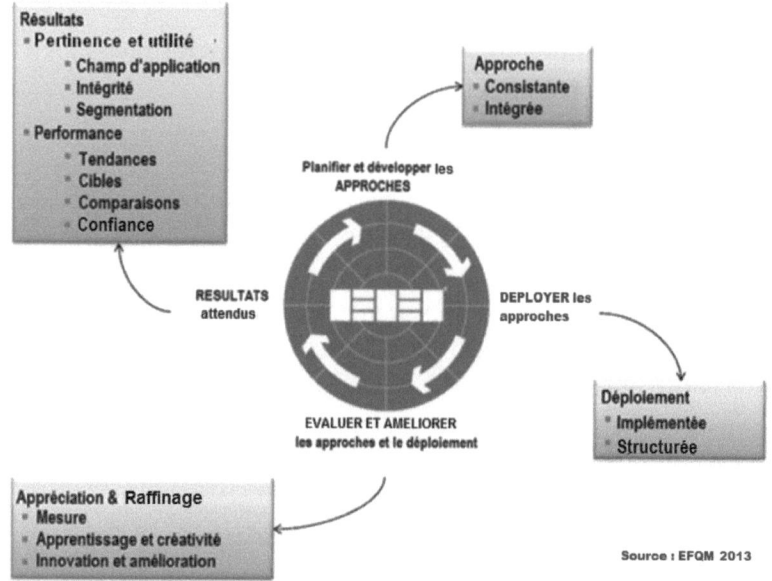

Figure 65 : La logique RADAR

En juillet 2005, j'écrivais dans la revue *Qualité références* que la logique RADAR est à sortir de son carcan d'outil d'évaluation pour devenir une logique de management intégré, comme j'ai pu le démontrer dans mon ouvrage *Radarise your Business for Success* publié par l'EFQM. Les modèles 2010 puis 2013 en ont pris acte.

Pour qu'une organisation devienne et reste durablement excellente et performante, il faut mettre en œuvre des dizaines, voire des centaines de boucles vertueuses RADAR. Les plus importantes sont représentées dans le schéma ci-après.

Vers l'excellence durable de son organisation avec le référentiel EFQM

Figure 66 : Les boucles vertueuses RADAR

Analysez bien votre organisation dans cette optique. Vous verrez qu'à chaque fois qu'il y a un problème quelque part, c'est une boucle qui est ouverte et que les énergies et synergies s'en échappent. En effet, soit les résultats à atteindre ne sont pas clairs, soit les approches choisies ne sont pas adaptées, soit le déploiement n'est pas bien mené, soit l'appréciation et la mesure des résultats obtenus ne sont pas pertinentes, soit encore la revue n'a pas été menée correctement pour apprendre collectivement.

Impliquer tout le monde efficacement ne se fait pas par des invocations, fussent-elles répétitives, ni même par des actes concrets déployés localement de manière isolée ou sporadique. Cela se fait de manière cohérente et systématique en faisant contribuer tout le monde de manière consciente à ces boucles vertueuses.

Prenons les boucles RADAR relatives aux porteurs d'enjeux. Il est d'importance cruciale pour une entreprise de savoir revoir régulièrement sa capacité à rester en phase avec ses porteurs d'enjeux *(stakeholders)*. Une entreprise qui a perdu cette capacité finit par se trouver tôt ou tard en situation de décrochage. Bien que ce risque soit permanent, peu d'organisations pratiquent cet exercice avec l'attention et la rigueur qu'il pourrait inspirer. Pourtant, que de bénéfices peuvent en être retirés !

Comme vous l'avez déjà constaté, j'utilise une typologie de ces porteurs d'enjeux en cinq groupes :
- les clients ;
- les partenaires et fournisseurs majeurs ;
- le personnel ;
- les souverains ;
- et la collectivité.

Les deux premiers groupes me serviront pour illustrer la pratique de ce type de revue.

Revoir un groupe de porteurs d'enjeux veut dire deux choses :

1. Formaliser les principales évolutions constatées en matière d'attentes et de niveau de satisfaction des porteurs d'enjeux depuis la dernière revue ou une date donnée s'il n'y a pas eu de revue précédente.
Synthétiser les grandes tendances et détecter les signes avant-coureurs à partir de tous les canaux dont vous disposez. Par exemple, pour les clients : enquêtes qualitatives et quantitatives, contacts commerciaux, contacts après-vente, retours via des partenaires...

2. Détecter les améliorations à apporter pour ajuster les capacités de l'organisation à maîtriser les relations avec les porteurs d'enjeux :
   - vérifier que les canaux de collecte de leurs attentes sont encore

Vers l'excellence durable de son organisation avec le référentiel EFQM

adaptés, qu'ils sont suffisamment pertinents et détaillés, qu'ils ont les fréquences (dans tous les sens de ce terme) nécessaires ;
- vérifier que les outils, méthodes et canaux de mesure de leur satisfaction restent efficaces et fiables ;
- vérifier que tous les contacts qu'a l'entreprise avec eux sont maîtrisés ;
- vérifier que les informations recueillies par ces deux processus relationnels sont bien prises en compte et valorisées en interne pour le plus grand bénéfice des processus de l'entreprise.

Bref c'est se poser collectivement un certain nombre de questions pour s'assurer que l'on dispose toujours de la capacité à être en phase avec ce groupe de porteurs d'enjeux.

Pour effectuer cette revue efficacement, rien de tel que le déploiement de la boucle RADAR :

R : Quels résultats visons-nous dans ce domaine ?
A : Quelles approches utilisons-nous ?
D : Qui impliquons-nous ?
A : Comment mesurons-nous notre performance ?
R : Quelle est notre capacité à nous remettre en cause sur ce sujet ?

Revue des clients

Partez d'un tableau détaillant votre typologie de clientèle et posez-vous les questions suivantes :
1. Quelles évolutions avons-nous constatées sur les différents segments de clientèle ?
1. Quelles nouvelles tendances en matière d'attentes exprimées ou implicites de nos clients ?
2. Quelles attentes sont mieux satisfaites par nos concurrents ?
3. Quels changements sont survenus dans la satisfaction de nos clients ?
4. Quelles sont les causes de ces changements ?

2. Que faut-il améliorer dans notre maîtrise relationnelle avec les clients ?
- **R** : Quelles sont nos exigences en matière de compréhension et d'anticipation des attentes de nos clients ?
- **A** : Est-ce que les méthodes que nous utilisons (enquêtes annuelles, clients pilotes, entretiens qualitatifs...) sont encore les bonnes ? Est-il suffisant de recueillir les affirmations des clients ? Ne faut-il pas mettre en place des observatoires de comportements ? Est-ce que notre niveau de segmentation est encore suffisamment fin pour comprendre pourquoi nous sommes vulnérables sur certaines niches ?
- **D** : Est-ce que tous les collaborateurs en contact avec les clients ont une mission de collecte des attentes explicites et implicites ? Avons-nous des partenaires et fournisseurs majeurs en contact direct avec nos clients qui peuvent collecter certaines attentes ?
- **A** : Est-ce que les indicateurs de mesure de notre performance de maîtrise de la relation client restent pertinents ? Avons-nous atteint les objectifs fixés ? D'où viennent les écarts ?
- **R** : Est-ce que les performances de nos concurrents ne font pas apparaître des faiblesses que nous aurions en matière de maîtrise de nos relations avec les clients ? Est-ce que, parmi les réclamations clients, on en trouve qui sont relatives à notre capacité à nous remettre en cause par rapport à eux ?

Assurez-vous que vous avez des représentants des processus après-vente dans l'équipe de revue. Le croisement de leur regard avec celui des équipes commerciales est souvent très enrichissant dans ce type d'exercice.

Revue des partenaires et fournisseurs majeurs

Partez d'un tableau détaillant vos partenaires et vos fournisseurs qui ont un impact sur la qualité de vos produits et services et posez-vous les questions suivantes :
1. Quelles évolutions avons-nous constatées concernant les différents partenaires et fournisseurs majeurs ?

Vers l'excellence durable de son organisation avec le référentiel EFQM

- Quelles nouvelles tendances en matière d'attentes exprimées de nos partenaires ?
- Quels changements sont survenus dans les relations avec nos sous-contractants ?
- Quelles sont les causes de ces changements ?
- Quelles évolutions constatons-nous au niveau de la satisfaction de nos partenaires et fournisseurs majeurs depuis la dernière revue ?
- Quelles coopérations sont mieux maîtrisées par nos concurrents ?

2. Que faut-il améliorer dans notre maîtrise relationnelle avec les partenaires et fournisseurs majeurs ?
- **R** : Avons-nous une bonne vision de ce que nous attendons de chaque partenaire ? Est-ce que nos objectifs partenariaux sont clairs ?
- **A** : Est-ce que nos approches pour choisir nos partenaires et fournisseurs majeurs sont satisfaisantes ? Comment contractons-nous avec eux ? Comment définissons-nous avec eux les modalités de coopération ?
- **D** : Est-ce que tous les acteurs impliqués dans les partenariats ont une vision claire des engagements respectifs ? Comment est maîtrisée la coordination opérationnelle des partenaires à travers les processus partagés ?
- **A** : Est-ce que les indicateurs de mesure de notre performance de maîtrise de la relation partenariale restent pertinents ? Avons-nous atteint les objectifs fixés ? D'où viennent les écarts ?
- **R** : Est-ce que des ruptures de partenariats ne font pas apparaître des faiblesses que nous aurions en matière de maîtrise de nos relations avec les partenaires ? Est-ce que parmi les réclamations des partenaires et fournisseurs majeurs on en trouve qui sont relatives à notre capacité à nous remettre en cause par rapport à eux ?

Quel que soit le groupe de porteurs d'enjeux, afin d'éviter des oublis, vous pouvez préparer votre revue avec des *pro forma* pour collecter l'information nécessaire pour la revue.

Cette collecte vous permettra de bien définir le périmètre de la réflexion collective et de mettre en apparence les points sur lesquels vous voulez engager des discussions de fond avec l'équipe de revue. Vous aurez sous les yeux toute l'information nécessaire pour faire un bon « raffinage » et apporter les éléments à la réflexion stratégique pour redéfinir les nouveaux résultats à atteindre.

Groupe de porteurs d'enjeux	Canaux de collecte des attentes	Canaux de mesure de la satisfaction	Types de contacts	Évolutions majeures (attentes et satisfaction) constatées depuis la dernière revue
Segment 1				
Segment 2				
Segment 3				

Figure 67 : *Pro forma* de revue des porteurs d'enjeux

Attention ! Chaque type de groupe de porteurs d'enjeux présente des difficultés propres dans cet exercice. Prenons deux cas pour illustrer cela.

- Souverains (actionnaires ou régaliens) : par exemple, si vous êtes une filiale d'un groupe, tous les services centraux qui vous harcèlent à longueur d'année sont à identifier dans ce groupe pour voir comment leurs attentes évoluent. Si vous êtes dans une organisation publique, des flous peuvent exister dans l'identification des souverains…
- Collectivité : c'est le groupe le plus hétérogène qui va des législateurs et régulateurs internationaux, européens, nationaux, jusqu'aux voisins géographiques de vos sites d'implantation, en passant par les groupes de pression et autres représentants de la collectivité. Leurs attentes vont du simple souhait exprimé (une demande de sponsoring par exemple) jusqu'à l'obligation affectée d'une responsabilité et de sanctions pénales.

Vers l'excellence durable de son organisation avec le référentiel EFQM

Revoir régulièrement sa capacité à rester en phase avec ses porteurs d'enjeux est un exercice qui nourrit votre processus stratégique. La formalisation collective des attentes de tous les porteurs d'enjeux vous permettra de mieux dégager les priorités stratégiques en matière de satisfaction de ces porteurs d'enjeux et de mieux « équilibrer » (au sens du *balanced scorecard*) les intérêts des uns par rapport aux autres. Cette revue vous permet aussi de renforcer votre capacité d'amélioration et d'innovation ainsi que votre maîtrise des risques. Alors, ne vous privez pas de cette occasion unique pour vous reposer la question : est-ce que nous faisons réellement les bonnes choses ? Faire bien les choses n'est plus suffisant. Il faut faire bien, voire faire bien mieux que les autres, les bonnes choses.

Si vous implémentez les vingt et une boucles RADAR suivantes, vous allez créer une dynamique systémique redoutable d'efficacité :
1. les clients ;
2. les partenaires et fournisseurs ;
3. le personnel ;
4. la collectivité ;
5. les souverains (propriétaire, actionnaires, régaliens…) ;
6. le leadership ;
7. la stratégie ;
8. la gestion des ressources humaines ;
9. la gestion des autres ressources ;
10. la gestion des immobilisations incorporelles ;
11. la maîtrise de l'innovation ;
12. la capacité à trouver de nouveaux « business modèles » ;
13. les processus métier ;
14. le processus d'amélioration permanente ;
15. les processus supports ;
16. la communication externe ;
17. la communication interne ;
18. les processus partagés avec les clients ;

19. la maîtrise des risques ;
20. la prise de décision ;
21. la capacité à « radariser » (l'autoévaluation).

Le résultat va en effet donner 840 interactions systémiques à l'œuvre qui vont favoriser l'émergence de la performance. Cette émergence est le fruit de cette multi-causalité enchevêtrée.

Rechercher les bonnes comparaisons

Le déploiement de cette logique RADAR dans toutes les dimensions de votre organisation va faire apparaître notamment les domaines où vos pratiques ne sont pas au niveau de l'état de l'art et les mesures pour lesquelles vous ne pouvez pas dire que vous êtes performant par rapport à d'autres. Vous allez donc vous mettre en quête de trouver cet état de l'art et ces benchmarks.

Une solution simple, si votre organisation est membre de l'EFQM, consiste à accéder à la base benchmarking de l'EFQM et à voir les informations disponibles par critère.

Au niveau des facteurs, vous verrez notamment que les meilleurs ont adopté et adapté les méthodes suivantes.

- Critère 1 « Leadership » : *évaluation 360 degrés, évaluation coopération/soumission/opposition, évaluation Belbin.*
- Critère 2 « Stratégie » : *analyse contextuelle STEEPLE, SWOT, Scénarios stratégiques, balanced scorecard, Hoshin.*
- Critère 3 « Personnel » : *Investor in People, Employer of choice.*
- Critère 4 « Partenariats et ressources » : *normes ISO14001, OHSAS 18001, ISO 27001, Total productive maintenance, Knowledge management.*
- Critère 5 « Processus, produits et services » : *Kaizen, Lean-Six Sigma, Business process reengineering, norme ISO 9001.*

Vers l'excellence durable de son organisation avec le référentiel EFQM

Au niveau des critères de résultats, vous y trouverez non seulement les performances tous secteurs confondus des lauréats du Prix européen de l'excellence et vous en servir comme benchmarks, mais aussi des informations intéressantes sur la manière de segmenter les indicateurs et mesures, la manière de définir la rationalité des indicateurs et des objectifs et d'expliquer les causes des performances.

Une autre piste est la recherche des performances de vos concurrents et autres organisations de votre secteur, dans la presse sectorielle, sur les sites Internet, dans les études universitaires, les travaux de recherche, les benchmarks périodiques réalisés par des organes représentatifs et les présentations lors des manifestations professionnelles...

Quand on parcourt les dossiers des candidats au prix européen d'excellence, on constate que les meilleurs rejoignent progressivement des communautés de benchmarking organisant des mesures comparatives régulières notamment sur la perception des clients (6a), la perception du personnel (7a) et l'image de l'organisation dans la société (8a).

Au niveau des résultats de satisfaction clients, certains d'entre eux mentionnent deux indices de référence que sont l'ACSI *(American customer satisfaction index)* et l'ECSI *(European customer catisfaction index)*. Ces indices présentent deux intérêts :
- un intérêt de comparaison : ils sont utilisés dans de nombreux secteurs (si votre organisation fait partie d'un des secteurs utilisant l'indice, il vous est possible d'obtenir du *benchmark* intéressant et même de rejoindre le panel pour bénéficier des *benchmarks* permanents) ;
- un intérêt méthodologique : plus que de simples mesures, ces indices sont en fait de réels univers logiques traduisant la complexité de la

> SUR LE WEB

ACSI (American customer satisfaction index) **www.theacsi.org**

satisfaction des clients. Ils vous permettront de compléter votre connaissance de la dynamique entre indicateurs que vous aurez déjà acquise grâce à la pratique du tableau de bord prospectif.

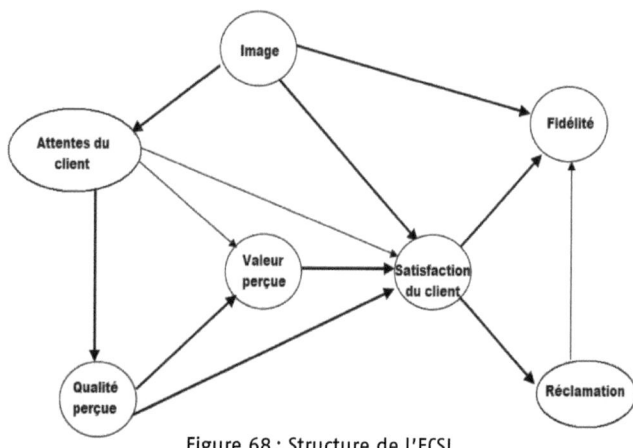

Figure 68 : Structure de l'ECSI

De plus en plus nombreux sont également ceux qui font référence au GRI (Global report initiative) comme cadre de publication de leurs résultats de développement durable en plus de leurs publications de résultats financiers selon les normes IAS/IFRS (International accounting standards/International financial reporting standards).

À partir de ces éléments produits par la veille concurrentielle et métier, il est intéressant pour votre organisation de mettre en place un processus structuré de benchmarking et d'envoyer vos cadres et experts comparer leurs pratiques et résultats avec ceux d'organisations meilleures que la vôtre dans les domaines comparés. Ils en reviendront avec

> **SUR LE WEB**
- **GRI** (Global report initiative) **www.globalreporting.org**
- **IFRS** (International financial reporting standards) **www.ifrs.org**

Vers l'excellence durable de son organisation avec le référentiel EFQM

les connaissances nécessaires pour éviter les pièges de la mise en œuvre des approches, pour maîtriser pleinement leur adaptation et en tirer le maximum de bénéfices.

L'EFQM organise une dizaine de sessions de benchmarking par an selon ce cycle, sur sollicitation de ses membres. Quatre populations d'acteurs y interviennent :
- des organisations « sponsors » qui avancent un budget pour l'opération ;
- des organisations « partenaires » qui sont les détenteurs des meilleures pratiques ciblées ; pratiques identifiées à travers le prix européen de l'excellence (EEA : European Excellence Award) ;
- des « participants » d'autres organisations qui paient un droit d'inscription ;
- des « facilitateurs » qui sont généralement des employés de l'EFQM et parfois des consultants spécialisés dans le domaine étudié.

Ces sessions utilisent la méthode de benchmarking de l'EFQM en quatre étapes qui sont les suivantes :

Phase 1, planifier :
- former l'équipe de benchmarking ;
- documenter le processus ;
- établir le périmètre de l'étude de benchmarking ;
- exposer les intentions ;
- développer les critères pour la sélection des partenaires de benchmarking ;
- identifier un groupe cible de partenaires potentiels ;
- définir le plan de collecte des données.

Phase 2, collecter :
- effectuer une seconde recherche basée sur les critères sélectionnés ;
- évaluer les résultats et identifier des partenaires potentiels ;
- développer des instruments de collecte de données ;
- piloter en interne les instruments de collecte développés ;

- identifier et contacter les partenaires ayant les meilleures pratiques ;
- qualifier les partenaires et les évaluer ;
- développer le questionnaire détaillé ;
- effectuer la collecte par une investigation détaillée.

Phase 3, analyser :
- comparer ses données de performance à celles des partenaires de benchmarking ;
- identifier les meilleures pratiques opérationnelles et les facilitateurs ;
- formuler la stratégie d'implémentation ;
- développer un plan d'implémentation.

Phase 4, adapter :
- implémenter le plan ;
- surveiller et faire le reporting de l'avancement ;
- recalibrer et recycler l'étude ;
- planifier pour l'amélioration continue de nouveaux benchmarks...

Participez à l'une de ces sessions pour vous former de manière très pragmatique à l'état de l'art de l'exercice.

Le *benchmarking* est la démarche par laquelle on essaie de comprendre la performance de sa propre organisation et celle d'autres organisations pour détecter des opportunités ou solutions d'amélioration. Il permet de récupérer des *benchmarks* qui sont des repères pour comparer la performance de vos produits et services, de vos processus et projets par rapport à d'autres organisations. Apprendre à penser « hors de la boîte » (dans tous les sens du terme) est une faculté collective à acquérir à ce stade de la démarche pour progresser vers l'excellence et la performance durables. Mon ouvrage dans la même collection vous y aidera[2].

---

2. Florent A. Meyer, *Pratiques de benchmarking. Créer collectivement du sens à partir du succès d'autres organisations*, Lexitis Éditions, coll. Les Pratiques de la performance, 2010.

Vers l'excellence durable de son organisation avec le référentiel EFQM

Segmenter vos porteurs d'enjeux

Plus une organisation avance en maturité en matière d'excellence et de performances durables, plus elle segmente finement ses groupes de clients et autres porteurs d'enjeux pour :
- mieux comprendre leurs attentes et pour apporter des réponses de plus en plus adaptées à leur diversité ;
- optimiser le bénéfice potentiel par groupe de clients ou autres porteurs d'enjeux.

Segmenter veut dire découper une population en sous-ensembles homogènes selon certains critères avec une intention économique (commerciale et financière) déterminée. Ces critères de segmentation sont des critères liés soit aux caractéristiques intrinsèques de ces porteurs d'enjeux (leurs exigences, besoins et attentes), soit à leur rentabilité pour l'organisation (par exemple, catégories de clients par chiffre d'affaires ou nombre d'années de fidélité).

Pour chaque groupe de porteurs d'enjeux, il vous faudra faire cet exercice de typologie à partir des caractéristiques intrinsèques des individus pour bien détecter la variété de leurs attentes. Au travail, une femme n'a pas les mêmes attentes qu'un homme, un jeune pas les mêmes aspirations qu'un senior, une personne mariée pas les mêmes contraintes qu'un célibataire. Pour les partenaires et fournisseurs, il y a des grandes différences entre des partenaires de projets, des fournisseurs tout-venant, des fournisseurs privilégiés, des partenaires de mariage... Les représentants du groupe de parties prenantes « collectivité » sont également très divers. Et même les actionnaires ne sont pas tous identiques : il y a les majoritaires, les minoritaires, les fidèles, les boursicoteurs...

Ce travail de segmentation va vous permettre de rafraîchir votre écoute des exigences, besoins et attentes des porteurs d'enjeux, de repenser l'équilibre que votre organisation veut établir entre ces demandes et exigences et de réajuster vos priorités stratégiques.

Ensuite, ce travail de segmentation et d'analyse plus fine des attentes va vous donner des idées pour l'innovation en matière de produits et services et vous inciter à développer votre créativité collective inscrite au cœur du modèle EFQM.

Enfin, la segmentation vous permettra surtout de revisiter les exigences critiques *(Criticals to quality)* pour les différents processus. Pour satisfaire les segments ciblés, il faudra repositionner pour tous les processus leurs limites inférieures et supérieures de spécifications, mettre à jour les systèmes de surveillance (cartes de contrôle...), décider d'actions et de projets d'amélioration (Kaizen, Lean-Six Sigma, Business process reengineering), bref, gagner en excellence opérationnelle pour une meilleure satisfaction de tous vos porteurs d'enjeux.

CHAPITRE 6
Consolider ses acquis EFQM

Impliquer tout le monde	**241**
Formez-les tous au modèle	242
Expliquez-leur le niveau de maturité	242
Impulsez partout la logique RADAR	243
Adapter son système d'information	**245**
Repensez votre système documentaire	246
Intégrez le système d'information décisionnel	247
Réduire la variation du management	**249**
La standardisation du leadership	249
L'audit de leadership	**251**
Tenter le diplôme de R4E	**255**
Formalités administratives pour le R4E	**256**
Approche classique	**256**
Approche flexible	**257**
Le rapport (feedback report)	**258**
Les bénéfices du R4E	**258**

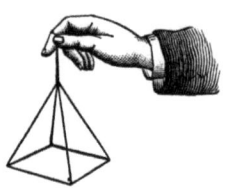

Consolider ses acquis EFQM

« Il y eut une autoévaluation et il y eut encore des améliorations : ce fut le troisième jour » de votre genèse EFQM.

Vous commencez à vous sentir plus à l'aise avec le modèle et à rêver d'une reconnaissance pour l'excellence, mais votre autoévaluation a fait ressortir, par delà les actions d'amélioration spécifiques identifiées, qu'il y a encore des zones de fragilité dans le dispositif. Ces constats sont à ce stade le plus souvent :
- le fait qu'il y a encore du personnel, voire des cadres qui n'ont pas encore entendu parler de votre démarche avec le modèle EFQM et de l'usage qui en est fait ;
- votre système d'information n'est pas adapté à votre système de management de l'excellence et de la performance durable ;
- votre population de leaders/managers affiche une trop grande variation dans l'appropriation du modèle et des bonnes pratiques qui sont censées en résulter.

Impliquer tout le monde

Au stade où vous arrivez dans le cheminement, vous ne pourrez pas progresser à une vitesse correcte sans que l'ensemble du personnel ne saute dans le train. Impliquer tous vos collaborateurs ne se fera pas avec de la simple communication- sensibilisation. Au mieux, vous aurez la réflexion : « Tiens, c'est donc ça leur nouveau dada ! À quand le prochain ? ».

Formez-les tous au modèle

Pour être pris au sérieux, il faut investir dans une formation de tous au modèle. Une journée au minimum est nécessaire pour parcourir les principes fondamentaux, le référentiel et la logique RADAR.

Pour qu'une telle formation soit la plus profitable possible, il faut :
- qu'elle soit illustrée de cas concrets internes qui parlent d'eux-mêmes aux participants ;
- que vous mélangiez les profils de participants afin d'avoir des points de vue différents qui s'affrontent pour bien animer les exercices de consensus ;
- que la mise en pratique sur le terrain suive directement la formation, soutenue par l'encadrement.

J'ai essayé, chez certains de mes clients, de faire former tout le personnel par son encadrement à partir de cas concrets de leur périmètre d'activité. Certains cadres s'en sont excellemment sortis, d'autres ont lamentablement échoué. Les deux tiers d'entre eux ont fait les choses correctement : une loi statistique normale en somme ! Il y a autant d'avantages que d'inconvénients à utiliser cette formule : à vous d'en prendre et d'en assumer le risque.

Avec d'autres clients, j'ai bâti des modules de formation en ligne *(e-learning)* sur le modèle, qu'ils ont mis dans leur Intranet en accès libre à tout leur personnel.

Expliquez-leur le niveau de maturité

Si vous ne pouvez pas aller jusqu'à impliquer tout le personnel dans l'autoévaluation, trouvez des solutions moins lourdes pour leur faire connaître où en est leur organisation face aux critères du référentiel EFQM.

Une formule intéressante, que j'ai testée, est de distribuer un questionnaire sur mesure (autoévaluation par questionnaire) réalisé à partir de la collecte de faits plus approfondie réalisée par grille ou *pro forma* pour les sessions de consensus en direction générale.

Les résultats de ce questionnaire peuvent ensuite être comparés avec les résultats des autoévaluations réalisées par le comité de direction et l'encadrement : les écarts et similitudes d'appréciation sur les critères et sous-critères seront très utiles pour générer à la fois l'intérêt et la préoccupation, tous deux articulés dans le terme anglais *« concern »*.

L'objectif recherché est bien que tout le monde dans l'organisation soit « concerné » et impliqué dans sa maturation. Ce *« concern »* va devenir un ingrédient de plus en plus important au fur et à mesure que vous allez monter l'échelle des marches du podium EFQM. Il est l'enfant de la création collective de sens *(collective sensemaking)*.

Pour en obtenir le meilleur résultat, déployez cette campagne d'explication-implication en y associant votre encadrement.

Impulsez partout la logique RADAR

RADAR doit progressivement devenir le modèle mental opératoire (paradigme) le plus partagé dans votre organisation. Pour y arriver, amenez votre encadrement à impulser concrètement la logique RADAR dans les activités quotidiennes notamment dans la résolution des problèmes, dans le lancement des actions et projets, dans le pilotage de la performance...

Voici quelques exemples pour illustrer ce travail de fourmi.

Un problème survient avec un client important, un partenariat fonctionne mal...
- **R** : s'est-on bien assuré de la nature et de la provenance du problème ?
- **R** : quel est le but à atteindre ?
- **A** : comment allons-nous faire pour y arriver ?
- **D** : quel séquencement, quelles ressources, quelles responsabilités, quelles priorités ?
- **A** : qu'est-ce qu'on obtient au bout du compte ?

On vient d'obtenir une suggestion d'innovation intéressante d'une employée, un ordre arrive d'en haut pour faire quelque chose...
- **R** : quel est le but à atteindre ?
- **A** : comment allons-nous faire pour y arriver ?
- **D** : quel séquencement, quelles ressources, quelles priorités ?
- **A** : qu'est-ce qu'on obtient au bout du compte ?
- **R** : faut-il améliorer quelque chose, retenir une leçon pour la prochaine fois ?

Un indicateur est dans le rouge, on vient d'apprendre qu'un concurrent a de bien meilleurs prix...
- **A** : quel est l'écart entre le réel et l'attendu ou le souhaitable ?
- **R** : quel est et d'où vient le problème ?
- **R** : qu'est-ce qu'on se fixe comme objectif de réaction ?
- **A** : comment fait-on pour redresser la situation et rattraper l'écart ?
- **D** : quel séquencement, quelles ressources, quelles responsabilités, quelles priorités ?

Pour tirer le plein bénéfice de ce déploiement de la logique RADAR insistez avant tout sur les « R » qui sont fondamentaux :
- Résultats : se poser la question « Est-ce que c'est bien la bonne chose à faire ? » va inciter votre personnel à la créativité et à l'innovation en le poussant à trouver sans cesse de meilleures choses à faire.

Consolider ses acquis EFQM

- Raffinage : se poser les questions « qu'est-ce qui a bien ou pas bien marché ? », « Pourquoi ? », « Que faudrait-il faire mieux (en plus, en moins, différemment) ? », « D'autres en interne ou à l'extérieur y arrivent-ils mieux que nous ? », « Pourquoi ? », « Qu'est-ce qu'on a appris de ce cycle ? »

Vous mettez ainsi en œuvre de manière systématique la fameuse flèche récursive qui figure en bas du modèle EFQM.

Adapter son système d'information

Au fur et à mesure que votre dynamique de l'excellence et de la performance durable se met en place, de plus en plus d'individus demandent à avoir la bonne information au bon moment au bon endroit sur deux points majeurs : les approches et les résultats.

Or à ce stade, soit l'organisation a en place un système documentaire dépotoir où plus personne ne trouve ses petits quand il en a besoin, soit l'organisation n'a pas de système documentaire centralisé et chacun gère du mieux qu'il peut l'information de fonctionnement et les mesures effectuées dans son univers local.

Il devient alors urgent de structurer la base de connaissances collective du management de la performance et de l'excellence durable. Travail de gestion des connaissances *knowledge management* qui s'inscrit dans le sous-critère 4e du modèle EFQM.

Vous allez tomber sur un os difficile à ronger ! Mettre l'information à la portée de tout le monde fait perdre des prérogatives de petits chefs et tous les arguments de confidentialité, d'utilité, de compréhensibilité (et j'en passe) seront au rendez-vous pour vous en empêcher. Tenez bon ! En effet, pour qu'un employé à son poste de travail puisse donner du sens à ce qu'il fait, il lui faut dix fois plus d'information que celle directement relative à son univers local.

Repensez votre système documentaire

Je n'ai pas trouvé mieux à ce jour que de structurer l'univers documentaire de l'excellence et de la performance durables sous la logique RADAR. Vous finirez par comprendre pourquoi mes compères anglo-saxons m'appellent « le fou de la boucle RADAR » *(the radar loop fool)*.

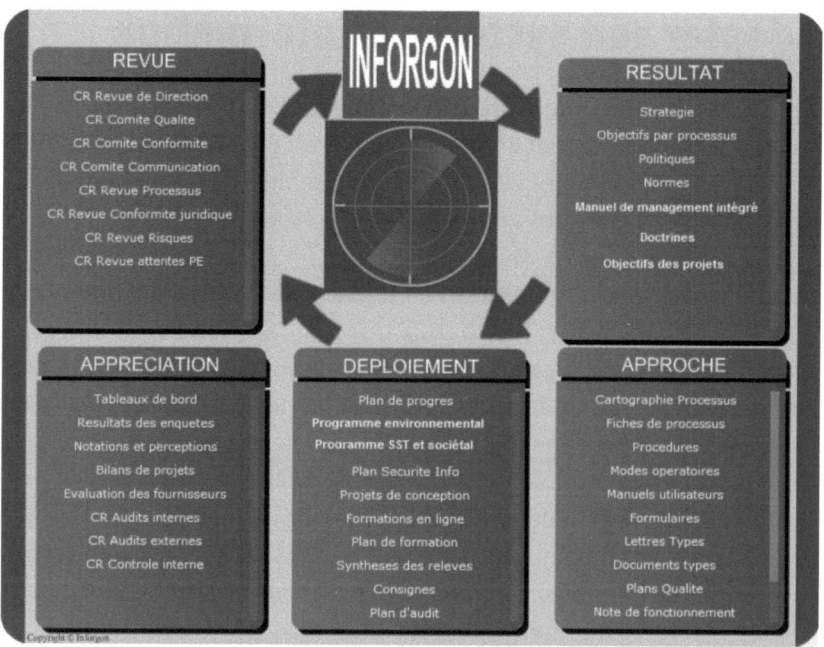

Figure 69 : Intranet documentaire RADAR

Sous cet Intranet, tout le monde à accès à toute l'information. Comme dans un hologramme, chaque point (ici individu) a en lui la globalité de l'image *(big picture)*. C'est fondamental pour créer un niveau de maturité exceptionnel.

L'information qui est confidentielle ne figure pas dans cet univers ; elle est gérée différemment. En revanche, dans cet univers Intranet, on sait qu'il y a telle information confidentielle à tel endroit, accessible par tels profils.

Intégrez le système d'information décisionnel

Si dans l'univers documentaire on retrouve les tableaux de bord, il faut un autre système d'information pour les produire : le système d'information décisionnel.

Vous avez déjà amélioré votre déclinaison stratégique (Cf. page 218) telle que schématisée sur la figure suivante en page 248 (partie gauche du « V » en sens descendant). Il vous faut à présent rationaliser la mise à disposition de l'information de surveillance et de pilotage aux niveaux décisionnels appropriés, optimiser la remontée de cette information en supprimant au passage tous les travaux de reporting en double qui sont si chers à nos organisations, mais n'en constituent pas moins un gaspillage *(muda)* important au sens de la pensée Lean.

Le système d'information à construire ou a réarranger va donc devoir rechercher l'efficacité et l'efficience « cybernétiques » de votre système de management de l'excellence et de la performance durables. Voir les niveaux des boucles rétroactives en figure suivante (partie droite du « V » en sens remontant). *(Voir Figure 70 page 248)*.

Les principes qui doivent vous guider sont les suivants :
- chacun a toute l'information nécessaire pour s'auto-piloter à son niveau ;
- ne remonte de manière systématique et consolidée que ce qui a été prédéfini comme essentiel à chaque niveau ;
- le reste remonte par alerte quand on passe à l'orange ou au rouge. Le niveau supérieur se met alors au service du niveau inférieur pour trouver les causes et résorber le problème.

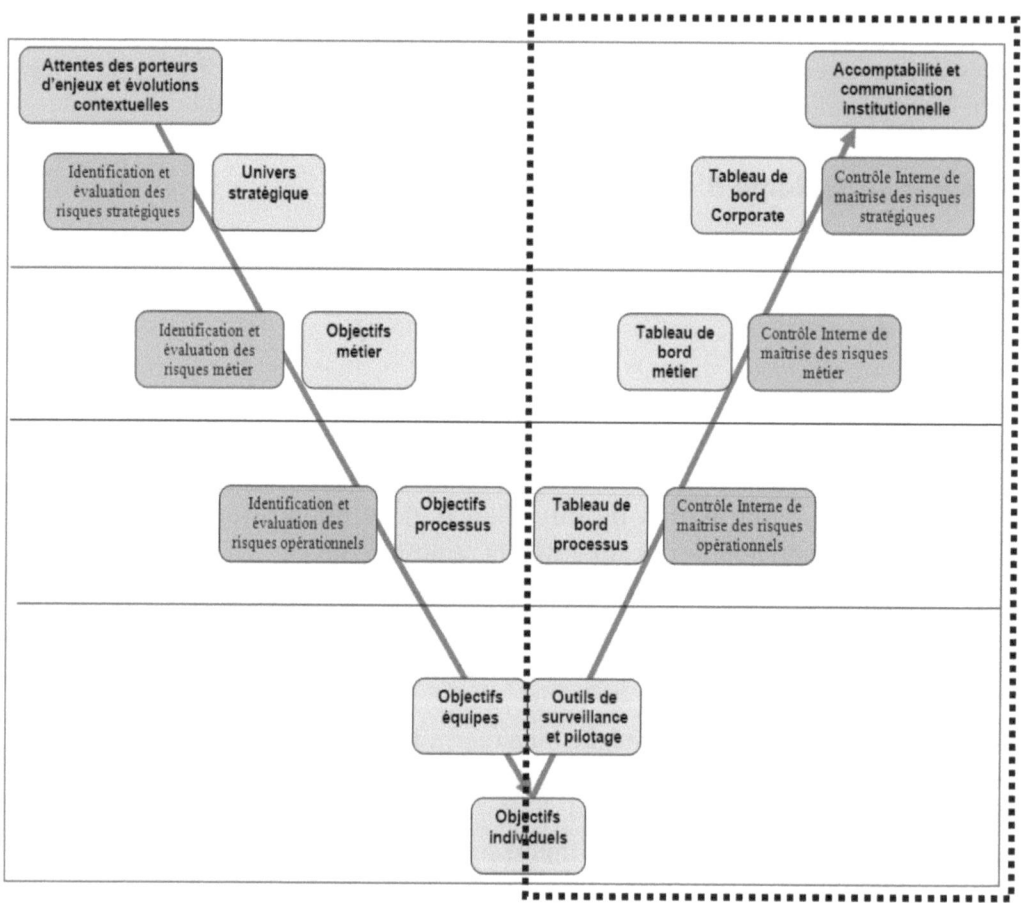

Figure 70 : Structuration de l'univers décisionnel

Réduire la variation du management

Au fil des autoévaluations et de la conduite de vos actions d'amélioration dans le domaine des ressources humaines (critère 3), celui des autres ressources et des partenariats (critère 4), celui des processus, produits et services (critère 5), vous vous apercevez que les domaines d'amélioration subsistants sont très fortement imputables à la grande variation entre leaders/managers.

Dans ce domaine, on tombe sur un nouvel os plus difficile à ronger que les autres parce que la grande majorité des leaders/managers, surtout ceux sortis des grandes écoles, considèrent que le management et le leadership sont un art ou une science individuelle et se considèrent souvent comme charismatiques dans cet art ou cette science. La persistance dans cette conviction rend quasiment impossible toute standardisation des pratiques managériales.

La standardisation du leadership

Il faut donc déployer des efforts considérables pour essayer envers et malgré tout de progresser vers la standardisation des pratiques de leadership et de management. Le gain d'un niveau de maturité va en dépendre. Mais comment faire ?

On peut commencer par harmoniser les rites et rythmes managériaux :
- définir les fréquences et contenus types des réunions de pilotage et de revue. Par exemple, on définit un ordre du jour et une structure de compte rendu type pour la revue de processus ;
- définir des fiches de fonction génériques pour un niveau de management donné avec le plus grand dénominateur commun accepté, quel que soit par ailleurs le métier du manager. Par exemple, que vous soyez pilote du processus commercial ou pilote du processus de production, vous avez en commun un certain nombre de tâches

managériales identiques et standardisées partagées avec tous les autres pilotes de processus ;
- établir une matrice de rationalisation et de maîtrise des relations des leaders/managers avec les porteurs d'enjeux en fonction de leur poids respectif dans le *business model*.

Leaders et managers	Clients	Partenaires Fournisseurs	Personnels	Collectivité	Souverains Actionnaires
Membres du comité de direction					
A					
...					
Z					
Directeurs de département					
A					
...					
Z					
Chefs de service					
A					
...					
Z					
Responsables d'équipes					
A					
...					
Z					

Figure 71 : Relations avec les porteurs d'enjeux

- mettre en place un dispositif de surveillance et un contrôle qualité du respect des standards établis. Dans l'entreprise que j'ai amenée au prix européen d'excellence, c'est l'assistante du directeur général qui avait été responsabilisée à cette tâche. Elle vérifiait le respect des standards par l'ensemble des leaders/managers. Le calcul des primes aux leaders/managers intégrait aussi une pondération liée au degré de respect de ces standards.

L'audit de leadership

La standardisation une fois mise en place dans les différentes strates du leadership et du management, il vous est possible alors d'organiser des audits du management.

La première chose est de définir un guide d'audit pour aider vos auditeurs à vérifier le respect des points importants de cette standardisation. Pour réaliser ce guide, je vous propose d'utiliser la logique RADAR. Si c'est bien la boucle vertueuse de l'entrepreneuriat/intrapreneuriat, il faut que tous les leaders et managers se l'approprient et en soient de fervents utilisateurs et promoteurs auprès de leurs équipes. Un exemple de ce type de guide figure en pages suivantes.

Ensuite, vous pouvez expliquer et discuter le questionnaire avec vos auditeurs internes qualité ou QSE... Si vous les avez bien formés à leur fonction d'auditeurs internes, ils n'auront aucune difficulté technique à réaliser ce type d'audit. En revanche, ils peuvent rencontrer des résistances des leaders/managers si vous n'impliquez pas le dirigeant dans la démarche et n'obtenez pas son soutien actif tant dans la communication préalable que dans le traitement des éventuels incidents.
(*Voir figure 72 page 252 et pages suivantes*).

Audit du Management

Results/Résultats (*)

Critères	Preuves		
Performance et qualité	Existant	A jour	Efficace
Convention d'objectifs			
Objectifs sur les projets et actions			
Objectifs de qualité perçue			
Trace de la vérification de cohérence avec les axes stratégiques et la politique qualité			
Sécurité-Santé et Environnement			
Contribution du périmètre à la Politique Développement Durable et CSR			
Risques opérationnels			
Contribution du périmètre à la Politique de maîtrise des risques opérationnels			
Compliance et conformité			
Contribution du périmètre à la Politique de compliance, conformité juridique et éthique			
Gestion des Compétences			
Contribution du périmètre à la Politique de gestion des compétences			
Audit Interne			
Contribution du périmètre à la Politique d'audit interne			

Approaches/Approches (*)

Critères	Preuves		
Performance et qualité	Existant	A jour	Efficace
Note de fonctionnement de l'unité			
Processus			
Procédures et modes opératoires			
Sécurité-Santé et Environnement			
Processus			
Procédures et modes opératoires			
Risques opérationnels			
Processus			
Procédures et modes opératoires			
Compliance et conformité			
Processus			
Procédures et modes opératoires			
Gestion des Compétences			
Fiches de fonction			
Grilles de polyvalence ou autre outils de gestion de disponibilité des compétences			
Audit Interne			
Connaissance du déroulement des audits et du mode de suivi des recommandations			

Figure 72 :
Audit du management :
Résultats et Approches

La première fois que vous menez ce type d'audit, vous tombez des nues. Les trous dans la raquette sont si impressionnants que vous vous demandez comment votre organisation peut fonctionner. Vous êtes obligé de reconnaître qu'elle fonctionne plus souvent en dépit du management que grâce au management.

Consolider ses acquis EFQM

Deployment/Déploiement (*)			
Critères	Preuves		
Performance et qualité	Existant	A jour	Efficace
Communication interne sur la contribution du périmètre managé à la stratégie			
Pilotage des tâches (projets et processus)			
Définition et explicitation des objectifs de performance et qualité vers le N-1			
Alerte et instruction des décisions vers le N+1			
Arbitrage et facilitation des transversalités entre processus et services			
Instruction des demandes d'allocation et de réaffectation des ressources			
Traitement des réclamation clients, réclamations internes et non conformités			
Animation des équipes			
Sécurité-Santé et Environnement			
Rappel des consignes de sécurité			
Optimisation du classement et de l'archivage papier			
Optimisation du classement et de l'archivage informatique (messagerie, bureautique)			
Organisation de l'espace de travail des collaborateurs			
Rappel des consignes environnementales			
Risques opérationnels			
Mise en œuvre de la maîtrise des risques opérationnels			
Vérification du respect des modalités de contrôle sur les activités			
Compliance et conformité			
Rappel des consignes en matière de compliance, conformité juridique/éthique			
Délégation de pouvoirs et de signatures			
Contrôle de la mise en œuvre de la maîtrise des risques de compliance			
Gestion des Compétences			
Œuvrer à l'amélioration des compétences du niveau N-1			
Vérifier la participation des membres du service aux formations prévues			
Contrôle de l'amélioration des compétences individuelles et collectives			
Audit Interne			
Pilotage de la réalisation des recommandations d'audit interne			
Pilotage de la réalisation des recommandations d'audit qualité interne			

Au niveau du déploiement par exemple, vous vous apercevez que certains ne managent que par le style « pompier hyperactif » sautant d'un feu à un autre pour tenter de l'éteindre

Figure 73 : Audit du management : déploiement

Assessment/Appréciation (*)			
Critères	Preuves		
Performance et qualité	Existant	A jour	Efficace
Tableau de bord consolidé des unités coordonnées			
Mesures de perception des clients			
Mesure de la réalisation des actions et projets et de leur efficacité			
Sécurité-santé et environnement			
Mesures de sécurité et santé au travail			
Mesures des impacts environnementaux			
Risques opérationnels			
Mesure du risque opérationnel			
Mesure des risques informatiques			
Compliance et conformité			
Mesure du risque juridique			
Mesure du risque de non-compliance			
Gestion des compétences			
Mesure de la formation et de l'évolution des compétences			
Bilan des compétences			
Audit interne			
Mesure de la réalisation du plan d'audit			
Mesure de la réalisation des actions et de leur efficacité et reporting à l'audit			
Review/Revue (*)			
Critères	Preuves		
Performance et qualité	Existant	A jour	Efficace
Revues de processus			
Revues de performance			
Sécurité-santé et environnement			
Revue des risques de sécurité et santé au travail			
Revue des besoins en locaux			
Revue des impacts environnementaux			
Risques opérationnels			
Revue des risques opérationnels			
Revue des actions à la suite d'audits de sécurité informatique			
Compliance et conformité			
Revue des actions à la suite d'audits de compliance			
Revue des actions à la suite d'audits de conformité juridique			
Gestion des compétences			
Revue des besoins de compétences			
Audit interne			
Revue des actions à la suite d'audits internes			
Revue des actions à la suite d'audits qualité internes			
Revue des actions à la suite d'audits qualité externes			
SCORE (**)			

* Cocher les cases conformément au constat
** Totaliser les cases de chaque colonne

Figure 74 : Audit du management : appréciation et revue

Les actions d'amélioration à mettre en œuvre doivent être pilotées par le dirigeant lui-même pour avoir une chance d'être efficaces et atteindre les objectifs fixés.

Consolider ses acquis EFQM

Tenter le diplôme de R4E

La reconnaissance pour l'excellence *(R4E : Recognised for excellence)* a pour but de dresser une carte précise de votre progrès en matière d'alignement de maturité. Son obtention va être un sujet de fierté pour vous et vos équipes et un ressourcement collectif pour la suite de votre cheminement.

L'EFQM propose un petit questionnaire pour savoir s'il est opportun pour vous de vous y présenter :

1. Des améliorations systématiques ont-elles été menées dans toute votre organisation depuis trois ans ?
2. Vos processus majeurs sont-ils maîtrisés et pouvez-vous montrer que vous les améliorez grâce à des revues régulières ?
3. La plupart de vos résultats se sont-ils améliorés depuis au moins trois ans ?
4. Votre organisation a-t-elle récemment expérimenté les bénéfices obtenus à la suite de la prise en compte de benchmarks et de comparaisons externes pour fixer les objectifs ?
5. Avez-vous développé une compréhension claire du fonctionnement de votre organisation comme un système dans lequel les approches mises en œuvre « impactent » les résultats obtenus ?
6. Le modèle EFQM est-il compris et l'autoévaluation est-elle devenue une composante continue de votre cycle de planification stratégique ?
7. Est-ce que vous obtenez un score de plus de 350 points lors de vos auto- et alloévaluations ?
8. Est-ce que vous ambitionnez de vous présenter au prix européen d'excellence dans un avenir proche et tester pour cela votre niveau de préparation via un processus similaire et le regard d'évaluateurs externes ?

Si vous pouvez répondre positivement à la plupart de ces questions, vous êtes prêts à tenter le R4E.

Formalités administratives pour le R4E

Comme pour le C2E, le dossier de candidature peut être demandé à l'EFQM ou chez son représentant national AFNOR à n'importe quel moment de l'année.

Le dossier de l'EFQM en anglais comprend :
- un formulaire de candidature *(application document)* ;
- un guide du candidat pour se repérer dans le processus ;
- le modèle EFQM ;
- un document de soumission type avec un format imposé, dont un *pro forma* par sous-critère ;
- un document d'introduction type pour l'approche flexible.

Approche classique

Pour le R4E, il est préférable qu'il y ait une journée de consensus pour le comité de direction à partir du dossier de soumission basé sur les trente-deux sous-critères du modèle, ainsi que pour les niveaux d'encadrement intermédiaire.

Comme, la plupart du temps, l'idéal d'une journée de consensus pour tout le personnel n'est pas possible, je vous invite à :
- mettre à disposition du personnel le dossier de soumission au R4E (sous forme papier ou Intranet) ;
- demander à votre encadrement d'expliquer à leurs équipes le contenu du dossier, de répondre aux questions qu'il suscite.

Ce travail aura deux vertus majeures :
- il permettra de mieux préparer tout le personnel à la visite sur site des assesseurs ;
- il entraînera l'encadrement à expliquer de manière claire le dossier à des tiers en se servant des équipes comme des révélateurs des explications à améliorer.

Consolider ses acquis EFQM

Dans l'approche classique, le document de soumission comprend 46 pages maximum :
- deux pages de présentation de l'information et des données clés sur l'organisation (2 pages) ;
- une page de vue d'ensemble pour chaque critère de facteurs et une page de vue d'ensemble commune à tous les critères de résultats (6 pages) ;
- une page *pro forma* remplie par sous-critère (32 pages) ;
- une page d'organigramme de la structure ;
- quatre pages maximum d'annexes (4 pages) ;
- une page de termes et définitions spécifiques (1 page) ;
- éventuellement un sommaire (1 page).

L'équipe d'évaluation externe est souvent composée de deux ou trois assesseurs, exceptionnellement quatre pour de très grosses organisations. La visite sur site, dont l'objectif est de vérifier la factualité des affirmations du dossier et de compléter les éléments nécessaires à une bonne cotation (scoring), dure trois jours.

Approche flexible

Dans cette modalité, vous êtes amené à compléter un document d'introduction de 5 à 6 pages. Ce document doit couvrir les domaines suivants :
- l'information logistique : nombre de sites, nombre d'employés...
- le but et le contexte : mission, valeurs, produits et services...
- les porteurs d'enjeux externes : qui ils sont et quelles relations l'organisation entretient avec eux ;
- les initiatives : les outils qualité, les méthodes, les pratiques de management...
- l'organigramme de la structure.

L'équipe d'assesseurs va ensuite venir passer une journée sur le terrain pour collecter les faits et planifier la visite sur site qui aura lieu à peu

près six semaines après et durera une semaine. Si vous avez en place un système d'information du genre de celui présenté figure 69, page 246, cet exercice sera une partie de plaisir pour eux et pour vous. Sinon vous risquez de devoir courir en tous sens pour chercher les preuves. Une alternative est possible pour la semaine de visite sur site :
- l'évaluation standard sur 4 à 5 jours par interviews et vérification des preuves ;
- l'animation d'un atelier d'évaluation sur 2 jours avec le comité de direction (qui peut être élargi), plus 2 à 3 jours d'évaluation standard.

Le rapport *(feedback report)*

Le *feedback report* est un document de 10 à 15 pages qui délivre les messages clés et une liste de points forts et de domaines d'amélioration pour chacun des neuf critères du modèle EFQM. Il comprend également un profil de cotation sur 1000 points qui peut être utilisé pour le *benchmarking* avec d'autres organisations. Vous pouvez bénéficier d'une présentation commentée du rapport par l'assesseur en chef.

Les bénéfices du R4E

La pratique du R4E va vous apporter :
- une expérience pratique et un apprentissage approfondi du modèle EFQM grâce à votre interaction avec les assesseurs qui sont des professionnels externes experts du modèle ;
- un feedback objectif de la part d'assesseurs qualifiés qui vous permettra de vérifier le positionnement de votre propre cotation interne et de trouver des repères solides pour votre progression vers le prix européen d'excellence ;
- une occasion de vous comparer avec d'autres organisations utilisant le même modèle, y compris les organisations modèles ;
- et une distinction internationale reconnue.

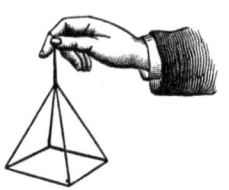

CHAPITRE 7
Se mesurer avec les meilleurs européens

Concourir au prix européen d'excellence	**263**
Pourquoi concourir	264
Comment concourir	264
Approche classique	266
Approche flexible	269
Aligner son leadership	**272**
Un processus leadership Six Sigma	273
Un leadership expert en maturation	277
Tirer pleinement parti de la visite sur site	**277**
Préparer la visite sur site	278
Participer activement à la visite sur site	279
En route pour le Prize !	**286**
En route pour l'Award	**288**

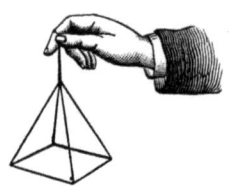

Se mesurer avec les meilleurs européens

« *Il y eut des autoévaluations et il y eut encore des améliorations : ce fut le quatrième jour* » de votre genèse EFQM et vous voilà armés pour en découdre avec les meilleurs.

Ces meilleurs sont les candidats de l'année au prix européen de l'excellence. Ils sont répartis en quatre catégories :
- secteur privé : petites et moyennes entreprises ;
- secteur privé : grandes entreprises ;
- secteur public : petites et moyennes organisations ;
- secteur public : grandes organisations.

C'est dans votre catégorie que vous concourrez.

Concourir au prix européen d'excellence

La participation de votre organisation au prix européen d'excellence (EAA : European Excellence Award) a pour but de la faire évoluer dans l'univers des meilleurs pour continuer à progresser sur le chemin de l'excellence et de la performance durables. Plus on avance, plus les relations entre facteurs et résultats deviennent subtils et plus les gains de maturité deviennent difficiles à accumuler ; asymptote oblige. La confrontation-comparaison et les échanges avec d'autres organisations exceptionnelles *(outstanding)* vous permettront de rester pertinents dans votre quête de l'excellence.

Pourquoi concourir

Il y a trois raisons majeures pour être candidat au prix européen d'excellence.
- **Le feedback :** en échange du coût de participation, de la préparation d'un document de soumission, de l'accueil d'une équipe d'assesseurs internationaux pendant cinq jours, votre organisation va bénéficier d'un rapport approfondi de *business performance* par une équipe de dirigeants et de praticiens de la *business excellence* venant d'organisations membres de l'EFQM. L'équipe examine les enjeux et challenges stratégiques de votre organisation ainsi que votre implémentation tactique, évalue la durabilité de votre modèle opérationnel, puis effectue une revue des points forts et des points faibles, avec une liste de domaines d'amélioration à prendre en compte pour les actions futures.
- **Le benchmark :** pour vous mesurer aux meilleurs de votre catégorie et à tous ceux qui ont déjà concouru avant vous et avoir des opportunités de comparaison sur l'ensemble des sous-critères du modèle.
- **La distinction :** pour avoir une reconnaissance prestigieuse reconnue internationalement. Cette distinction peut avoir une utilité immédiate à la fois interne et externe. En interne, elle est fortement mobilisatrice parce que source de fierté collective. En externe, elle peut être utilisée pour consolider l'image de marque de votre organisation par la publicité de vos produits et services et votre communication institutionnelle.

Comment concourir

Pour concourir au prix européen de l'excellence, il faut d'abord respecter l'agenda annuel du prix.

À l'heure où j'écris cet ouvrage, le déroulé du planning est le suivant :
- atelier des candidats potentiels (date définie selon les années) ;

Se mesurer avec les meilleurs européens

- appel à candidature des assesseurs (de septembre à fin novembre) ;
- dépôt de candidature (avant fin novembre) ;
  - *application form* complétée et signée ;
  - *qualification file* complété.
- remise du document de soumission (avant fin janvier) ;
- sessions de briefing des assesseurs et réunions des assesseurs avec les candidats (mars) ;
- semaine des visites sur site (mai) ;
- session du jury (fin juin) ;
- remise des *feedback reports* aux candidats (juillet)
- remise des prix au Forum EFQM (septembre-octobre).

Ensuite, il faut suivre un parcours en quatre phases tracé par l'EFQM

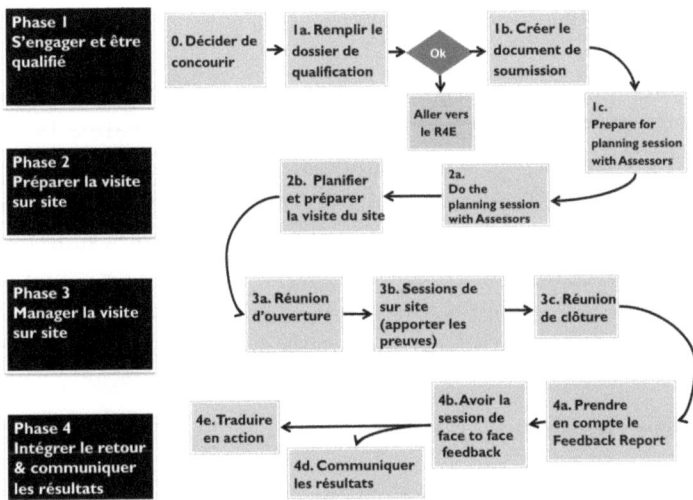

Figure 75 : Phasage du prix européen d'excellence

Un dossier de candidature est à remplir. Puis il faut passer le cap de la qualification.

Le dossier de qualification, de 14 à 18 pages, doit comprendre :

- les faits et chiffres clés de votre organisation (1 p.) ;
- l'histoire de votre organisation et ses réalisations (1 p.) ;
- vos enjeux, challenges et votre stratégie (2 p.) ;
- vos marchés, produits et services et clients (2 p.) ;
- vos activités, vos partenaires et fournisseurs (2 p.) ;
- votre structure et vos activités de management (2 p.) ;
- vos résultats clés :
- perception des clients (1 p.) ;
- indicateurs de performance clients (1 p.) ;
- perception du personnel (1 p.) ;
- indicateurs de performance personnel (1 p.) ;
- perception de la collectivité (1 p.) ;
- indicateurs de performance collectivité (1 p.) ;
- résultats stratégiques clés (1 p.) ;
- indicateurs de performance clés (1 p.).

Ce document doit fournir une vue d'ensemble *(helicopter view)* sur votre organisation et donner une bonne perspective globale à la future équipe d'assesseurs. À ce stade, d'une part, faites jouer la séduction initiale en étant synthétiques et clairs et, de l'autre, tracez les grandes lignes de votre dossier de soumission pour faciliter par la suite la compréhension de ce dossier.

Après il faut, comme pour le R4E, choisir entre les deux approches possibles : l'approche classique ou l'approche flexible.

Approche classique

L'approche classique demande une exigence méthodologique et un travail de dossier conséquent à l'organisation qui s'impose le cadre des critères de l'EFQM comme référentiel pour travailler sur sa maturation. Elle consiste à rédiger un dossier de 75 pages structuré sur le modèle EFQM et à passer une visite sur site.

Se mesurer avec les meilleurs européens

Les principes de mise en œuvre de l'approche classique sont les suivants :
- prendre comme point de départ les critères de l'EFQM ;
- renseigner dans chaque critère la liste des actions et démarches clés (facteurs) et vos indicateurs clés (résultats) ;
- évaluer les critères de l'EFQM en prenant en compte les démarches concernées et les résultats obtenus ;
- restituer les résultats de l'évaluation selon les critères du modèle.

Cet exercice apporte un apprentissage collectif profond et amène l'organisation à entrer pleinement dans l'heuristique du modèle de l'EFQM. L'heuristique (du grec ευρισκειν, « trouver ») est l'utilisation de règles empiriques, pratiques, simples et rapides qui facilitent la recherche des faits et expériences ainsi que l'analyse de situations, dans un objectif de création collective de sens, de résolution de problèmes et de prise de décision.

Le dossier de 75 pages doit être structuré comme suit :
- Un sommaire (1 p.) ;
- Une introduction avec une présentation générale dans l'espace et le temps : contexte et histoire (2 p.) ;
- Une description par critère (71 p.) Pour équilibrer le nombre de pages en fonction de la pondération des critères, la logique voudrait que la répartition des pages selon les critères soit la suivante :
    - critère 1 : 7 pages ;
    - critère 2 : 7 pages ;
    - critère 3 : 7 pages ;
    - critère 4 : 7 pages ;
    - critère 5 : 7 pages ;
    - critère 6 : 11 pages ;
    - critère 7 : 7 pages ;
    - critère 8 : 7 pages ;
    - critère 9 : 11 pages.
- Une page de glossaire des termes employés (1 p.).

Pour rédiger ce dossier, il faut choisir de bons rédacteurs capables de mettre en musique tout le matériau collecté et ayant suffisamment de légitimité pour demander des détails supplémentaires. Ils doivent avoir une grande rigueur pour décrire les faits (approches) et collecter les résultats tels qu'ils sont et non comme ils devraient être et cibler l'essentiel.

Domaines	Critères	Sous-critères	Preuves	R	A	D	A	R
Facteurs	1 Leadership	1A						
		1B						
		1C						
		1D						
		1E						
	2 Stratégie	2A						
		2B						
		2C						
		2D						
	3 Personnel	3A						
		3B						
		3C						
		3D						
		3E						
	4 Partenariats & Ressources	4A						
		4B						
		4C						
		4D						
		4E						
	5 Processus, Produits & Services	5A						
		5B						
		5C						
		5D						
		5E						
Résultats	Résultats pour les Clients	6A						
		6B						
	Résultats pour le Personnel	7A						
		7B						
	Résultats pour la Collectivité	8A						
		8B						
	Résultats d'activité	9A						
		9B						

Figure 76 : Logique de l'approche classique

Se mesurer avec les meilleurs européens

Un bon dossier classique a les caractéristiques suivantes.
- Pour les facteurs : il est factuel sur les approches et relie ces approches entre elles ; il est précis sur le déploiement ; il fait le lien avec les résultats dans la présentation des mesures et il donne des exemples significatifs au niveau de l'amélioration.
- Pour les résultats : il présente sous une forme graphique homogène des résultats en cohérence avec les mesures énoncées dans les facteurs ; il ne paraphrase pas les graphiques, mais explique les tendances et les causes de variation ; il fait le lien entre les mesures de perception et les indicateurs de performance ; il explicite la causalité entre approches et résultats et il donne des perspectives probables pour le futur.

Approche flexible

L'approche flexible demande moins de travail de dossier à l'organisation, mais plus de travail aux assesseurs. Dans l'approche flexible, on part sur un dossier léger faisant l'inventaire des actions et démarches de l'organisation. Comme pour l'approche flexible du R4E, il y a deux visites sur site.

Les principes de mise en œuvre de l'approche flexible sont les suivants :
- prendre comme point de départ la liste des actions et démarches clés de votre organisation ;
- établir les correspondances entre les démarches clés et les critères de l'EFQM ;
- évaluer les critères de l'EFQM en prenant en compte les démarches concernées ;
- restituer les résultats de l'évaluation à partir des critères.

Cette démarche peut sembler plus facile à certaines organisations du fait qu'on n'impose pas d'entrée de jeu le cadre des critères de l'EFQM qui restent transparents pour elles et qu'elles peuvent évoluer dans le cadre de leurs démarches à elles et de leur grille de lecture. Dans ce cas, l'apprentissage collectif est moins profond que dans la démarche classique. Bien que l'organisation obtienne une évaluation selon les critères de l'EFQM comme une organisation qui a suivi la voie classique, elle ne rentre pas aussi profondément dans l'heuristique du modèle.

Le dossier à produire, qui est appelé « carte des facteurs » *(enabler map)*, comporte les éléments suivants :
- un aperçu sur les approches et projets ou initiatives avec les dénominations en cours dans votre organisation et utilisées dans votre communication externe ;
- une série de matrices qui mettent en relation ces éléments avec les sous-critères de facteurs (1a à 5e) du modèle ;
- des preuves de l'impact de ces approches sur les résultats obtenus ;
- des indications sur les preuves consultables sur place lors de la visite sur site.

Se mesurer avec les meilleurs européens

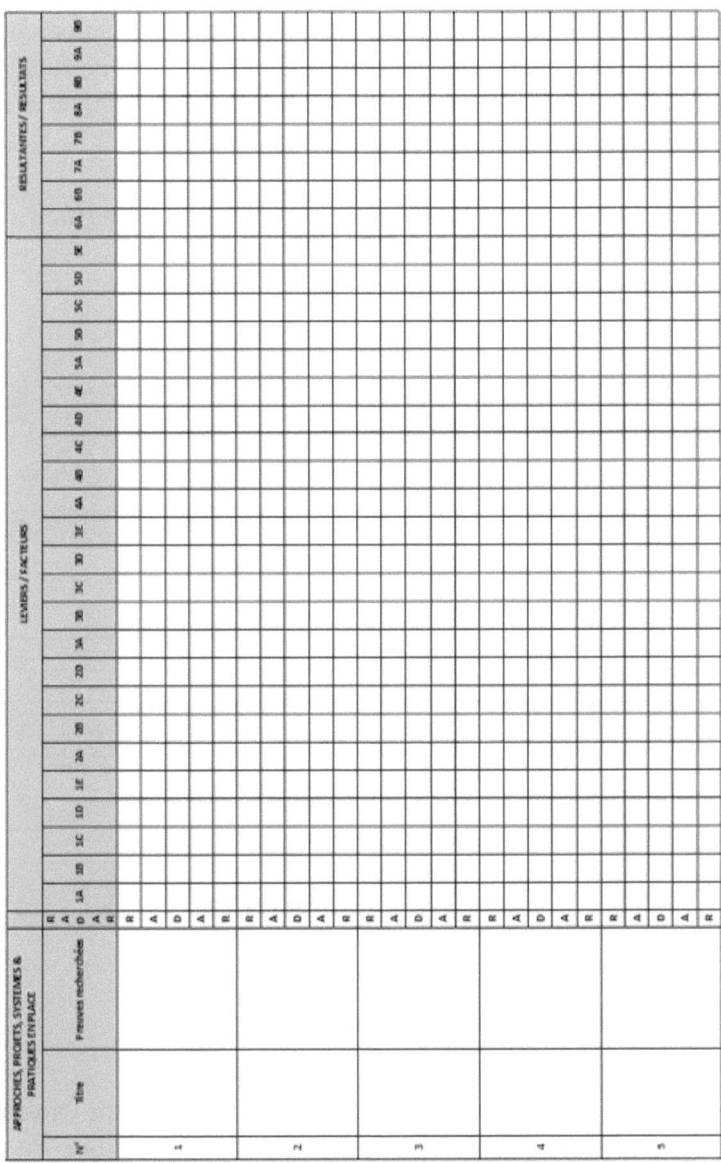

Figure 77 : Logique de l'approche flexible

L'objectif de ce document n'est pas d'expliquer toutes les approches ou initiatives, mais de servir de référentiel des éléments clés de votre organisation, de ses processus, de ses manières de fonctionner, etc. Un schéma général des processus peut y contribuer.

Le cœur du dossier comprend 10 pages structurées par une matrice sur les approches de l'organisation :
- leadership (2 p.) ;
- stratégie (2 p.) ;
- personnel (2 p.) ;
- partenariats et ressources (2 p.) ;
- processus (2 p.).

N°	Approche Titre	Description du déploiement	Preuves accessibles sur site	Liens avec les résultats clés

Figure 78 : Matrice de la carte des facteurs

Aligner son leadership

Les cinquante points qui séparent le *prize* du *finalist*, puis l'award du prize sont les plus difficiles à gagner. Seul un leadership hors du commun va vous permettre d'y arriver. Il faut donc préparer vos leaders/managers pour qu'ils soient à la hauteur des enjeux de ce gain de maturité sur le référentiel d'excellence. Une fois de plus, c'est avant tout sur le processus qu'il faut travailler, plus que sur les personnes.

En revanche, je n'hésite pas à ancrer ce processus dans les spiritualités des leaders et managers pour augmenter leur niveau d'adhésion. C'est une technique à prendre avec précaution, uniquement quand on connaît bien ses interlocuteurs et leur relation à la spiritualité de leur culture. Comme j'interviens dans différents continents, j'ai été obligé d'adapter mes représentations graphiques dans ce but.

Figure 79 : Ancrage spirituel du leadership

La dualité du management/leadership est par exemple explicitement présente dans le sikhisme avec ses deux sabres entrecroisés : le sabre politique (transformer le monde) et le sabre spirituel (se transformer soi-même).

Un processus leadership Six Sigma

Le leadership est avant tout un processus, avant d'être la fonction de certains individus.
- Première observation : il n'y a pas d'organisation qui n'ait que des leaders charismatiques. Il n'y a pas de leader charismatique ayant tous les charismes.
- Seconde observation : toutes les approches basées sur l'art, la science, les charismes... pour améliorer le leadership amènent seulement à des petites améliorations bien locales et évanescentes.

Mon expérience est que le leadership est avant tout un processus qui doit produire durablement de la valeur. Il y a un chemin pour créer, implémenter et renforcer ce type de processus, quels que soient les leaders que vous ayiez dans votre organisation.

Il ne faut pas confondre le processus « leadership/management » avec le processus « définition et déploiement stratégique ». Voyez-le comme un processus articulant tous les autres ou soutenant tous les autres. Il définit précisément les tâches et activités à réaliser par tous les managers/leaders quelle que soit leur fonction : dirigeants, pilotes de processus, responsables d'équipes, chefs de projets...

Beaucoup de gens, notamment des leaders et managers, ont des difficultés à penser « processus ». Ils imaginent avoir des champs de patates horizontaux là où existaient des champs de patates verticaux auparavant. Ce n'est pas du tout la réalité ! Un processus peut en croiser un autre. Les processus sont « inter-reliés » et le processus « leadership/management » est étroitement « inter-tissé » avec tous les autres. Il produit de la valeur ajoutée qu'aucun autre processus n'est capable de produire : la fameuse valeur cybernétique.

> **VOCABULAIRE**

FIPEC
Fournisseur, intrants, procédés, extrants, clients.

=

SIPOC
Supplier, input, process, output, customer.

Ce processus est en fait composé de deux sous-processus ayant un cycle RADAR quand on l'analyse de manière approfondie :
- radariser la réalité managée (coordination de processus, processus, équipe de performance, projet...) ;
- radariser son propre style de leadership avec l'aide de son n +1.

Le plus important est de structurer le management/leadership comme un processus transverse à tous les autres et de réduire la variation de ce processus pour l'amener vers le niveau de 6 sigma, c'est-à-dire à un niveau de qualité de 3,4 non-conformités par million d'occurrences. Ceci est tout à fait possible avec les outils classiques d'une démarche de Lean-Six Sigma à commencer par le FIPEC (fournisseur, intrants,

Se mesurer avec les meilleurs européens

procédés, extrants, clients), traduction du fameux SIPOC *(supplier, input, process, output, customer)*.

On établira un FIPEC par sous-processus. Le premier est celui du management du périmètre de responsabilité.

F	I	P	E	C
Tous porteurs d'enjeux Processus de veille	Attentes des porteurs d'enjeux Analyse contextuelle Benchmarks	Fixer des Résultats à atteindre	Axes stratégiques Politiques Objectifs Buts & cibles	Personnels et autres porteurs d'enjeux
Personnels	Benchmarking	Sélectionner les approches pertinentes	Procédures, modes opératoires…	Personnels et autres porteurs d'enjeux
Personnels	Procédures, modes opératoires…	Déployer	Formation Résolution de problèmes Allocation de ressources Définition des priorités…	Personnels et autres porteurs d'enjeux
Personnels	Surveillance	Apprécier la performance et la perception	Tableaux de bord Résultats d'enquêtes	Personnels et autres porteurs d'enjeux
Personnels	Feedback	Revoir et raffiner	Comptes rendus de revues	Personnels et autres porteurs d'enjeux

Figure 80 : FIPEC leadership : réalité managée

Si vous avez trois niveaux hiérarchiques dans votre organisation, vous pouvez découper ce FIPEC en trois pour standardiser la valeur ajoutée produite par chaque niveau. Prenez par exemple un pilote de processus. Il a à définir les résultats à atteindre pour le processus qu'il manage. Puis il doit choisir les meilleures approches pour atteindre ces objectifs. Une fois les approches sélectionnées, il doit assurer le déploiement systématique dans toutes les équipes, par tous les individus. Le pilote doit aussi définir les indicateurs pour mesurer la performance de son processus. Et enfin, il doit organiser une revue du processus qu'il manage.

Le second FIPEC est celui de l'amélioration de son propre style de management.

F	I	P	E	C
Manager or leader évaluateur (N+1)	Attentes et exigences d'amélioration	Fixer des Résultats à atteindre	Objectifs personnels annuels d'amélioration du style de leadership	Manager or leader évalué
Manager or leader évaluateur (N+1)	Approches possibles	Sélectionner les approches pertinentes	Approches sélectionnées	Manager or leader évalué
Manager or leader évaluateur (N+1)	Approches sélectionnées	Déployer	Jours réservés dans l'agenda	Manager or leader évalué
Manager or leader évaluateur (N+1)	Surveillance	Apprécier la performance et la perception	Evaluation à 360-degré Résultats de l'enquête de satisfaction du personnel	Manager or leader évalué
Manager or leader évaluateur (N+1)	Feedback	Revoir et raffiner	Compte rendu de l'entretien d'évaluation annuelle	Manager or leader évalué Responsable Ressources Humaines

Figure 81 : FIPEC leadership : style de leadership

Un leader doit « radariser » son comportement et style de leadership. Continuons avec notre pilote de processus. Il a à définir avec son supérieur des résultats personnels à accomplir sur la période suivante pour améliorer sa performance personnelle en matière de leadership. Ensuite, il doit choisir les approches (formation, accompagnement...) pour améliorer son leadership. Le déploiement de ces approches demande du temps ; une des choses les plus difficiles devient alors la réservation de jours consacrés à ce déploiement. De nombreux managers et leaders souhaitent améliorer leur style de leadership, mais n'allouent pas assez de temps pour le faire. Pas de déploiement, pas de résultats ! Le leader a aussi à définir des indicateurs pour mesurer ses améliorations et les proposer à son supérieur. Finalement, le leader doit

Se mesurer avec les meilleurs européens

organiser avec son n+1 une revue de son processus d'amélioration de son style de leadership.

Une fois tous les livrables définis avec leurs limites de spécifications inférieures et supérieures, il est possible de calculer le niveau de *sigma* des deux sous-processus.

Un leadership expert en maturation

Une des difficultés toujours évoquée par les organisations est que, dans le modèle EFQM, on se répète sans cesse. C'est à la fois vrai et faux : vrai, parce que les mêmes pratiques apparaissent à différents endroits dans les sous-critères de facteurs ; faux, parce que chaque sous-critère en donne un éclairage différent puisqu'il s'intéresse à une dimension spécifique. Quand vous mettez en place une pratique, le leadership l'impulse, c'est en général corrélé à la stratégie, il faut des ressources et souvent des partenariats pour pouvoir la mettre en œuvre et elle se greffe sur des processus pour être effective. Quand vos leaders et managers auront trouvé leurs marques dans le modèle et maîtrisé cette logique d'articulation entre sous-critères, alors ils seront prêts pour aller vers le *prize* et l'*award*.

Tirer pleinement parti de la visite sur site

L'objectif de la visite sur site est triple :
- vérifier la véracité et factualité de ce qui figure dans le dossier ;
- prendre en compte les réalités non documentaires comme l'ambiance générale, le cadre de travail, les intangibles de toutes sortes, etc. ;
- rechercher des éléments explicatifs ne figurant pas dans les documents produits.

Préparer la visite sur site

La visite sur site est une occasion de mobilisation de votre encadrement et de votre personnel. Trois exercices peuvent y contribuer.
- Organiser des réunions de préparation des équipes. Ces réunions vous serviront à :
- présenter les objectifs de la visite sur site et le planning établi par vos assesseurs ;
- répondre aux questions qui se posent ;
- lever les craintes et angoisses ;
- informer les participants sur le type de questions auxquelles ils auront à répondre ;
- insister sur les documents et preuves qu'ils auront à fournir ;
- et affirmer les principes développés un peu plus loin.
- Mener des journées de consensus avec l'ensemble du personnel sur la base du dossier.

C'est l'investissement le plus lourd, mais aussi celui qui voit plus loin que la simple maîtrise de la visite sur site. Je l'ai pratiqué trois ans de suite et ai pu en mesurer l'impact exceptionnel.
- Réaliser une répétition générale. Il vous est possible de mener des évaluations à blanc avec des assesseurs internes ou externes. Un de mes clients a fait appel à des assesseurs européens d'autres entités de son groupe pour organiser une répétition générale *(rehearsal)* d'une visite sur site dans la filiale candidate au prix européen d'excellence.

Il faut bien faire comprendre à travers tous ces exercices que les questions qui seront posées :
- toucheront directement la logique RADAR (Vers où allez-vous ? Quelle distance vous sépare de ces objectifs, quel est le chemin et les méthodes pour y arriver ? Comment sont-elles déployées ? Quelles mesures avez-vous pour suivre votre progression ? Comment apprenez-vous et innovez-vous à partir de cette expérience collective ?)
- et aborderont les différents termes dans la logique dominante

Se mesurer avec les meilleurs européens

suivante : l'immédiat avec le personnel, le court terme avec le premier niveau d'encadrement, le moyen terme avec l'encadrement intermédiaire et le long terme avec les dirigeants.

Participer activement à la visite sur site

Pour que la visite sur site se passe dans les meilleures conditions, il faut s'assurer que les deux parties du jeu disposent de leur liberté d'action et respectent des règles claires.

Côté assesseur
L'assesseur a besoin d'un accompagnement facilitateur :
- Logistique. Il faut s'assurer que les assesseurs ne sont pas laissés sans guide pour rejoindre les lieux où ils ont prévu de se rendre et les personnes qu'ils doivent rencontrer.
- Traduction simultanée. Quand l'assesseur ne parle pas la langue du pays et que les interviewés ne parlent pas l'anglais, il faut prévoir un bon traducteur qui aura été « briefé » auparavant avec le dossier pour ne pas faire des contresens ni tomber dans la traduction-trahison.
- Il ne faut pas qu'un accompagnateur interfère dans les échanges des assesseurs avec les interviewés sauf demande explicite d'explication de la part des assesseurs.

C'est l'assesseur qui conduit la discussion. Il ne faut pas que l'interviewé se mette en position de maîtrise de l'horaire, du séquencement des thèmes abordés, de poser lui-même les questions et d'en donner les réponses, de forcer les conclusions... Il risque de devoir répondre à des questions importantes sur le peu de temps qui reste et de donner la perception que l'essentiel est absent.

Côté interviewé
Il faut être naturel, pas sur la défensive : l'assesseur n'est pas là pour semer des peaux de banane sur votre chemin et tenter de vous faire

perdre pied. Il n'est pas en charge de vous juger en tant que personne. Il n'y a donc aucune raison objective de montrer de la réticence à fournir les informations demandées, de s'obstiner à vouloir imposer un point de vue, de se crisper sur certaines questions ou de vouloir se justifier à tout prix.

Il faut jouer la transparence et la sincérité : la particularité des meilleurs est de parler aussi naturellement des échecs et des problèmes que des succès et des réussites. Cacher les problèmes et les échecs n'est pas une bonne stratégie pour deux raisons. D'abord, un assesseur est un professionnel mature qui sait qu'aucune organisation n'est sans problèmes ni échecs. Ensuite, un groupe d'assesseurs finit toujours par arriver, par recoupements des résultats des entretiens à découvrir ces zones d'ombre. La bonne stratégie est de montrer comment vous vous servez des échecs pour aller de l'avant et vous améliorer sans cesse. C'est cela qui fera grimper votre *score* !

Il ne faut pas être excessif : s'il est toujours plus agréable pour un assesseur d'avoir en face de soi des interviewés enthousiastes que des interlocuteurs trop avares de dialogue, il faut éviter l'excès du discours-fleuve intarissable submergeant les moments de silence jusqu'à l'oppression. Répondre de manière concise et réfléchie aux questions de l'assesseur reste la meilleure stratégie.

Exploiter à fond le rapport d'évaluation

Une organisation ne peut affirmer qu'elle progresse en maturité sans avoir une évaluation approfondie répétée à l'aune du modèle. Le *feedback report* de son évaluation par un groupe d'assesseurs internationaux qualifiés, qui sont en majorité des cadres supérieurs d'entreprises membres de l'EFQM cheminant depuis plusieurs années avec le modèle, va la lui procurer.

Des consultants et experts du modèle se joignent à eux et, de temps en temps, des assesseurs d'autres prix, dans le cadre des échanges entre

> **À SAVOIR**
> **Le Prix Malcolm Baldrige (USA)**
> Le Malcolm Baldrige encourage le recours intensif au benchmarking. Il demande également aux lauréats qu'ils partagent leurs outils et leurs méthodes en matière d'excellence et de performance avec d'autres entreprises pour diffuser cette approche à travers tous les secteurs économiques des USA. *(Voir aussi page 318).*

Se mesurer avec les meilleurs européens

l'EFQM et les autres grands prix internationaux. C'est ainsi que, lors de notre seconde participation au prix, nous avons accueilli un assesseur du Prix Malcolm Baldrige (lire en annexe page 318) dans l'équipe. Cette diversité des membres d'une équipe d'assesseurs est absolument féconde. Elle a interpellé chez nous non seulement l'encadrement, mais aussi le personnel confronté à la variété de leurs questions et de leurs points de vue. De cette diversité émerge un consensus d'une grande richesse et le rapport qui en fait la synthèse dépasse toute étude d'un grand cabinet de consulting. Vous en avez pour votre investissement !

Ce rapport comprend en général :
- une introduction sur l'intérêt et le contenu du rapport ;
- une vue d'ensemble du processus d'évaluation écoulé ;
- la matrice de notation détaillée par sous-critère ;
- une synthèse de l'évaluation *(executive summary)* ;
- le détail des points forts et domaines d'amélioration ainsi que la notation par sous-critère.

Voici un exemple réel de progression avec le modèle d'une organisation qui a voulu consolider sa performance à la sortie de sa période de start-up et d'eldorado.

Feedback report : année 1

CRITERE	ZONE DE POSITIONNEMENT									
	01-10	11-20	21-30	31-40	41-50	51-60	61-70	71-80	81-90	91-100
Leadership						■				
Stratégie						■				
Personnel						■				
Partenariats & Ressources					■					
Processus, produits & Services						■				
Résultats pour les Clients						■				
Résultats pour le personnel							■			
Résultats pour la Collectivité					■					
Résultats clés						■				

	INTERVALLE POUR LE TOTAL DES POINTS									
Total des points	01-100	101-200	201-300	301-400	401-500	501-600	601-700	701-800	801-900	901-1000
						■				

Figure 82 : Feedback report : année 1

La première année, le profil de notation montre une organisation un peu au-dessus de la moyenne qui n'a pas de souci de ressources et qui, par conséquent, n'a pas été amenée à mettre en place des approches avancées pour les maîtriser. Elle bénéficie d'un personnel motivé au-delà de ce que les facteurs mis en œuvre pourraient laisser espérer. Le développement durable n'est pas encore une préoccupation pour elle.

Le rapport d'évaluation a relevé en moyenne deux ou trois points forts par sous-critère et de treize à quinze domaines d'amélioration. Il a par ailleurs insisté sur la nécessité de consolider le management pour le développement de l'entreprise et de progresser dans la satisfaction du personnel pour ne pas avoir de retour de tendance et pour faire face aux nouveaux challenges.

Se mesurer avec les meilleurs européens

Feedback report : année 2

CRITERE	ZONE DE POSITIONNEMENT									
	01-10	11-20	21-30	31-40	41-50	51-60	61-70	71-80	81-90	91-100
Leadership							■			
Stratégie						■				
Personnel							■			
Partenariats & Ressources						■				
Processus, produits & Services						■				
Résultats pour les Clients						■				
Résultats pour le personnel								■		
Résultats pour la Collectivité						■				
Résultats clés						■				

	INTERVALLE POUR LE TOTAL DES POINTS									
Total des points	01-100	101-200	201-300	301-400	401-500	501-600	601-700	701-800	801-900	901-1000
						■				

Figure 83 : Feedback report : année 2

La seconde année, on voit très clairement que l'organisation a mis à profit ces conseils : les facteurs font apparaître qu'elle a renforcé son leadership et sa gestion du personnel ainsi que la maîtrise de ses partenariats et ressources. L'organisation a ainsi rattrapé son retard sur les critères 4 et 8, avancé sur le critère 1 et continué à bénéficier d'une performance remarquable au niveau de son personnel.

Le rapport d'évaluation a relevé en moyenne quatre ou cinq points forts par sous-critère et de neuf à onze domaines d'amélioration. Il a, par ailleurs, proposé de persévérer sur le leadership, de consolider le déploiement stratégique et de faire une percée sur les processus pour améliorer la satisfaction des clients.

Feedback report : année 3

CRITERE	\multicolumn{10}{c}{ZONE DE POSITIONNEMENT}
	01-10	11-20	21-30	31-40	41-50	51-60	61-70	71-80	81-90	91-100
Leadership								■		
Stratégie							■			
Personnel							■			
Partenariats & Ressources							■			
Processus, produits & Services							■			
Résultats pour les Clients							■			
Résultats pour le personnel								■		
Résultats pour la Collectivité					■					
Résultats clés							■			

	INTERVALLE POUR LE TOTAL DES POINTS									
Total des points	01-100	101-200	201-300	301-400	401-500	501-600	601-700	701-800	801-900	901-1000
							■			

Figure 84 : Feedback report : année 3

La troisième année, on voit clairement qu'une fois de plus, l'organisation a tiré profit des préconisations du rapport d'évaluation précédent. Il en résulte une progression sur les critères 1, 2, 4 et 5 ainsi que sur les résultats clés (9).

Le rapport d'évaluation a relevé en moyenne sept ou huit points forts par sous-critère et de six à huit domaines d'amélioration. Il a en outre acté le décrochage sur le critère 8 pour lequel l'organisation s'était endormie sur ses lauriers de l'année d'avant.

Feedback report : année 4

CRITERE	\multicolumn{10}{c}{ZONE DE POSITIONNEMENT}
	01-10	11-20	21-30	31-40	41-50	51-60	61-70	71-80	81-90	91-100
Leadership							■			
Stratégie							■			
Personnel							■			
Partenariats & Ressources								■		
Processus, produits & Services								■		
Résultats pour les Clients								■		
Résultats pour le personnel					■					
Résultats pour la Collectivité						■				
Résultats clés							■			

	\multicolumn{10}{c}{INTERVALLE POUR LE TOTAL DES POINTS}
	01-100	101-200	201-300	301-400	401-500	501-600	601-700	701-800	801-900	901-1000
Total des points							■			

Figure 85 : Feedback report : année 4

En quatrième année, la perception « clients » a été au rendez-vous à la suite des efforts sur les processus, produits et services. En revanche, la satisfaction du personnel a régressé. Le rapport d'évaluation a relevé en moyenne de dix à douze points forts par sous-critère et de trois à cinq domaines d'amélioration. Le rapport a mentionné qu'il était temps pour le leadership de donner une vision claire en matière de développement durable.

Feedback report : année 5

CRITERE	ZONE DE POSITIONNEMENT									
	01-10	11-20	21-30	31-40	41-50	51-60	61-70	71-80	81-90	91-100
Leadership								■		
Stratégie								■		
Personnel								■		
Partenariats & Ressources								■		
Processus, produits & Services								■		
Résultats pour les Clients								■		
Résultats pour le personnel								■		
Résultats pour la Collectivité							■			
Résultats clés								■		

	INTERVALLE POUR LE TOTAL DES POINTS									
Total des points	01-100	101-200	201-300	301-400	401-500	501-600	601-700	701-800	801-900	901-1000
								■		

Figure 86 : Feedback report : année 5

En cinquième année, la mise en place de la certification ISO 14001, OHSAS 18001, SA 8000 a permis de réajuster la stratégie, de définir des politiques de développement durable, d'impliquer le personnel sur le sujet. Les résultats sur le critère 8 étaient au rendez-vous, même s'il y a encore un décrochement par rapport à la maturité sur les autres critères. Le rapport d'évaluation a relevé en moyenne quinze points forts et plus par sous-critère et un ou deux domaines d'amélioration.

En route pour le Prize !

« *Il y eut des autoévaluations et il y eut encore et encore des améliorations : ce fut le cinquième jour* » de votre genèse EFQM et vous voilà parés pour être des modèles sur un ou plusieurs principes fondamentaux. Pour obtenir un *Prize*, il faut en effet non seulement avoir dépassé un certain seuil de score, mais il faut pouvoir être proposé aux autres organisations européennes comme une organisation de référence sur au moins un des principes fondamentaux et ne plus avoir de décrochage important sur un critère.

Si le premier apprentissage clé du rapport d'évaluation est une profonde connaissance pragmatique du modèle, le second est une meilleure compréhension des relations de causes à effets entre facteurs et résultats, d'une part, et entre indicateurs de performance et mesures de perception, d'autre part.

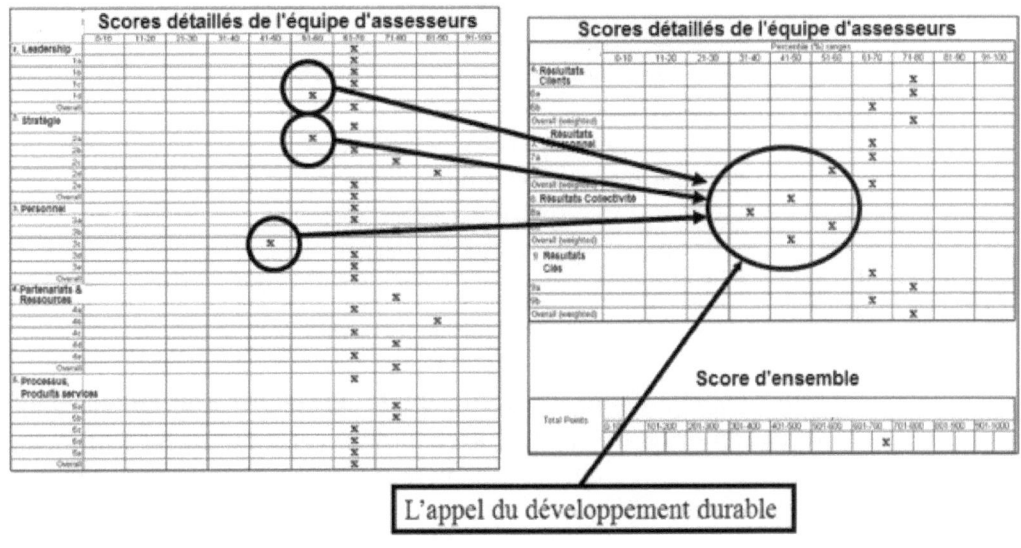

Figure 87 : Les relations causales entre les *x* et les *y*

En route pour l'Award

« Il y eut encore des autoévaluation, et il y eut toujours des améliorations : ce fut le sixième jour » de votre genèse EFQM et vous voilà exemplaires sur l'ensemble des principes fondamentaux. Vous êtes arrivés au stade représenté sur la figure 86 page 286 : notation de cinquième année.

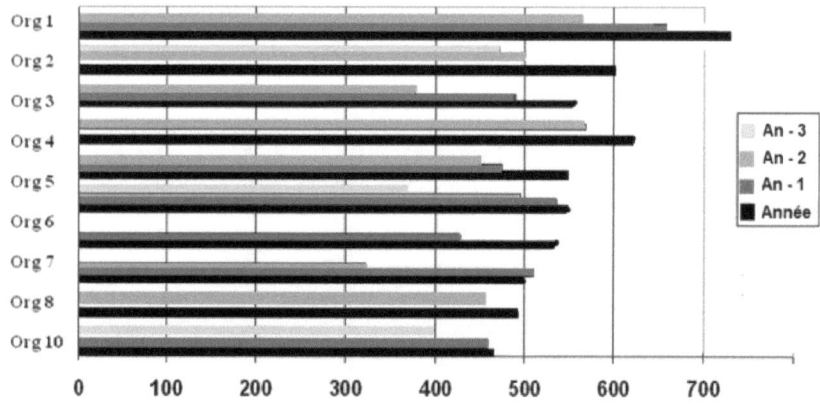

Figure 88 : Benchmark avec les meilleurs européens

Vous vous êtes donné un incomparable benchmark avec les meilleures organisations européennes, avez mesuré votre progression organisationnelle vers l'excellence et la performance et avez excellé. Que vous reste-t-il à faire ?
- Remettre la main à l'ouvrage dès le lendemain de la remise de l'*award* lors du dîner de gala du forum annuel de l'EFQM, parce que rien n'est jamais acquis définitivement.
- Aider d'autres organisations à réussir leur propre cheminement vers l'excellence et la performance durables.

CHAPITRE 8
Partager son retour d'expérience EFQM

Devenir assesseur EFQM	**291**
Siéger comme membre du jury EFQM	**293**
Enseigner le modèle EFQM	**294**
Animer des groupes de benchmarking	**295**
Intervenir dans les conférences de vainqueurs	**296**
Devenir auteur sur le référentiel EFQM	**297**
Participer aux groupes de révision du modèle	297
Alimenter la base documentaire de l'EFQM	297
Faire du journalisme occasionnel sur le sujet	298
Contribuer au modèle EFQM comme auteur	298
Gagner le prix individuel EFQM	**298**

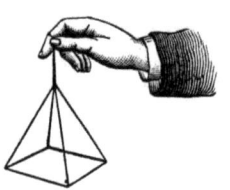

Partager son retour d'expérience EFQM

« Le septième jour, vous avez constaté que tout cela était bon ». Mais n'allez pas vous reposer pour autant ! En plus de continuer à avancer dans votre propre organisation, faites profiter d'autres organisations de votre expérience.

Devenir assesseur EFQM

Si vous ne l'êtes pas encore, devenez assesseur pour continuer à vous nourrir d'autres expériences enrichissantes pour vous et votre propre organisation.

Une organisation peut proposer ses dirigeants et cadres supérieurs pour être assesseurs dans le prix européen d'excellence. En échange du temps passé à étudier le dossier et à faire la visite sur site, l'assesseur bénéficie ainsi d'une opportunité unique de développement de son leadership et de son management et profite d'un benchmarking complet sur d'autres modèles d'affaires *(business model)*.

Les assesseurs sont formés et entraînés par un assesseur senior à délivrer un travail de très forte valeur ajoutée sous une forte pression de délai, comme membre d'une équipe multiculturelle et multifonctionnelle nouvellement formée. Enfin, l'assesseur gagne des contacts de business dans les meilleures organisations européennes.

Être assesseur du prix européen de l'excellence demande à être prêt à y consacrer de deux à trois bonnes semaines de travail sur une campagne de prix.

Le cycle d'évaluation comprend cinq ou six phases. La dernière est à l'initiative du client et ne concerne en général que l'assesseur en chef.

1. Deux jours de mise à niveau sur la démarche et de constitution des équipes d'assesseurs. Ils se passent à Bruxelles au siège de l'EFQM avec tous les assesseurs de l'année. À l'issue de cette session, chaque groupe a son candidat.
2. L'étude individuelle du dossier du candidat. Chaque assesseur analyse et évalue le dossier : points forts, domaines d'amélioration, scores, questions pour la visite sur site. Il envoie ses éléments à l'assesseur en chef qui centralise toutes les analyses et prépare le consensus.
3. D'un à deux jours de consensus dans le pays d'un des assesseurs du groupe. Cette session permet, d'une part, de trouver un consensus par sous-critère : points forts, domaines d'amélioration, scores, questions et points à vérifier pour la visite sur site et, d'autre part, de mettre au point le planning de la visite sur site.
4. La semaine d'évaluation sur site. Elle comprend une réunion d'ouverture, les interviews en tête-à-tête et avec des groupes et une réunion de clôture. En soirée, les assesseurs partagent les observations faites dans la journée et se concertent pour réorienter ou approfondir certaines investigations.
5. Rédaction du rapport d'évaluation. Certaines équipes font une répartition des chapitres pour une pré-rédaction par chaque assesseur. L'assesseur en chef se charge alors de la mise en cohérence et de la synthèse. Il envoie la version provisoire du rapport final à l'équipe EFQM en charge du prix qui le valide et l'envoie au candidat. Certaines équipes le font dans le prolongement de la visite sur site, souvent dans un bureau de l'aéroport de départ. Dans ce cas,

Partager son retour d'expérience EFQM

les assesseurs ont en général travaillé sur la totalité ou leur partie en soirée après les interviews.
6. Exposé des conclusions et commentaire du rapport validé au candidat. Sur sa demande, le candidat peut bénéficier d'une présentation-explication de son rapport sur site.

La qualification d'assesseur au prix européen d'excellence passe par les conditions suivantes :
- bien comprendre le modèle EFQM, jongler avec les liens entre critères et savoir effectuer des notations pertinentes ;
- bien connaître les organisations et rentrer rapidement dans l'univers (les approches et les performances) du candidat ;
- savoir collecter, analyser et comprendre les preuves fournies pour baser son appréciation sur les faits ;
- produire des conclusions claires, précises, pertinentes et opérationnelles pour les candidats ;
- savoir travailler de manière efficace et conviviale dans une équipe internationale.

Siéger comme membre du jury EFQM

Le jury EFQM comprend une dizaine de représentants de membres qui ont gagné soit un *prize* soit un *award*.

Une fois le travail des équipes d'assesseurs terminé, l'ensemble des conclusions et des pré-rapports d'évaluation est envoyé à l'EFQM où l'équipe responsable du prix les analyse et les met en comparaison pour préparer le travail du jury. Pour être membre du jury, il faut être prêt à consacrer au minimum une bonne semaine de travail par an à l'exercice, qui comprend l'analyse des dossiers et rapports et la recherche d'informations sur l'organisation candidate.

Le jury reçoit une première présentation succincte des candidats et de leur cheminement dans l'excellence, pour se donner un premier aperçu de la cuvée et du travail à fournir.

Une première réunion se tient par *conference call* vers la mi-juin pour distribuer les dossiers entre membres du jury. Chaque membre en reçoit de trois à cinq. Pour chaque dossier, il y a au minimum deux avis, plus si le dossier présente des éléments controversés.

La session du jury se tient à Bruxelles fin juin, début juillet. Pour chaque dossier, les deux membres en charge de l'analyse exposent leur point de vue non concerté et engagent le débat. Les dossiers litigieux font l'objet d'un appel de l'assesseur en chef pour des compléments d'instruction.

Enseigner le modèle EFQM

Malheureusement, le modèle EFQM ne s'enseigne pas de manière assez approfondie en France. À l'université, dans les masters Qualité, il représente la plupart du temps une portion congrue, sauf dans de rares cas, par exemple à l'université de Marne-la-Vallée. Dans les écoles d'ingénieurs, il est quasiment inconnu, parfois survolé, par exemple à l'EFREI où j'en parle dans le cadre d'un cours sur la *business excellence*. Au CNAM, il fait partie d'un module « Qualité totale : démarches, méthodes et outils – modèle d'excellence EFQM et auto-évaluation ». Dans les écoles consulaires, il est parfois au programme, par exemple à l'école supérieure Hubert-Curien de la CCI de Bourges. Dans les grandes écoles, il fait parfois l'objet de conférences, mais s'enseigne peu. Dans les organismes de formation Cap-Afnor, Demos, Cegos, il fait l'objet de quelques programmes.

Tout ingénieur devrait avoir une formation approfondie au modèle EFQM pour acquérir une vraie orientation business et ne pas stagner dans son orientation technique sans finalité supérieure. Les *business schools* devraient également y consacrer plus de temps pour faire entrer au bout des doigts des *high potentials* la démarche d'alignement de maturité.

Mon expérience personnelle est qu'à force d'enseigner le modèle EFQM, on finit par en explorer tous les recoins et à mieux le connaître grâce, en partie, aux questionnements des étudiants. N'hésitez pas à vous y lancer !

Animer des groupes de benchmarking

Une fois que vous avez gagné un *prize* ou un *award* EFQM, des entreprises et autres organisations de toute l'Europe élargie vous sollicitent pour venir vous benchmarker. L'EFQM elle-même vous demande de servir comme organisation partenaire pour recevoir ses groupes de benchmarking sur les sujets dans lesquels vous avez été reconnus comme exemplaires et/ou exceptionnels.

Dans cet exercice, votre organisation donne considérablement d'elle-même ; mais en retire-t-elle quelque chose ? Mes étudiants me demandent régulièrement : « Quel intérêt un meilleur de la classe a-t-il à continuer à pratiquer le benchmarking ? ». Ma réponse, directement issue de mon expérience personnelle, est invariablement la même :
- d'abord, vous entraînez votre encadrement à parler de manière de plus en plus pertinente de ses démarches et de ses performances jusqu'à s'auto-créer une empreinte mentale *imprint* partagée (capital immatériel incopiable) ;
- ensuite, vous entretenez dans les équipes la fierté d'être arrivés à ce niveau de performance (proud to be).
- de plus, le type de questions posées par les partenaires de benchmarking vous donne de précieuses indications sur où ils en sont et vers où ils veulent aller ;

- enfin, on apprend toujours des autres, même s'ils sont derrière vous parce qu'ils ont souvent exploré des voies que vous n'avez pas pensé explorer.

Intervenir dans les conférences de vainqueurs

Quand vous obtenez le meilleur score de l'année (*prize* ou *award*), vous êtes invité par les organisations nationales partenaires de l'EFQM à intervenir et à témoigner lors de leur congrès annuel. Là aussi, l'investissement n'est pas négligeable, puisqu'il vous faut préparer une présentation d'une demi-heure à trois quarts d'heure et ensuite vous rendre dans les différents pays où vous êtes sollicité.

Le bénéfice que vous en retirez est multiple :
- Cela vous fait rencontrer des représentants des meilleures entreprises et autres organisations européennes et vous procure de ce fait un beau carnet de contacts « *business* ».
- La diversité des questions vous fait expliciter de mieux en mieux les relations multiples de causes à effets de votre modèle de réussite.
- Vous pouvez vous en servir pour la prospection commerciale. Par exemple, il m'est arrivé, après avoir gagné le prix, lors de la tournée des gagnants *winners conferences* dans les différents pays européens, d'utiliser la publicité autour de l'événement dans lequel j'intervenais pour prospecter de nouveaux marchés. Dans chaque pays, j'ai rencontré de trois à cinq prospects. Trois ans après, nous avions trois nouvelles implantations.
- *Last but not least*, vous finissez par être au point en anglais des affaires et à l'aise en public avec cette langue.

Devenir auteur sur le référentiel EFQM

Il y a plusieurs manières de faire bénéficier la communauté de l'excellence de votre expérience acquise avec le modèle EFQM en tant qu'auteur :
- participer aux groupes de révision du modèle ;
- alimenter la base documentaire de l'EFQM ;
- faire du journalisme occasionnel sur le sujet ;
- contribuer au modèle EFQM et à sa promotion en tant qu'auteur indépendant.

L'expérience en vaut également l'investissement. Elle vous oblige à une gymnastique intellectuelle pour synthétiser votre expérience afin de la rendre transmissible à la communauté de l'excellence durable.

Participer aux groupes de révision du modèle

Les différentes vagues de révision du modèle font appel à des volontaires parmi les représentants des membres de l'EFQM pour créer les groupes de révision et de relecture de la version anglaise de référence et ensuite, dans chaque pays, des groupes de traduction en langue nationale.

Alimenter la base documentaire de l'EFQM

L'EFQM essaie de mettre à jour et d'enrichir en permanence sa base de connaissances collectives. Aussi est-elle amenée à demander à des représentants d'organisations gagnantes de *prize* ou d'*award* de rédiger des aperçus *(insights)* sur des sujets liés à la mise en œuvre du modèle d'excellence. J'en ai rédigé une dizaine entre 2002 et 2003.

Faire du journalisme occasionnel sur le sujet

Le modèle EFQM n'est pas assez visible dans la presse professionnelle et encore moins dans la presse économique. Il ne faut pas hésiter, à chaque fois que l'occasion se présente à vous, de proposer des articles aux éditeurs de ces revues et journaux. J'en ai publié plusieurs dans *Qualité références* en France et dans *Quality World* en Inde.

Contribuer au modèle EFQM comme auteur

Des organisations souhaitant promouvoir l'utilisation du modèle d'excellence EFQM peuvent vous demander de rédiger des parties d'ouvrage. L'IBAQ m'a demandé en 2005 de rédiger deux chapitres de l'ouvrage collectif publié par l'Afnor : *Le Modèle d'excellence EFQM*.

Enfin, si le cœur vous en dit et que vous avez un angle d'approche original, pourquoi ne pas écrire un ouvrage sur l'EFQM. Ils ne sont pas pléthore à ce jour et les bons ouvrages sont rares. Vous aurez ainsi la possibilité de développer votre point de vue et de contribuer à la réflexion collective sur le déploiement de l'excellence au sein des organisations européennes pour leur succès durable.

Le présent ouvrage sera ma seconde contribution sur le sujet après celui que j'ai écrit directement en anglais et qui est publié par l'EFQM : *Radarise your Business for Success*.

Gagner le prix individuel EFQM

Les équipes de l'EFQM ou le correspondant de votre organisation nationale partenaire de l'EFQM peuvent vous inviter à vous présenter à ce prix individuel de l'EFQM parce qu'ils vous ont repéré dans le lot des individus particulièrement impliqués dans la promotion du modèle

Partager son retour d'expérience EFQM

d'excellence durable ou ayant fait preuve d'une contribution exceptionnelle à la communauté de l'excellence et de la performance durables. Vous pouvez aussi vous présenter de vous-même.

Si vous succombez à leur invitation ou avez le courage de vous présenter par vous-même, il vous faut remplir un dossier de candidature en anglais *(application form for individual recognition)*.

Ce dossier comprend les éléments suivants :
- l'identité du candidat et de l'organisation dont il dépend ;
- la catégorie dans laquelle il concourt (leadership, développement stratégique, management du personnel, management des partenariats, management des ressources, pratiques de management) ;
- le type de candidature (personnelle ou recommandée) ;
- les coordonnées de deux personnes qui se portent garantes de la candidature ;
- une description de la contribution et de l'implication du candidat ;
- les résultats atteints et les réalisations accomplies ;
- les mesures qui prouvent cette performance à trois niveaux : sur le plan individuel, de l'organisation d'appartenance et de la communauté EFQM ;
- un partage d'expérience sur le choix des approches, les raisons de ce choix, les conditions préalables et les modalités de déploiement, les choses à faire et à ne pas faire pour réussir ainsi que les pièges à éviter.

Cette reconnaissance individuelle offre une opportunité de partager son expérience *(insights and success stories)* avec des pairs d'organisations européennes. Les lauréats bénéficient d'une publication de leur expérience dans les Nouvelles de l'EFQM *(EFQM News)* et sur le site Extranet *Excellence One*.

En 2004, quand le personnel de l'EFQM m'a nominé pour participer à ce prix, j'ai d'abord été très étonné de ce choix, puis j'ai relevé le défi pour contribuer au bon fonctionnement de cette compétition, sans grand espoir de gagner un quelconque trophée.

J'ai eu la chance de gagner le prix cette année-là dans la catégorie « développement stratégique », reconnaissant ma contribution à la communauté d'excellence durable de l'EFQM. Mais, pour moi, cette contribution n'a été que la contrepartie des nombreux bénéfices que j'ai moi-même tirés de cette communauté bien avant de pouvoir lui apporter quelque chose à mon tour.

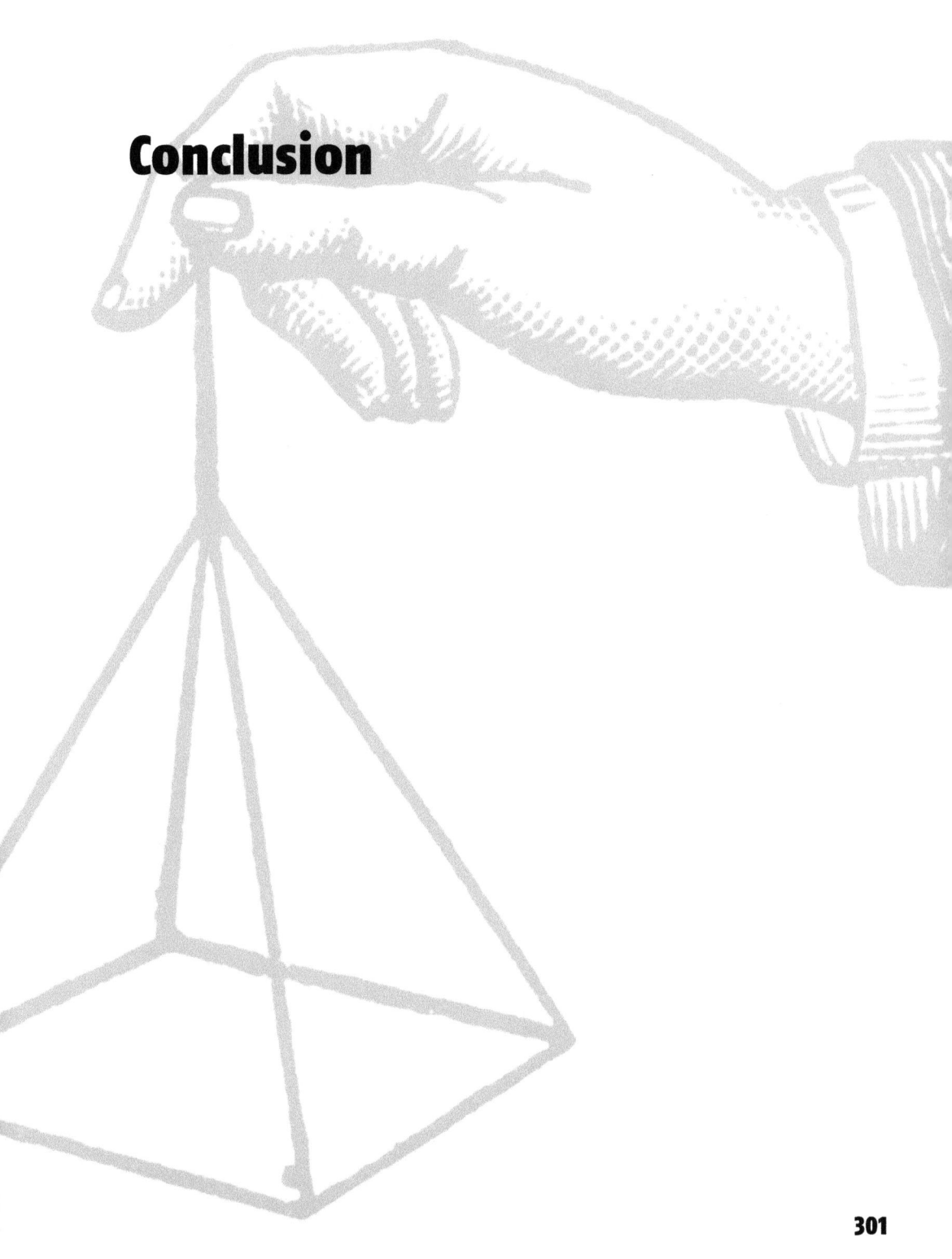
Conclusion

Conclusion

Pleinement orienté vers la durabilité, le modèle d'excellence EFQM 2013 invite toutes les organisations européennes à prendre très au sérieux les points suivants.
- Il leur faut repenser l'équilibrage de la valeur produite pour leurs différents porteurs d'enjeux pour aller vers l'excellence et la performance durables. En effet, les organisations ne peuvent plus performer durablement au détriment d'un groupe de leurs porteurs d'enjeux ; par exemple, produire des dividendes élevés pour les actionnaires tout en détruisant l'environnement.
- Il leur faut mesurer et agir sur ce qui est important dans leur *business model* et ne pas se disperser sur des futilités en oubliant l'essentiel. C'est un luxe que les organisations ne peuvent plus se permettre désormais. Il leur faut faire les bonnes choses et ceci autant que faire se peut mieux que les autres.
- La durabilité leur demande de la prospective active qui investit dans les facteurs et leur articulation pour les résultats de demain. Les organisations ne peuvent plus se rassurer uniquement avec des bons résultats sur les trois à cinq dernières années ; elles doivent s'assurer qu'elles vont performer dans le futur incertain.
- Vitesse et flexibilité organisationnelles sont de plus en plus importantes pour elles dans un contexte international de plus en plus complexe. La réactivité et l'adaptabilité des organisations passent par celles de tous leur personnel et non plus seulement de leur encadrement.

- La créativité et l'innovation leur sont de plus en plus nécessaires pour ravir leurs porteurs d'enjeux (aux deux sens du terme comme pour le ravissement des Sabines : séduire et conserver), saisir de nouvelles opportunités, maîtriser les risques…

Il propose ainsi un certain nombre de pistes opératoires face à la complexité à laquelle est confrontée l'organisation. La perception de cette complexité face à son contexte vient d'abord du fait qu'elle a du mal à se créer collectivement une représentation pertinente de ce contexte pour pouvoir agir intelligemment en son sein voire sur certaines de ces composantes. Les variables à l'œuvre dans le contexte (supra système) sont si nombreuses et la détection des plus essentielles pour l'organisation, si difficile que l'organisation (système) doit se doter de sous-systèmes de veille de plus en plus sophistiqués. Ensuite, la relation entre une organisation et son contexte relève de la complexité parce que :

- il y a une dynamique d'évolution de la relation entre eux : contexte et organisation changent, mais pas forcément au même rythme, ni dans les mêmes domaines, ni dans le même sens ;
- il y a une émergence de phénomènes non totalement prévisibles, parce que pas entièrement modélisables : effets collatéraux inattendus, rétroactions négatives, couples ago-antagonistes, effets de seuils, effets cumulatifs…
- Il y a une part d'incertain et donc d'incertitude dans la relation elle-même ; incertain et incertitude venant principalement du contexte, mais aussi de l'organisation elle-même.

Ces trois caractéristiques de la relation d'une organisation à son environnement traduisent bien le fait que toute décision ou action d'une organisation face à son contexte comprend une part de risque.

Ensuite, elle est confrontée au renforcement des exigences de tous ses porteurs d'enjeux pour lesquels le mot d'ordre semble devenu : « Tout, tout de suite et pour rien… et encore davantage ! ». Non seulement les

Conclusion

exigences des clients deviennent de plus en plus diversifiées et pressantes sous l'influence cumulée de plusieurs facteurs (publicité, concurrence, mode...), mais également les exigences légales et réglementaires se multiplient dans tous les domaines, les attentes des partenaires et fournisseurs se font également plus insistantes, les groupes de pression se multiplient, les compétences rares sont de plus en plus difficiles à attirer et à fidéliser... Si certaines exigences des porteurs d'enjeux vont dans le même sens, d'autres vont dans des directions opposées. Il devient donc urgent de se doter d'approches qui permettent de « balancer », d'équilibrer et de maintenir un équilibre dynamique dans le temps entre toutes ces exigences.

De plus, l'organisation est désormais plongée dans un océan de perpétuelle évolution : vitesse d'évolution des marchés, vitesse d'évolution des obligations légales et réglementaires, vitesse d'évolution des innovations technologiques, vitesse d'évolution... ; tout semble s'emballer, se précipiter, s'accélérer dans son contexte. Il s'ensuit que l'information contextuelle d'une organisation se renouvelle sans cesse et les besoins d'information des organisations pour penser, décider et agir croissent à vitesse exponentielle : tous les deux ans, la quantité d'information utile double.

Comment l'organisation, comme collectif humain, peut-elle s'assurer d'une certaine maîtrise dans cette complexité ambiante ?

D'abord, en assimilant les évolutions constatées dans sa réflexion stratégique en :
- conceptualisant et décrivant la situation complexe à laquelle l'organisation fait face pour la rendre compréhensible par tous ses membres ;
- se faisant une représentation opératoire globale pour tous afin de passer à l'action.

En second lieu, en anticipant, c'est-à-dire en se préparant à faire face aux évolutions futures selon l'idée qu'elle s'en fait, mais sans pour autant disposer de modèles prédictifs exacts.

Beaucoup trop d'organisations, à l'instar de leurs leaders et managers, se contentent d'une approche intuitive superficielle et de la pensée magique héritée des primitifs. Il en résulte des raccourcis intellectuels, des courts-circuits de raisonnement et des réactions émotionnelles amenant à des décisions catastrophiques. À l'inverse, d'autres, moins nombreuses, tentent des approches mathématiques ambitieuses. N'ayant jamais assez de certitudes, elles continuent à étudier, mathématiser les phénomènes auxquels elles sont confrontées, perdent beaucoup de temps et finissent par prendre des décisions quand il est trop tard.

Seule l'approche systémique, dans sa modestie, est raisonnable pour une action efficace en univers complexe. L'action efficace passera en effet par la capacité de l'organisation à :

- comprendre sans pouvoir tout expliquer ;
- anticiper sans pouvoir tout prévoir ;
- décider sans pouvoir tout calculer ni maîtriser.

Si vous voulez vous engager sur cette voie, n'oubliez pas que ce n'est pas un cheminement de tout repos. Il est exigeant tant du point de vue intellectuel que physique et mental. Vous rencontrerez en effet de nombreux obstacles sur votre parcours et les vents ne vous seront pas toujours favorables. Mais tenez bon ! Les résultats finiront par arriver et vous payer pour vos efforts ; à moins qu'un crocodile nouvellement parachuté ne vous ravisse le bénéfice de votre investissement personnel. Trop préoccupé par la réussite de votre organisation, vous serez en effet une proie facile pour ce genre d'individu sans scrupules.

Vous allez donc démarrer votre projet avec le modèle EFQM, puis vous trouver au stade de débutant après un à deux ans, ensuite vous retrouver en chemin au bout de deux à trois ans et enfin atteindre un bon niveau de maturité au bout de quatre à cinq ans. Ces trois niveaux de maturité sont décrits dans le tableau en page suivante (Cf. figure 89,

Conclusion

page 308) qui est structuré selon les huit concepts ou principes fondamentaux de l'excellence.

Ce modèle EFQM est aujourd'hui le meilleur en Europe et un des meilleurs au monde pour, d'une part, évaluer la maturité d'une organisation par rapport à l'exigence de développement durable et, d'autre part, la faire mûrir sereinement dans cette direction. Bien sûr, je ne suis pas très objectif ni impartial en affirmant cela, mais c'est ma conviction profonde. D'ailleurs, vous avez bien reconnu, je l'espère, ma passion pour ce référentiel au fil des pages de cet ouvrage, ainsi que mon engagement dans sa promotion. En tout cas, j'ai essayé de vous la faire partager du mieux que je pouvais et espère y avoir réussi.

Il me reste à vous souhaiter de faire progresser votre propre organisation à l'aide de cet outil et d'y prendre du plaisir. Et pourquoi ne pas figurer à votre tour un jour sur le prestigieux palmarès des gagnants ?

Saint-Martin-d'Auxigny, 15 août 2010/15 octobre 2013.
¡Vaya con Dios Angelita!

Principe	Organisation débutante	Organisation en chemin	Organisation mature
Atteindre des résultats équilibrés	Tous les porteurs d'enjeux pertinents sont identifiés. Il existe un certain nombre de mesures de performance associées.	Les besoins des porteurs d'enjeux sont évalués de manière structurée. Leur degré de satisfaction est mesuré et utilisé pour l'amélioration.	Il y a des mécanismes transparents pour équilibrer les besoins et attentes des porteurs d'enjeux et les mesures de performance orientées sur eux conduisent l'amélioration.
Ajouter de la valeur pour les clients	La satisfaction des clients est évaluée.	Besoins et attentes des clients sont compris et articulés avec les objectifs de l'organisation. Fidélisation et image de marque sont recherchées.	Les leviers de la satisfaction et de la fidélisation des clients ainsi que de l'image de marque sont compris, mesurés et actionnés.
Diriger de façon visionnaire, inspirante et intègre	Vision et Mission sont définies, communiquées et généralement comprises.	L'organisation est alignée sur, et croit dans sa Vision et sa Mission.	Valeurs, comportement modèle et finalité commune sont partagés à travers toute l'organisation et les personnels sont inspirés.
Manager par les processus	Les processus pour atteindre les résultats visés sont définis.	Les données et informations comparatives sont utilisées pour l'amélioration des processus.	La capabilité des processus est pleinement comprise et utilisée pour piloter des améliorations de performance.
Réussir par l'implication des personnels	Les approches sont en place pour impliquer les personnels et leurs talents sont reconnus.	Le plein potentiel du personnel est facilité de manière croissante, pour le bénéfice des individus et de l'organisation	Une culture de la confiance et de l'empouvoirement existe et le plein potentiel du personnel est libéré.
Nourrir la créativité et l'innovation	Si les nouvelles idées et les innovations sont parfois encouragées, l'approche pour agir sur elles reste ponctuelle.	L'innovation est perçue comme essentielle pour la création de valeur distinctive value et est évidente dans différents aspects de l'organisation.	Il y a une approche systématique d'innovation à travers toute l'organisation créant de la valeur distinctive pour les porteurs d'enjeux.
Développer les partenariats	Il existe un processus pour sélectionner et travailler avec les partenaires.	Les relations avec les partenaires sont basées sur des objectifs partagés et des processus efficaces.	L'organisation et ses partenaires clés sont interdépendants. Une relation de confiance existe. Plans et politiques sont co-développés sur la base de connaissances partagées.
Assumer ses responsabilités pour un avenir durable	Les exigences légales et réglementaires sont comprises et respectées.	Les approches soutiennent positivement les finalités de la durabilité économique, sociale et environnementale.	Le développement durable est une composante majeure de la finalité de l'organisation. Les attentes sociétales sont mesurées et prises en compte.

Figure 89 : Stades de maturité

Annexes

Annexe 1 : Petite histoire de l'EFQM et de son référentiel   311

Annexe 2 : Structure des autres grands référentiels d'excellence   316

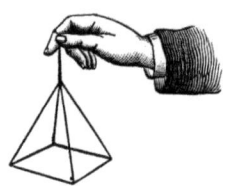

Annexe 1 : Petite histoire de l'EFQM et de son référentiel

L'EFQM a eu la distinction d'être créée en 1989 au château de Val Duchesse (près de Bruxelles), le même endroit que celui de la création de la Commission européenne exactement vingt-cinq ans avant.

Le président de la Commission européenne, Jacques Delors, et quatorze dirigeants d'entreprises multinationales ont lancé cette fondation de membres.

BT Plc	KLM - Royal Dutch Airlines
Robert Bosch GmbH	Nestlé AG
Bull SA	Philips Electronics NV
Ciba-Geigy AG	Ing. C. Olivetti & C.S.p.A.
Dassault Aviation	Renault
AB Electrolux	Gebr. Sulzer AG
Fiat Auto Spa	Volkswagen AG

Figure 90 : Les entreprises fondatrices de l'EFQM

Remarquez que certaines de ces entreprises n'existent plus aujourd'hui. L'EFQM n'est pas une assurance-vie qui vous dédouanerait de tout effort ou vous dispenserait de l'intelligence stratégique.

Créée par ces dirigeants d'entreprises européennes de premier plan, la fondation anime aujourd'hui un groupe d'organisations qui s'inscrivent dans cette logique de différenciation européenne quels que soient leurs taille, statut juridique, secteur d'activité et métier.

Avec l'EFQM, l'Europe s'est dotée d'une ressource nécessaire pour le combat concurrentiel dans le cadre de la globalisation. La création de l'EFQM a, en effet, été appuyée par la Commission européenne dans le cadre de sa politique de promotion de la Qualité européenne : promouvoir l'excellence des entreprises et organisations européennes pour une performance différenciatrice dans le combat concurrentiel international. Il s'agit donc d'un levier de la différentiation européenne dans ce combat concurrentiel global. *« La bataille pour la qualité est un des prérequis pour le succès de vos entreprises et notre succès dans la compétition internationale. »* Jacques Delors, président de la Commission européenne.

L'EFQM a trois activités majeures. La fondation est un générateur de connaissances pratiques, un réseau de praticiens et un organisateur d'évaluation et de prix :
- Connaissances :
    - méthodes d'évaluation ;
    - outils & ressources ;
    - bonnes pratiques ;
    - publications ;
    - formations.
- Réseau :
    - mises en relation ;
    - groupes de travail sectoriels ou thématiques ;
    - visites chez des membres ;
    - événements.
- Reconnaissance :
    - des jalons pour la démarche (C2E, R4E, EEA) ;
    - promotion externe.

Annexes

L'EFQM est gouvernée par un conseil de douze dirigeants représentant les membres. Voici sa structure :

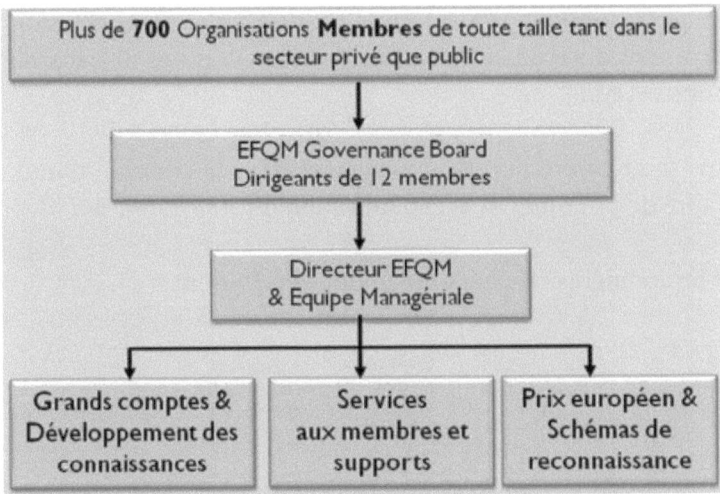

Figure 91 : Gouvernance de l'EFQM

De la Fondation européenne pour le management par la qualité à la marque EFQM®, la fondation déploie un effort permanent pour rester en phase avec son temps et continuer à intéresser les dirigeants. La référence à la qualité se perd au profit de l'excellence durable comme source de performance. Le Modèle d'excellence EFQM insiste désormais plus sur l'agilité organisationnelle face aux changements du contexte, sur la maîtrise des risques, sur l'innovation, sur l'équilibre des résultats vis-à-vis des différents porteurs d'enjeux et sur les résultats à long terme : bref, la durabilité.

La vision et la mission développées par l'EFQM sont en cohérence avec les intentions qui ont amené sa création.
- Sa vision : un monde où les organisations européennes se distinguent par leur excellence.

- Sa mission : être le moteur de l'excellence durable en Europe.
- Ses objectifs : un lieu où partager, étudier et valider des pratiques de management qui font la différence. Une variété de chemins pour mener les entreprises à l'amélioration au développement. Une reconnaissance de la performance au travers des niveaux d'excellence EFQM.

Depuis sa création, l'EFQM a progressé dans la création d'une communauté de pratiques et la capitalisation d'un savoir-faire.

Voici les moments clés qui ont jalonné son histoire :

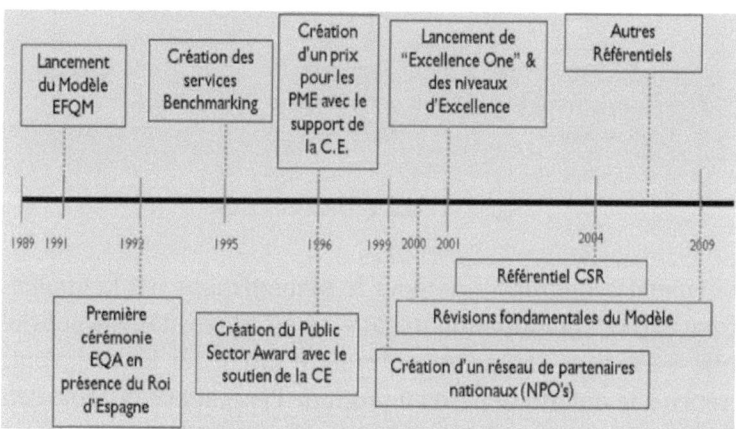

Figure 92 : Les moments clefs de l'histoire EFQM

Le modèle EFQM qui se veut simple mais efficace est largement utilisé par les organisations à la recherche de l'excellence. Plus de 30000 organisations utilisent l'EFQM Excellence Model et de grandes multinationales en sont des fervents adeptes : EDF, Siemens, Nokia, Volvo, Philips, Bosch, Yell, TNT, Solvay... Les deux tiers des vingt-cinq plus grandes entreprises européennes utilisent le modèle EFQM pour améliorer leur métier, c'est-à-dire pour :

Annexes

- alimenter leur stratégie ;
- choisir les initiatives importantes et établir une cohérence entre toutes les initiatives de l'entreprise ;
- déterminer leur niveau de maturité et se donner une idée réaliste de leur niveau d'excellence ;
- identifier où faire porter les efforts d'amélioration et décider quelle amélioration « prioriser » dans la prochaine étape ;
- encourager la recherche des meilleures pratiques.

L'EFQM a un rayonnement qui dépasse largement l'Europe. Le modèle EFQM est utilisé dans différents pays du monde soit dans le cadre de leur prix, soit par des entreprises intéressées. L'EFQM entretient des relations avec les autres gestionnaires de prix autour du monde.
- Les membres de l'EFQM sont plus de 700 répartis dans 35 pays.
- L'EFQM a 25 organisations nationales partenaires en Europe.
- Plus de 18 prix qualité nationaux sont basés sur le Modèle EFQM.
- Le site web de l'EFQM reçoit plus de 150000 visiteurs par an.

De cette dynamique communautaire d'échanges de connaissances et d'expériences résultent :
- des pratiques managériales de pointe ;
- des outils et ressources pour votre organisation ;
- des contenus pour publications et formations ;
- des développements nouveaux relatifs au modèle.

Alors, n'hésitez pas à y adhérer !

Annexe 2 : Structure des autres grands référentiels d'excellence

Prix Deming : Japon

Créé en 1951 par la JUSE (Union of Japanese Scientists and Engineers).

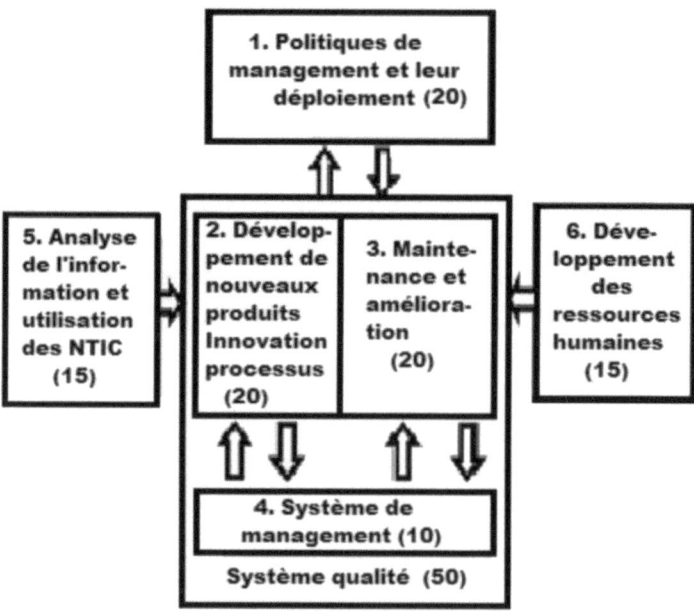

Figure 93 : Référentiel Deming

Annexes

Canadian Business Excellence Framework : Canada

Créé en 1984 par le gouvernement canadien, qui a confié au NQI (National Quality Institute of Canada) la charge de le gérer.

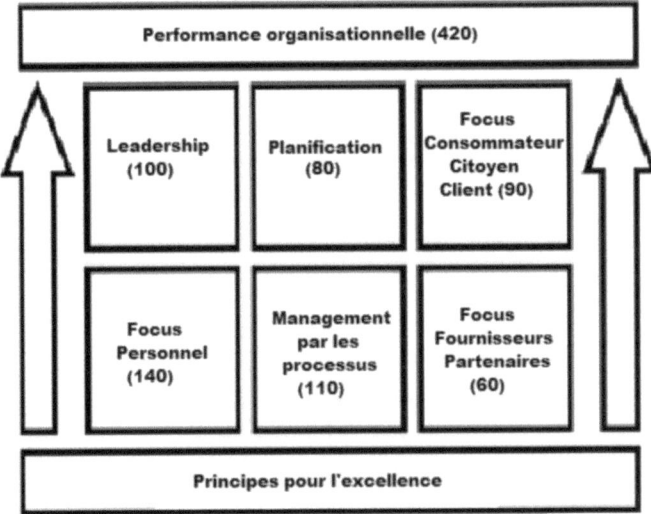

Figure 94 : Référentiel canadien

Malcolm Baldrige : USA

Créé en 1987 par le Congrès des États-Unis d'Amérique, il est géré par le NIST (National Institute of Standards and Technology) en coopération avec l'ASQ (American Society for Quality).

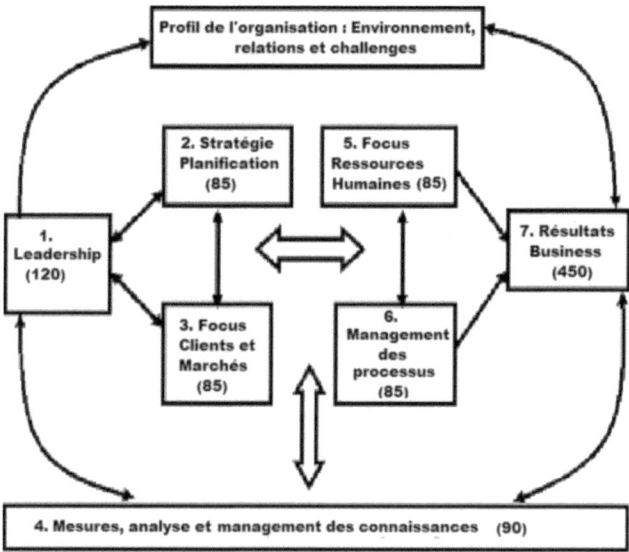

Figure 95 : Référentiel Malcolm Baldrige

Annexes

Australian Business Excellence Framework : Australie

Créé en 1987 par une équipe d'experts experts au sein de Standards Australia International Limited, il est géré par Business Excellence Australia, une division de Standards Australia International Limited.

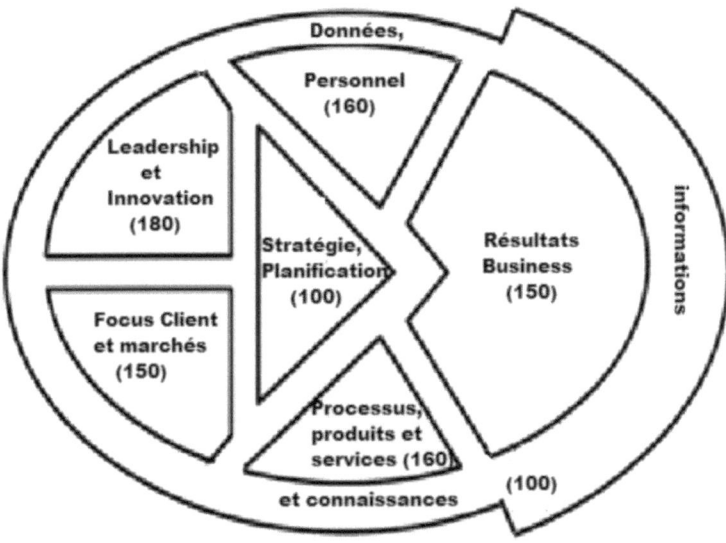

Figure 96 : Référentiel australien

Brazilian Excellence Framework : Brésil

Prêmio Nacional da Qualidade (PNQ) a été créé en 1992 par Fundação Nacional da Qualidade.

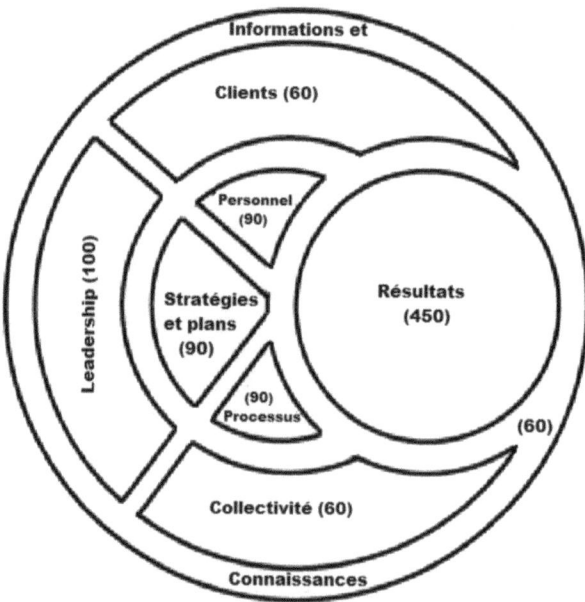

Figure 97 : Référentiel brésilien

Annexes

Singapore Quality Award (SQA) : Singapour

Créé en 1994 par le gouvernement de Singapour, il est géré par Spring Singapore.

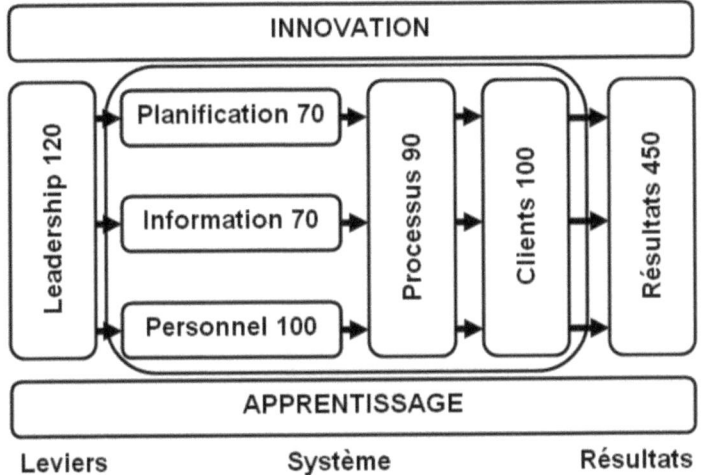

Figure 98 : Référentiel singapourien

Japan Quality Award Framework : Japon

Créé en 1995 par Japan Productivity Center for Socio-Economic Development (JPC-SED).

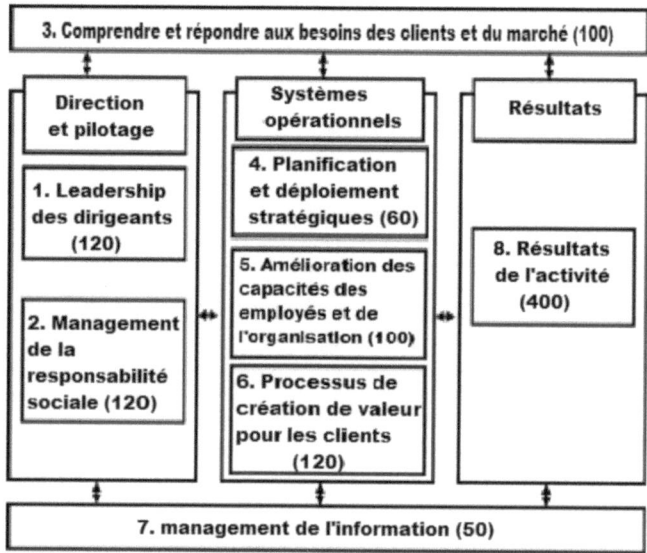

Figure 99 : Référentiel japonais (nouvelle génération)

Annexes

South African Excellence Framework : Afrique du Sud

Créé en 1998 par la South African Excellence Foundation (SAEF).

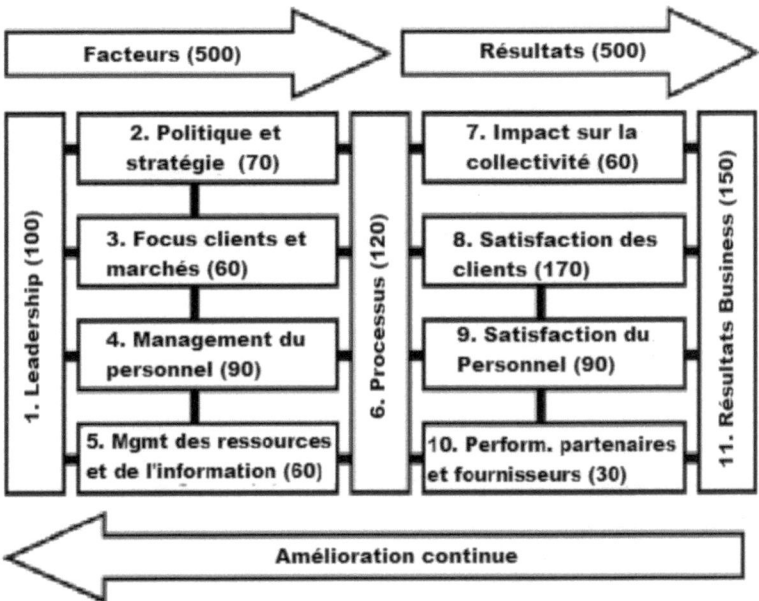

Figure 100 : Référentiel sud-africain

Modelo iberoamericano de excelencia en la gestión: Amérique du Sud

Créé en 1999 par la Fundación Iberoamericana para la Gestión de la Calidad, propriétaire du modèle, qui le développe, l'actualise et le diffuse gratuitement.

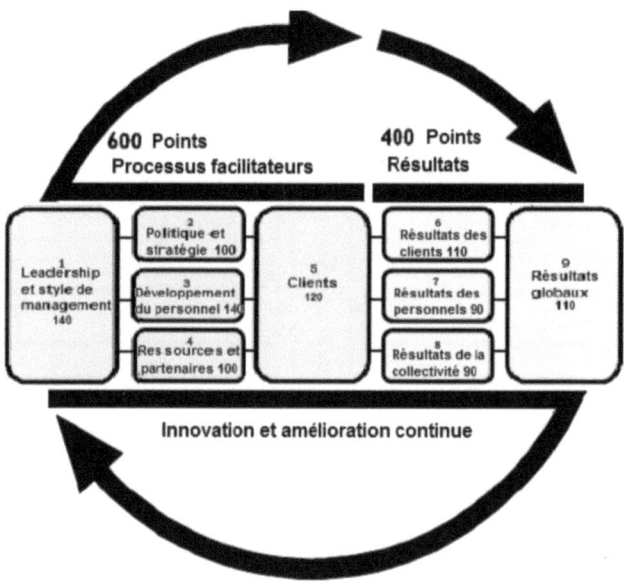

Figure 101 : Référentiel ibéro-américain

Annexes

Coordonnées de l'EFQM
EUROPEAN FOUNDATION FOR QUALITY MANAGEMENT

Avenue des Olympiades 2
B-1140 Bruxelles
BELGIQUE

Tel : +32 2 775 3511
Fax : +32 2 775 3535
Email : info@efqm.org
Site Internet : www.efqm.org

Bibliographie

Livres sur l'EFQM   328

Autres ouvrages   329

Livres sur l'EFQM

BLOUNT Henry Lewis, *The European Quest for Excellence: EFQM 10th anniversary book,* EFQM, 1999.

EFQM, *The EFQM Benchmarking Methodology: Guidelines for Benchmarking,* 1998-1999.

EFQM, *The European Benchmarking Code of Conduct,* 2007.

IBAQ, *Le Modèle d'excellence EFQM,* AFNOR, 2005.

IRIBARNE Patrick & VERDOUX Stéphane, *Prix, modèle et démarche EFQM : guide de terrain,* AFNOR, 2005.

IRIBARNE Patrick & VERDOUX Stéphane, *Autoévaluation à travers le modèle EFQM : guide de terrain,* AFNOR 2006.

LEGENVRE Hervé, WOOLLEY Josephine, MALLINDER Lorraine, *Above the Clouds: a Guide to Trends Changing the Way we Work,* EFQM, 2006.

MEYER Florent A., *Radarise your Business for Success,* EFQM, 1re édition 2005, 2e édition 2010.

MEYER Florent A., *Radarising inforganisations: using system dynamics to implement sustainable excellence and performance management systems,* 6e Congrès européen de science des systèmes, Paris, 2005.

VAN NULAND Yves, BROUX George, CRETS Luc, DE CLEYN Wim, LEGRAND Jan, MAJOOR Guy, VLEMINCHX Gaston, *Excellent : un guide pour l'application du modèle EFQM d'excellence,* Comatech Belgique, 2000.

Bibliographie

Autres ouvrages

AKAO Yoji, *Hoshin Kanri, Policy Deployment for Successful TQM*, Productivity Press, 1991.

BOULTER Louise, BENDELL Tony, ABAS Hanida,

COLLINS Jim, *Good to Great,* Harper Business, 2001.

DAHLGAARD Jens, SIGNHAL Vinod, *Report on EFQM and BQF funded study into the impact of the effective implementation of organisational excellence strategies on key performance results,* University of Leicester, 2005.

FESTINGER L., *A Theory of Cognitive dissonance*, Evanston, Row, Peterson, 1957.

KAPLAN Robert S. et NORTON David P., *Comment utiliser le tableau de bord prospectif,* Éditions d'Organisation, 2001. KAPLAN Robert S. et NORTON David P., *Le Tableau de bord prospectif,* Éditions d'Organisation, 2003.

LESCA Humbert et CARON-F. M., *Veille anticipative, une autre approche de l'intelligence économique,* Hermès, 2006.

LESCA Humbert, *Veille et développement durable,* Hermès, Lavoisier, 2010.

HENDRICKS Kevin & SINGHAL Vinod, *Does implementing an effective TQM program actually improve operating performance? Empirical evidence from firms that have won quality awards, management science,*vol. 43, n°9, 1997.

TROELTSCH Ernst, *Œuvres,* Éditions du Cerf, 1996.

VERWEIRE Kurt, VAN DEN BERGHE Lutgart, *Integrated Performance Management: A Guide to strategy implementation,* Sage Publications, 2004.

WEBER Max, *Essais sur la théorie de la science,* Plon, 1965.

Table des figures

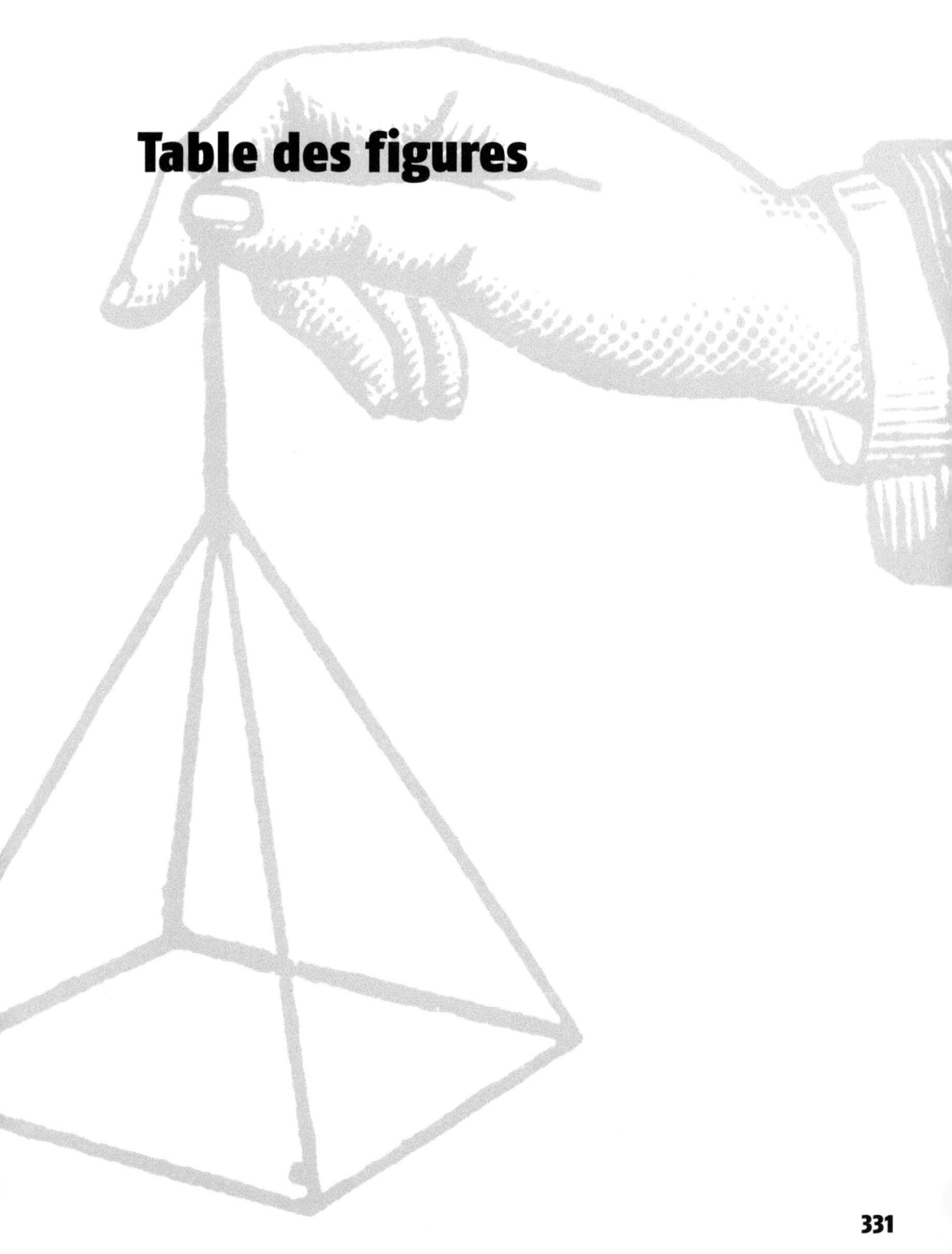

Table des figures

Figure 1 : Positionnement du modèle EFQM	22
Figure 2 : Les trois composantes du modèle EFQM 2013	25
Figure 3 : Le modèle EFQM à neuf critères	25
Figure 4 : Distinction entre performance et excellence	27
Figure 5 : Les différentes applications du modèle EFQM	29
Figure 6 : Les lauréats français de l'EEA depuis l'origine	31
Figure 7 : Un exemple de parcours avec l'EFQM	37
Figure 8 : Structure d'un plan qualité projet EFQM	41
Figure 9 : Étapes de l'engagement vers l'excellence	43
Figure 10 : Étapes de la reconnaissance pour l'excellence	44
Figure 11 : Étapes pour le prix européen de l'excellence	45
Figure 12 : Ancrage d'un projet EFQM	47
Figure 13 : Le modèle EFQM à neuf critères	48
Figure 14 : Questionnaire d'autoévaluation Critère 2	54
Figure 15 : Questionnaire d'autoévaluation Critère 8	55
Figure 16 : Fiches de collecte des faits et mesures	56
Figure 17 : Grille de collecte des informations avec termes	57
Figure 18 : Programme atelier 1 jour : variante 1	63
Figure 19 : Programme atelier 1 jour : variante 2	64
Figure 20 : Programme atelier 1 jour : variante 3	65
Figure 21 : Programme atelier 1 jour : variante 4	66
Figure 22 : Maturité des processus	76
Figure 23 : Maturité de l'écoute client	77
Figure 24 : Niveau de maturité ISO 9004	78
Figure 25 : Prix et concours de maturité organisationnelle	80
Figure 26 : La voie EFQM de l'Excellence	83
Figure 27 : La voie MFQ de l'Excellence	84
Figure 28 : La voie mixte de l'Excellence	85
Figure 29 : Le phare de l'excellence durable	86
Figure 30 : Le processus d'autoévaluation	91
Figure 31 : Types d'auto- et alloévaluations	93
Figure 32 : Autoévaluation par questionnaire	96
Figure 33 : Autoévaluation par matrice	98
Figure 34 : Exemple de matrice d'autoévaluation	99

Figure 35 : Autoévaluation avec pro forma	101
Figure 36 : Pro forma Facteurs Sous-critère 1a	102
Figure 37 : Pro forma Résultats Sous-critère 6a	103
Figure 38 : Autoévaluation par grille de collecte	105
Figure 39 : Autoévaluation par questions orales en séance	106
Figure 40 : Autoévaluation par accès direct à l'Intranet	107
Figure 41 : L'alloévaluation dans le cadre des prix	110
Figure 42 : L'équation financière immédiate	114
Figure 43 : L'équation financière à court terme	114
Figure 44 : L'équation financière à moyen et long termes	116
Figure 45 : Le capital immatériel	118
Figure 46 : Comparatifs de performance sur cinq ans	119
Figure 47 : Performance comparée des actions	120
Figure 48 : Comparaison du prix des actions sur quatre ans	121
Figure 49 : Comparaison des ventes à moyen terme	121
Figure 50 : Le modèle EFQM à neuf critères	124
Figure 51 : Poids des critères du modèle EFQM	125
Figure 52 : Structure des facteurs	126
Figure 53 : Structure des résultats	182
Figure 54 : Points forts/domaines d'amélioration : facteurs	201
Figure 55 : Grille RADAR d'évaluation des facteurs	202
Figure 56 : Points forts/domaines d'amélioration : résultats	203
Figure 57 : Grille RADAR d'évaluation des résultats	205
Figure 58 : Grille de synthèse de la notation	206
Figure 59 : Graphique de notation des critères	208
Figure 60 : Exemple de strategy map d'un BSC	216
Figure 61 : Les métriques du balanced scorecard	217
Figure 62 : L'articulation des termes avec le BSC	218
Figure 63 : L'agilité collective de réalignement stratégique	220
Figure 64 : Exemple de tableau de déclinaison Hoshin	220
Figure 65 : La logique RADAR	224
Figure 66 : Les boucles vertueuses RADAR	225
Figure 67 : Pro forma de revue des porteurs d'enjeux	230
Figure 68 : Structure de l'ECSI	234

Table des figures

Figure 69 : Intranet documentaire RADAR	246
Figure 70 : Structuration de l'univers décisionnel	248
Figure 71 : Relations avec les porteurs d'enjeux	250
Figure 72 : Audit du management : Résultats et Approches	252
Figure 73 : Audit du management : Déploiement	253
Figure 74 : Audit du management : Appréciation et Revue	254
Figure 75 : Phasage du prix européen d'excellence	265
Figure 76 : Logique de l'approche classique	268
Figure 77 : Logique de l'approche flexible	271
Figure 78 : Matrice de la carte des facteurs	272
Figure 79 : Ancrage spirituel du leadership	273
Figure 80 : FIPEC leadership : réalité managée	275
Figure 81 : FIPEC leadership : style de leadership	276
Figure 82 : Feedback report : année 1	282
Figure 83 : Feedback report : année 2	283
Figure 84 : Feedback report : année 3	284
Figure 85 : Feedback report : année 4	285
Figure 86 : Feedback report : année 5	286
Figure 87 : Les relations causales entre les x et les y	287
Figure 88 : Benchmark avec les meilleurs européens	288
Figure 89 : Stades de maturité	308
Figure 90 : Les entreprises fondatrices de l'EFQM	311
Figure 91 : Gouvernance de l'EFQM	313
Figure 92 : Les moments clefs de l'histoire EFQM	314
Figure 93 : Référentiel Deming	316
Figure 94 : Référentiel canadien	317
Figure 95 : Référentiel Malcolm Baldrige	318
Figure 96 : Référentiel australien	319
Figure 97 : Référentiel brésilien	320
Figure 98 : Référentiel singapourien	321
Figure 99 : Référentiel japonais (nouvelle génération)	322
Figure 100 : Référentiel sud-africain	323
Figure 101 : Référentiel ibéro-américain	324

À lire également de Florent A. Meyer

Pratiques de benchmarking

Créer collectivement du sens à partir du succès d'autres organisations

Préface de Patrick Margaria, EDF

Le benchmarking est certainement la meilleure démarche qui permette à une organisation d'apprendre de la performance des autres et de la sienne propre en les comparant tant du point de vue des approches managériales que des résultats. C'est un formidable chemin d'apprentissage collectif d'une entreprise avec d'autres organisations, à partir de l'étude comparative détaillée de leurs succès respectifs. Spécialiste reconnu du benchmarking, Florent A. Meyer nous livre ici un ouvrage qui rassemble l'ensemble des connaissances à ce jour sur le sujet et les meilleures pratiques pour une mise en œuvre simple et efficace d'un projet de benchmarking réussi.

L'ouvrage de référence pour tous ceux qui souhaitent mettre en œuvre de manière concrète et efficace un projet de benchmarking.

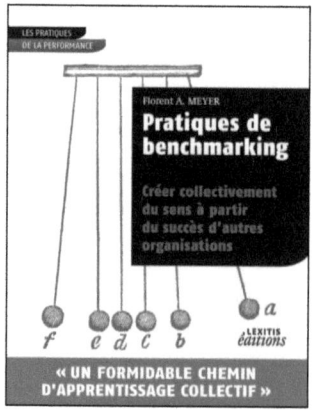

Prix TTC France : 24 euros
Nombre de page : 220
ISBN : 978-2-36233-005-6
Distribution : SODIS
Disponible sur :
www.lesPratiquesdelaPerformance.fr

À lire également de Florent A. Meyer

Le Challenge partenarial

Réussir ses partenariats, l'art de la création et de la maîtrise des synergies gagnantes

Préface de Gérard Bayol, Directeur Général Délégué du Crédit Mutuel Arkéa en charge du Pôle entreprises et institutionnels

Pour une entreprise qui veut innover et conquérir de nouveaux marchés, la réussite de sa stratégie d'alliance avec d'autres organisations est désormais cruciale. En effet, dans nos marchés globalisés, raisonner en termes de coups ponctuels entre vendeurs et acheteurs n'a plus de sens. Il faut désormais penser autrement et établir de solides relations partenariales pour atteindre nos objectifs et réussir sur des marchés hautement évolutifs et incertains.

Un ouvrage qui réunit les éléments de réflexions stratégiques et la boîte à outils complète pour initier et réussir ses partenariats.

Prix TTC France : 39 euros
Nombre de page : 348
ISBN : 978-2-36233-025-4
Distribution : SODIS
Disponible sur :
www.lesPratiquesdelaPerformance.fr

À lire également de Florent A. Meyer

La révolution ToC Lean Six Sigma dans les services

Comprendre, analyser et améliorer la performance de sa relation de service

Préface de Xavier Quérat-Hément, directeur de la Qualité du groupe La Poste

Comment amener la « transformation Lean » dans votre entreprise de service ? Et faire en sorte que tout le monde travaille sur les vrais flux de valeur au lieu de perdre son temps à réarranger les transats sur le pont supérieur de votre Titanic.
Le ToC (Theory of Constraints – théorie des contraintes) Lean Six Sigma est une méthode puissante qui va augmenter de manière significative et durable la performance de vos processus tout en réduisant leurs coûts opérationnels. Avec cet ouvrage, consacré spécifiquement au secteur des services, vous découvrirez que vous êtes à même d'amener cette transformation :

Prix TTC France : 36 euros
Nombre de page : 400
ISBN : 978-2-36233-021-6
Distribution : SODIS
Disponible sur :
www.lesPratiquesdelaPerformance.fr

- en adoptant une « vision » créatrice de valeur pour vos clients ;
- en définissant vos flux de « production de valeur client » ;
- en mettant en place des responsables qui vont faire émerger les causes racines des problèmes (gaspillages, contraintes et variations) et les solutions pour les lever ;
- en engageant vos personnels dans l'écoute des clients et l'amélioration permanente des processus ;
- en intégrant la recherche de l'excellence opérationnelle dès la conception et le développement de vos services ;
- et en cultivant les rites et rythmes managériaux qui permettront de garder vivant l'esprit de la démarche.

Un ouvrage essentiel pour tous ceux qui veulent comprendre et maîtriser les fondamentaux de la démarche ToC Lean Six Sigma appliquée au secteur des services.

Imprimé au sein de l'Union européenne
Dépôt légal, janvier 2013.
Illustrations : DR